Wolfgang Finkbeiner

Luftwaffenhelfer
aus Ulm und Neu-Ulm

Danksagung

Für die vielseitige Unterstützung, die ich bei meinen Recherchen erfahren durfte, bedanke ich mich ganz herzlich, allen voran natürlich den Verfassern der Einzelbeiträge zu ihren Erlebnissen aus der Luftwaffenhelferzeit.
Mein besonderer Dank gilt Herrn Manfred Eger für seine Beratung und Mitarbeit, Herrn Professor Dr. Eduard Gaugler danke ich für seine Ratschläge zum Aufbau der vorliegenden Arbeit. Ich bedanke mich bei Herrn Siegfried Ortlieb für seine Hilfe bei der Suche nach Literatur über den Flugplatz Leipheim und über Flakhelfer in Leipheim.
Mein Dank gilt ferner Frau Willbold, die mir anstelle ihres erkrankten Mannes, unseres Schulkameraden Hans Willbold, die Erlaubnis erteilte, einige Bilder aus seinem Buch „Der Luftkrieg zwischen Donau und Bodensee" zu übernehmen, Herrn Sigwart Fleischle aus Baiersbronn für seine Informationen über Flakhelfer im Raum Freudenstadt, dem Archiv der Stadt Ulm, insbesondere Herrn Seemüller, der mir bei der Einsicht in Statistiken, Berichte und Beschreibungen behilflich war, Herrn Professor Dr. Willi Rehm für die von ihm gesammelte Literatur zur Generation der Flakhelfer, die er mir bereitwillig zur Verfügung stellte, Herrn Dr. Reinhold Ratter für seine Hilfe bei den Recherchen über ehem. Luftwaffenhelfer der damaligen Hans-Schemm-Oberschule.
Ich bedanke mich beim Alt-Oberbürgermeister von Stuttgart, Herrn Dr. Manfred Rommel, der mir erlaubte, die beiden Kapitel „Mit 14 Jahren Luftwaffenhelfer" und „Zurück zur Heimatflak" aus seinem Buch „Trotz allem heiter Erinnerungen" abzudrucken und der außerdem dafür sorgte, dass auch die Deutsche Verlags-Anstalt GmbH, Stuttgart, seine Genehmigung dazu gab. Dafür spreche ich selbstverständlich auch der DVA meinen Dank aus.
Ganz besonders bedanke ich mich bei Herrn Eduard Schleicher von der Firma Schwenk Zement KG in Ulm und bei Herrn Bidlingmaier von der Firma Iveco Magirus Brandschutztechnik GmbH in Ulm, die als Sponsoren die Herausgabe dieses Buches maßgeblich finanziell unterstützt haben.
Mein Dank gilt zum Schluss allen Ungenannten, die mir bei den Recherchen zur vorliegenden Arbeit in irgend einer Weise geholfen haben.

Wolfgang Finkbeiner

Luftwaffenhelfer aus Ulm und Neu-Ulm

Sie wurden in den letzten Kriegsjahren des Zweiten Weltkriegs zuerst in oder nahe ihrer Heimatstadt, später aber auch an auswärtigen Orten eingesetzt - letzte noch lebende Zeitzeugen berichten

Mitwirkung und Beratung: Manfred Eger
Mit Beiträgen von folgenden Zeitzeugen:
Walter Bleher, Helmut Brugger, Wolfgang Dietz, Hans Georg Durner, Manfred Eger, Günther Engelhart, Wolfgang Finkbeiner, Rudolf Fischer, Dr. Gerhard Gänßlen, Prof. em. Dr. Dres h.c. Eduard Gaugler, Helmut Hinderer, Gerhard Kimmel, August Kappus, Dr. Horst Kustermann, Ernst Ludwig, Gerhard Mühlberger, Dr. Manfred Rommel, Konrad Schlecker, Prof. Walter Spingler, Prof. em. Dr. Werner Unseld

1. Auflage 2006

Design und Gestaltung:
Süddeutsche Verlagsgesellschaft
Ulm

Gesamtherstellung und Verlag:
Süddeutsche Verlagsgesellschaft
Ulm

ISBN 978-3-88294-372-6

Inhalt

Gemeinsames OB-Vorwort für das Buch „Luftwaffenhelfer in Ulm und Neu-Ulm"

„Luftwaffenhelfer", so lautete die offizielle Bezeichnung für 15- bis 17-jährige Oberschüler der Jahrgänge 1926 bis 1928, die als Flakhelfer seit Februar 1943 im Rahmen des Kriegshilfsdienstes bei der Verteidigung im Luftkrieg eingesetzt waren, nachdem sich herausgestellt hatte, dass die seit Mai 1942 für die Heimatflak herangezogenen Kräfte bei weitem nicht ausreichten. Die Luftwaffenhelfer sollten Soldaten für die Front frei machen. Sie übernahmen oft sämtliche Funktionen, selbst an den schweren Flak-Geschützen vom Munitionskanonier bis zum Geschützführer.

Bis Kriegsende dürften insgesamt 200.000 Luftwaffenhelfer und Marinehelfer im Einsatz gewesen sein. Genaue Daten über Verluste unter den Luftwaffenhelfern existieren nicht, doch lassen Berichte von zahlreichen Volltreffern in Flakstellungen hohe Opferzahlen vermuten.

Der vorliegende Band schildert die Erlebnisse junger Ulmer und Neu-Ulmer Luftwaffenhelfer – aus ihrer Sicht und mit ihren eigenen Worten. Das Buch wird daher zu einer wichtigen Quelle mündlicher Überlieferung, die unsere Geschichtsschreibung durch die Sichtweise von Zeitzeugen bereichert.

Die Beiträge geben auch die Befindlichkeit der damals 15- bis 17jährigen Jugendlichen wieder, allerdings geschrieben aus der Perspektive (fast) achtzigjähriger Männer von heute. Bei vielen wird dabei der Zwiespalt deutlich, der zahlreiche persönliche Erinnerungen an die Zeit des Nationalsozialismus prägt: Dem Wissen um das Verbrecherische des NS-Regimes steht das persönliche Erleben von Mut, Solidarität und Freundschaft im Angesicht einer lebensbedrohenden Situation gegenüber. Diese Erfahrung hat die jungen Männer für ihr weiteres Leben geprägt.

Der Bildteil enthält eine ganze Reihe einmaliger und heute bereits historischer Aufnahmen, die besonders für die Leser aus Ulm und Neu-Ulm interessant sein werden.

Wir danken dem Herausgeber Wolfgang Finkbeiner für seinen Einsatz und sein Engagement bei der Realisierung dieses beeindruckenden Projekts, ohne das sicherlich viele wertvolle alltagsgeschichtliche Quellen unserer Heimatgeschichte unentdeckt geblieben wären.

Ivo Gönner
Oberbürgermeister
der Stadt Ulm

Gerold Noerenberg
Oberbürgermeister
der Stadt Neu-Ulm

Vorwort

Zwei Fragen wurden mir immer wieder gestellt, als bekannt wurde, dass ich dabei bin, über die Heimatflak und Ulmer Luftwaffenhelfer zu schreiben: Warum tust du dir das an, jetzt in einem Alter von fast achtzig Jahren über Dinge zu schreiben, die längst vorbei sind und die heute wahrscheinlich niemand mehr wissen will? Wen interessiert das heute noch, nachdem inzwischen mehr als 60 Jahre vergangen sind und von denen, welche die Zeit noch miterlebt haben, viele nicht mehr leben oder in absehbarer Zeit wegsterben?
Eine klare und einleuchtende Antwort darauf zu geben, ist nicht einfach. Bei meinen Recherchen musste ich feststellen, dass es heute nach über sechs Jahrzehnten nicht nur schwierig, sondern teilweise sogar unmöglich ist, alle Fakten zu rekonstruieren. Besonders deutlich wurde mir das bewusst bei der leichten Heimatflakbatterie 45/VII in Leipheim, wo es kaum noch Überlebende gibt und deren Struktur ich nur noch sehr lückenhaft darstellen konnte. So habe ich festgestellt, dass die Luftwaffenhelfer, die dort eingesetzt wurden, aus verschiedenen Schulen kamen, wie z.B. von der ehem. Hans-Schemm-Oberschule in Ulm, von der Realschule Neu-Ulm und vermutlich auch von anderen regionalen Schulen aus den Landkreisen Neu-Ulm oder Günzburg. Da es m.E. bis heute nur wenige Veröffentlichungen über Ulmer Luftwaffenhelfer und die Heimatflak in Ulm und Umgebung gibt, ist diese Veröffentlichung wohl die letzte Gelegenheit, einen Beitrag gegen endgültiges Vergessen zu leisten.
Ein anderes Motiv, über jene Zeit zu schreiben und ehemalige Ulmer Luftwaffenhelfer zu Wort kommen zu lassen, ist, darüber zu informieren, wie zu einer Zeit als der Krieg militärisch bereits verloren war, junge Menschen von einer skrupellosen Staatsführung für deren Ziele missbraucht wurden. Im Badischen Tagblatt vom Samstag, dem 30. November 1996 lese ich: „Können sich Jugendliche von heute vorstellen, wie Jugendliche im Zweiten Weltkrieg leben mussten, um dann festzustellen, dass sie von der NS-Staatsführung verraten und verkauft worden waren?"
Der äußere Anlass, nach so langer Zeit Erinnerungen an eine Jugend in den letzten Kriegsjahren zurückzuholen, war das kleine braune, in Leinwand gebundene „Vormerkbuch 1944", das ich beim „Aufräumen" in meinem Arbeitszimmer fand, ein Tagebuch im Miniformat, das ich längst vergessen hatte. In dieses kleine Buch habe ich mit Bleistift eingetragen, was mir damals wichtig erschien. Diese Agenda beginnt mit den Weihnachtsferien 1943/44 und bricht am 13. September 1944 ab, an dem Tag also, an dem wir in unserer Söflinger Flakstellung mitten im Bombenteppich alliierter Flugzeuge lagen. Später gibt es lediglich am 17. Dezember 1944 noch den Eintrag, dass unsere Heimatstadt Ulm Ziel eines britischen Terrorangriffs war.
Wieder und wieder habe ich in dem Kalender nachgelesen und Erinnerungen an jene längst vergangene Zeit empor kommen lassen. Einige Wochen lang lag das Büchlein auf meinem Schreibtisch, eine Zeit, in der langsam mein Plan reifte, niederzuschreiben, wie wir damals eingezogen wurden, wie wir uns als Erwachsene fühlten, die gebraucht wurden, um unsere Heimatstadt Ulm gegen feindliche Luftangriffe zu verteidigen, wie wir unsere jüngeren Schulkameraden vom Jahrgang 1929 bedauerten, die nicht dabei sein durften, obwohl wir doch kaum älter und wie sie noch Kinder waren,

Lausbuben, die allerhand Unfug anstellten, wie unbeschwert wir damals waren und die Gefahren, denen wir von Anfang an ausgesetzt waren, nicht wahrgenommen haben oder zumindest nicht richtig einschätzen konnten. Wir „Buben-Soldaten" unterschieden uns in so vielem ganz wesentlich von den erwachsenen Soldaten, die damals an der Front waren, um in ‚Blitzkriegen' fremde Länder zu erobern oder später auf dem Rückzug und danach in den Jahren der Kriegsgefangenschaft Furchtbares erlebt haben. „Wir kehrten nach Kriegsende in die Schule zurück und haben als junge Menschen den Zusammenbruch und den Wiederaufbau erlebt.
Noch eine Erfahrung haben wir Flakhelfer der Kriegsgeneration voraus. Kein Kriegsjahrgang hat wie wir die Dauererfahrung der militärischen Überlegenheit des Gegners gemacht. Wir mussten zusehen, wie die Städte, zu deren Verteidigung wir einberufen waren, in Schutt und Asche sanken." [1]
Dass unser Pflichtbewusstsein, unser Mut und unsere Begeisterungsfähigkeit von einer verbrecherischen Führung missbraucht wurden, die spätestens ab 1943 nur noch das eine Ziel kannte, ihre Macht so lange wie möglich zu erhalten, obwohl das Ende bereits absehbar war, haben viele von uns erst Jahre später erkannt, als sie längst erwachsen waren. Dass diese politische, aber auch militärische Führung für ihren Machterhalt Schüler, später Lehrlinge und zum Schluss sogar russische Kriegsgefangene einsetzten, zeigt ihre Skrupellosigkeit, der ein Menschenleben nichts bedeutete.
Als Lehrer, der auch Geschichte unterrichtete, wurde ich von meinen Schülern immer wieder gefragt „Warum habt ihr damals mitgemacht? Warum habt ihr euch nicht verweigert?" Es sind Fragen, die nur Menschen stellen können, die nicht in jener Zeit aufgewachsen sind und die sich nicht vorstellen können, wie totalitär jenes Regime damals war, das mit einer lückenlosen Überwachung durch Partei, Polizei und Gestapo jedes Aufbegehren oder gar Widerstand so gut wie unmöglich machte. Menschen, die jene Zeit nicht miterlebt haben, können sich nicht vorstellen, wie es der Propaganda in einer gleich geschalteten Gesellschaft gelingen konnte, ein ganzes Volk vom totalen Krieg, von Wunderwaffen und vom Endsieg zu überzeugen.
Was uns, den letzten noch lebenden Zeitzeugen des zweiten Weltkriegs bleibt ist die Pflicht, immer und immer wieder darauf hinzuweisen, wie wichtig es ist, gegen das Vergessen zu arbeiten und Geschichte, also Geschehenes, wieder lebendig werden zu lassen und vielleicht so dazu beizutragen, junge Menschen zu mündigen und kritischen Bürgern zu erziehen, damit sie Demagogen rechtzeitig als solche entlarven können und es zu einer Katastrophe, wie immer sie auch aussehen mag, gar nicht erst kommen kann. Niemals sollen Neonazis oder andere Radikale sich rühmen dürfen, Einfluss auf unsere Gesellschaft nehmen zu können. Eine solche Veröffentlichung gegen das Vergessen wie dieses Büchlein soll eine Anwort auf die mir gestellten Fragen sein. Dass ich bei diesem Vorhaben nicht allein bin, zeigt mir die große Resonanz, die ich erfahren durfte, als ich nicht nur meine Schulkameraden, sondern auch ehemalige Luftwaffenhelfer aus anderen Ulmer Schulen um ihre Mitarbeit bat. Mein ehemaliger Schulkamerad und Nebensitzer, Dr. Horst Kustermann, hat es treffend formuliert: „Ich glaube, wir haben eine Bringschuld unserer nachfolgenden Generation gegenüber."
In dem Anschreiben an meine ehemalige Schulkameraden, in dem ich sie um ihre Mitarbeit bat, habe ich u.a. geschrieben:
„Daran kannst Du die Intention erkennen, unsere Nachkommen darüber zu informieren, wie eine auf Überheblichkeit, Rassenwahn, auf Beherrschen

und Unterdrücken angelegte Politik geendet hat. Der Leser soll erkennen, wie unsere Begeisterungsfähigkeit, unser Glaube an eine vermeintlich „große Sache" von einer skrupellosen politischen Führung missbraucht wurde, wie uns unsere Jugend gestohlen wurde und wir als Luftwaffenhelfer meinten, unser Land und unsere Heimatstadt Ulm in einem Krieg gegen einen Feind verteidigen zu können, der zu diesem Zeitpunkt schon längst verloren war. Wir alle glaubten damals noch an einen Endsieg und vertrauten einer Führung, die dies schon längst wusste, uns aber weiter kämpfen ließ, nur um die Zeit ihrer Macht und Herrschaft zu verlängern."

Mit Recht hat mich mein ehemaliger Schul- und Flakkamerad, Herr Professor Dr. Dres. h.c. Eduard Gaugler, auf eine unzulässige Verallgemeinerung hingewiesen. Auch wenn sehr viele von uns von der nationalsozialistischen Erziehung in Jungvolk, Hitlerjugend und teilweise auch in der Schule, sowie von der Propaganda in Rundfunk und Film, so beeinflusst waren, dass sie glaubten, was ihnen erzählt wurde, gab es doch einige unter uns, die durch ihr Elternhaus so informiert und erzogen waren, dass sie immun waren gegenüber solchen falschen Informationen, gegenüber dem rassistischen „Weltanschauungsunterricht", wie er uns z.B. im „Kepler" von einer jungen, sehr hübschen und 100%ig linientreuen Lehrerin geboten wurde oder gegenüber politischen Schulungen während unserer Flakzeit, die m.E. jedoch die meisten von uns nicht mehr ernst genommen haben und sie mehr oder weniger gelangweilt über sich ergehen ließen.

In diesem Zusammenhang erinnere ich mich an eine Diskussion mit einigen Flakkameraden, die wir damals geführt haben und bei der unser ehemaliger Mitschüler Walter Knoll, der kurze Zeit später auf tragische Weise ums Leben kam, die Schlagkraft, Tapferkeit und Ritterlichkeit der SS-Division „Hitlerjugend" rühmte und uns damit überraschte, dass er sich als Kriegsfreiwilliger zur SS melden wolle. Unisono haben wir auf ihn eingeredet und versucht, ihn von diesem Vorhaben abzubringen. Zum ersten Mal hörte ich bei diesem Gespräch, wie ein anderer Schulkamerad von „gewissen Dingen in den Konzentrationslagern" sprach, die von SS-Wachen dort begangen würden, von denen wir nie etwas erfahren würden. Hier muß auch erwähnt werden, dass ich mich, wie die meisten meiner Schulkameraden, freiwillig als ROB, als Reserve-Offiziersbewerber, gemeldet habe, um später nicht zur SS eingezogen zu werden. Selbst wir „Gläubigen" hatten Zweifel an so manchem, was damals passierte, Zweifel, die zum Kriegsende hin immer deutlicher wurden. Zusammenfassend kann ich sagen, dass wir Luftwaffenhelfer nicht ganz ahnungslos waren und gerade gegenüber der Organisation der SS bzw. der Waffen-SS sehr skeptisch waren, obwohl wahrscheinlich nicht jeder von uns über Verbrechen, die von ihr begangen wurden, genau informiert war. Jedenfalls hatten wir fast alle große Vorbehalte, wenn es um die SS ging. Wir waren also nicht so ahnungslos, wie Günther Grass es gewesen sein will und wie er es uns „Beim Häuten der Zwiebel" darstellt.

Wenn ich heute auf diesen Abschnitt meines Lebens zurückschaue und mit der Jugendzeit z.B. unserer Kinder und Enkel vergleiche, so ist uns sicher vieles entgangen. „Kasernierung und fehlende Freizeit brachten auch empfindliche Beschränkungen für die Fortführung oder Entwicklung von Freundschaften und Liebesbeziehungen. Beiden kommt in der Adoleszenzphase besondere Bedeutung zu."[2]

Andererseits ersparte uns die Abwesenheit von der Familie, vor allem in der Vater-Sohn-Beziehung, viele Probleme, die für die Entwicklung eines jungen Menschen in der Zeit der Pubertät durchaus üblich sind. Mein ehemaliger Schulkamerad, heute Rechtsanwalt im Ruhestand, Dr. Gerhard Gänßlen, formulierte das in seinem Bericht so: „Wichtige Abnabelungsphasen von Eltern entfielen, das Spannungsfeld Generationenkonflikt löste sich von selbst."[3] „Die väterliche Autorität hat vermutlich eine ähnliche Relativierung erfahren wie die der Lehrer. Wenn der Vater eingezogen war, fühlte man sich ihm als Soldat gleichgestellt - wenn er zu Hause war, in diesem Punkt eher noch überlegen. Vater-Sohn-Konflikte wurden zwar auf diese Weise eher umgangen als durchgearbeitet, (...)"[4]
Um noch einmal auf meine Intention zurück zu kommen, möchte ich meiner Hoffnung Ausdruck geben, dass nicht nur die „Alten", die selbst noch Fliegerangriffe, Zerstörung, Tod und Verderben erlebt haben, nachlesen, sich an Vergangenes erinnern und sich die Bilder von damals anschauen, sondern möglichst viele junge Ulmer, damit sie erfahren, wie im „Tausendjährigen Reich" eine ganze Generation missbraucht wurde, wie Militärs wider besseres Wissen sich in jenes Regime einspannen ließen und unsinnige Maßnahmen erließen, die nur der Verlängerung des Krieges dienten und wie schließlich eine verbrecherische Politik unser eigenes Volk und die Welt in ein unermessliches Unglück stürzte, das am 17. Dezember 1944 auch unsere Heimatstadt Ulm ereilte.
Zum Schluss noch einige allgemeine Hinweise zur vorliegenden Veröffentlichung: Sie ist keine wissenschaftliche Aufarbeitung des historischen Kapitels „Luftwaffenhelfer in den letzten Kriegsjahren des Zweiten Weltkriegs", sondern vorwiegend regionale Erlebnisliteratur, bei der zwanzig ehemalige Luftwaffenhelfer ihre ganz persönlichen Erlebnisse berichten, erzählen oder schildern. Dass dabei selbst gleiche Ereignisse hin und wieder verschieden dargestellt werden, ist nach 62 Jahren nur zu verständlich. Das Erinnerungsvermögen ist nicht bei jedem Menschen gleich groß, und zudem hat die Ereignisse von damals jeder einzelne von uns eben doch verschieden erfahren. Für Form und Inhalt der Einzelbeiträge ist daher jeder Verfasser selbst verantwortlich. Dennoch glaube ich, dass trotz mancher Überschneidungen und Ungenauigkeiten und der Unvollständigkeit bei der Darstellung des Themas „Luftwaffenhelfer im Raum Ulm und Neu-Ulm" der vorliegenden Arbeit ein hohes Maß an Objektivität nicht abgesprochen werden kann.

Die militärische Lage in den letzten Kriegsjahren in Deutschland

Im Jahr 1942 wird die militärische Lage Deutschlands immer schwieriger. Die Überlegenheit der alliierten Truppen zeichnet sich deutlich ab. Im März beginnen britische Bomberflugzeuge mit einer Großoffensive gegen Industriezentren, vor allem im Ruhrgebiet, und gegen deutsche U-Boot-Basen. Ab dem Sommer nehmen daran auch US-Flugzeuge teil. Während zu Anfang des Luftkriegs nur militärische Ziele bombardiert werden, weitet er sich in der Folge in unzähligen Terrorangriffen auf deutsche Städte aus. Der britische Premierminister Sir Winston Churchill und sein Oberkommandierender des Bomber Command, Luftmarschall Arthur Harris,

sprachen sich für Flächenbombardierungen deutscher Städte aus, also für eine Zerstörung reiner Wohngebiete. Die deutsche Zivilbevölkerung sollte mürb gemacht und so der Krieg schneller beendet werden.
Aber auch im Seekrieg und an der Ostfront bekommen die deutschen Truppen die ständig wachsende Überlegenheit der alliierten Truppen zu spüren.
In seiner Rede im Berliner Sportpalast am 18. Februar 1943 versucht Reichspropagandaminister Joseph Goebbels das Ruder herum zu reißen und ruft zum totalen Krieg auf. Doch trotz aller Bemühungen kann die sich abzeichnende Niederlage nicht aufgehalten werden.
Deutschlands Niederlage beginnt mit der Schlacht um Stalingrad. Am 2. Februar 1943 ergibt sich der Rest der im Donbogen westlich von Stalingrad eingeschlossenen 6. Armee, nachdem der Hauptteil unter Generalfeldmarschall Paulus bereits am 31. Januar 1942 kapituliert hatte. Anfang Mai 1943 bricht die deutsch-italienische Front in Nordafrika zusammen und am 13. Mai 1943 kapitulieren dort die letzten Kräfte. 252 000 deutsche und italienische Soldaten geraten in Kriegsgefangenschaft. Damit sind die Kämpfe auf afrikanischem Boden abgeschlossen. An der Ostfront ist die Rote Armee nach dem Desaster von Stalingrad den deutschen Truppen nicht nur zahlenmäßig überlegen. Sie dringen immer weiter nach Westen vor, während sich die deutschen Truppen „im Zuge von Frontverkürzungen" von Woche zu Woche, ja von Tag zu Tag weiter zurückziehen müssen. Obwohl jedem Einsichtigen klar war, dass Deutschland und seine Verbündeten den Krieg verloren hatten, werden in Deutschland die letzten Reserven mobilisiert, um das Ende des Krieges so lange wie nur möglich hinaus zu zögern.
Am 20. Oktober 1942 lässt das Reichsluftfahrtministerium eine Meldung bekannt machen, dass in Kürze die Schuljahrgänge 1926 und 1927 der höheren Schulen zum Hilfseinsatz bei der Luftwaffe eingezogen würden. Nachdem sich herausgestellt hatte, dass die seit Mai 1942 für die Heimatflak herangezogenen Kräfte nicht ausreichten, um die feindlichen Bombergeschwader wirkungsvoll zu bekämpfen, sollten Luftwaffenhelfer Flaksoldaten für die Front frei machen. „Die Militärführung hält einen Ausbau der Flugabwehr für notwendig, da sie eine Steigerung der Bombenangriffe durch die Alliierten erwartet, nachdem die Deutschen die Luftschlacht über England verloren haben und die USA in den Krieg eingetreten sind."[5] Der gravierende Mangel an ausgebildetem Flak-Personal sollte von nun an durch den Einsatz von Schülern mittlerer oder höherer Schulen, später auch von Lehrlingen, ausgeglichen werden. Das Erziehungsministerium besteht jedoch darauf, dass die Schüler während ihres Einsatzes weiterhin Unterricht erhalten.
Am 18. Februar 1943, also an dem Tag, an dem Goebbels seine berüchtigte Rede im Berliner Sportpalast hält, werden in Deutschland die ersten Luftwaffenhelfer eingezogen. Dabei ist der Ausdruck „Luftwaffenhelfer" absolut irreführend und täuscht über die wirkliche Tätigkeit der Schüler, die nicht nur Hilfsdienste erledigen mussten, sondern wie reguläre Soldaten Dienst an den Flakgeschützen, Mess- und Auswertegeräten oder im Nachrichtenwesen tun mussten. Und viele von ihnen starben wie reguläre Soldaten den „Heldentod" oder wurden wie die Soldaten an der Front verwundet.
„Die Erfassung der Jugendlichen als Flakhelfer beschränkte sich auf die Jahrgänge 1926 bis 1928 und dann wiederum auf die Ober- und

Mittelschüler, erst mit dem Jahrgang 1928 erweiterte sich der Kreis auf Berufsschüler. Die Flakhelfer bilden somit nur einen Ausschnitt auch innerhalb ihrer Alterskohorten. Es handelte sich um eine Minderheit von Angehörigen bildungsnaher Schichten. Flakhelfer-Biographien sind daher primär Bildungsbiographien."[6]

Mit den Luftwaffenhelfern hatte die nationalsozialistische Führung in der Tat eine Trumpfkarte gezogen. Viele der 15- und 16jährigen waren für den Einsatz an der Waffe, aus verschiedenen Gründen allerdings, hoch motiviert. So schreibt Manfred Rommel: „Ich muß sagen, daß ich sehr gerne Luftwaffenhelfer geworden bin und daß ich zu Tode betrübt gewesen wäre, wenn man mich als Jüngsten meiner Klasse nicht genommen hätte."[7] Ralf Blank meint dazu: „Durch die vormilitärische Erziehung im NS-Staat von seiten der Hitlerjugend (HJ) waren die Jugendlichen ‚für eine positive Wahrnehmung' des Kriegs empfänglich und für einen Militärdienst ‚gedrillt' worden"[8] Er schränkt gleich darauf ein „Allerdings bewirkte die brutale Realität des Einsatzes - so fanden auch zahlreiche ‚Flakhelfer' bei Bombenangriffen den Tod - vielfach eine weniger NS-konforme Einstellung zum Kriegsgeschehen."[9] Trotz unterschiedlicher persönlicher Beeinflussung durch die Wertvorstellungen und Verhaltensmuster innerhalb der Familie standen Schule und Hitlerjugend doch ganz im Dienst der nationalsozialistischen Ideologie. Dennoch scheint die Schule „nach dem Ausweis der meisten autobiographischen Texte im Sozialisationsprozess im Sinne der Zielsetzung des Nationalsozialismus eine relativ geringe, eher bremsende als fördernde Rolle gespielt zu haben."[10]

Aus eigener, ganz persönlicher Sicht, kann ich diese Aussage nur bestätigen. Wir besuchten damals die Klasse fünf (durchgezählt also die neunte Klasse) der Kepler-Oberschule in der Olgastraße in Ulm, und ich kann mich nicht erinnern, dass wir, von einer Ausnahme vielleicht abgesehen - es war „jene junge, durchaus attraktive Lehrerin, die uns weltanschaulichen Unterricht' zu geben hatte und mit deren Inhalt ihres Unterrichts wir wohl weithin nicht einverstanden waren"[11], „die uns mit Vorliebe und neckisch hochgerutschtem Rock auf der ersten Bank sitzend, bemerkenswerte Einblicke der besonderen Art verschaffte."[12] und die wenige Jahre vorher bei älteren Schülern unserer Schule „Polen und Russen, grob pauschalierend, wörtlich als ‚diese ostischen Säue' abqualifiziert hat"[13] - von unseren Lehrern im Sinne der nationasozialistischen Ideologie indoktiniert wurden. Wenn ich an jene Zeit zurückdenke, meine ich sogar, dass einige Lehrer, bei aller damals gebotenen Vorsicht, genau das Gegenteil taten. So erinnere ich mich daran, dass unser Biologielehrer, Herr Dr. Schäfle, das Kapitel Rassenlehre mit den Worten abtat: „Was dazu gesagt werden muß, findet ihr im Biologiebuch auf den Seiten ...!". Oder wenn wir unseren Lateinlehrer und katholischen Theologen Dr. Stöckle auf dem Schulgang trafen und um ihn zu ärgern, schneidig mit „Heil Hitler" grüßten, bekamen wir regelmäßig sein trotzig gesprochenes „Grüß Gott!" zur Antwort. Gustav Moré, langjähriges Mitglied der Redaktion in der SÜDWEST PRESSE schreibt über diesen Lehrer, dass er im Unterricht einmal geäußert habe: „Um einen Staat, der sogar schon Schillers „Räuber" als zersetzend verbieten wolle, könne es weiß Gott nicht zum besten bestellt sein. Keine Frage, der couragierte Theologe hätte mit einer solchen Äußerung wirklich Kopf und Kragen riskiert, wenn auch nur einer von uns Schülern seine staatsbürgerliche Hitlerjugendpflicht extrem ausgelegt (...) hätte".[14]

Persönlich war ich sehr froh darüber, dass ich nach meiner Einberufung zur Heimatflak dem Zwang der Hitlerjugend entkommen konnte. Während ich die Jungvolkzeit in guter Erinnerung habe, fühlte ich mich durch den Dienst in der Hitlerjugend in meiner Freiheit eingeengt. So häuften sich die HJ-Dienste gegenüber der Zeit beim Jungvolk. und in der mir verbleibenden Zeit mußte ich selbstverständlich meine Hausarbeiten machen und für die Schule lernen. Mir blieb praktisch kaum mehr Zeit für meine Hobbys. Dass ich mir eine solche Freizeit, aus welchen Gründen auch immer, nicht einfach nehmen konnte, mussten meine Eltern erfahren. Meine schulischen Leistungen verschlechterten sich, und die Mutter ordnete an: „Du bleibst daheim und gehst jetzt nicht zum Dienst, sondern setzt dich auf deinen Hosenboden und lernst deine Vokabeln!" Das geschah wohl einige Male, bis zu dem Tag als ein Polizeibeamter ein Schreiben des HJ-Bannführers brachte, in dem die Eltern auf ihre Pflicht als „deutsche Volksgenossen" hingewiesen wurden und in dem bei weiteren Verfehlungen auf mögliche Strafen hingewiesen wurde.
Hauptsächlich aber hasste ich die „Dienste" in der HJ, weil ich ohne gefragt zu werden der „Nachrichten-HJ" zugewiesen wurde. Ohne Zweifel war vormilitärische Ausbildung eine Aufgabe der HJ. Sie sollte uns junge Menschen auf den Kriegsdienst vorzubereiten, und so gab es bei der HJ denn auch verschiedene Formationen wie die Flieger-HJ, die Motorrad-HJ, die Marine- HJ und eben auch die Nachrichten-HJ. Nur zu gerne wäre ich bei den Fliegern oder wenigstens bei der Motorrad-HJ gewesen, aber nein! Ausgerechnet zur Nachrichten-HJ wurde ich verpflichtet. Und wenn ich schon am Vormittag auf der Schulbank saß und an den freien Nachmittagen, die mir verblieben, mein Schulpensum lernen mußte, so fanden wir Hitlerjungen von der Nachrichten-HJ uns an den Mittwoch- und Samstagnachmittagen in einem Schulungsraum der Kaserne „Untere Donaubastion" wieder und mussten das Morse-Alphabet büffeln. Dass Dienste an den Sonntagvormittagen ausgerechnet während der Zeit der Gottesdienste angesetzt waren, empfanden lediglich die Eltern als unzumutbar. Meinen HJ-Kameraden und mir machten diese Sonntagvormittage sogar Spaß, im Gegensatz zu den Nachmittagen in der Kaserne. Während dieser Zeit legten wir in der Friedrichau Leitungen, bauten kleine Fernsprech-Vermittlungen, sprachen fingierte Informationstexte in das Mikrophon des Telephons und sicher auch manchen Unsinn. Insgesamt aber empfand ich den Zwang in der HJ als Last, der mich einengte und oftmals auch ärgerte.
Auch wenn ich nicht verallgemeinern will, weil vor allem der häusliche Einfluss durch die Eltern sich bei jedem einzelnen von uns anders darstellte, glaube ich, dass nicht geleugnet werden kann, dass die Propaganda der Medien der damaligen Zeit, also Presse, Rundfunk und Film, ihre Wirkung bei vielen von uns jungen Menschen nicht verfehlte. Mein Vater hörte täglich am Mittagstisch, also im Beisein meines Bruders und mir, die ganz im Sinne der NS-Propaganda gesprochenen Mittagsnachrichten und die sich daran anschließenden Kommentare. Gemeinsam marschierten wir als Pimpfe im Jungvolk und später als „Hitlerjungen" zu den Bayernlichtspielen in der Schützenstraße in Neu-Ulm und besuchten Filmveranstaltungen wie „Bismarck", „Ohm Krüger" oder einen Film über Friedrich den Großen an dessen Titel ich mich nicht mehr erinnere. Es waren zumeist Filme, in denen uns Heldentum, Tapferkeit oder Gehorsam als Handlungsmuster vorgeführt

wurden und mit denen wir uns identifizieren konnten. Aber wir sahen auch schlimme Filme wie „Jud Süß" oder „Der ewige Jude", die nur dem einen Ziel dienten, die jüdische Rasse als minderwertig darzustellen. Später als die Zeit der Siege und der täglichen Sondermeldungen vorbei war, blieb uns Jungen nur noch das Verlangen, dem Vaterland zu dienen und es gegen die Feinde unseres Landes zu verteidigen. Wir waren also gut auf unsere künftige Aufgabe als Luftwaffenhelfer vorbereitet. Im übrigen waren wir unbekümmert und konnten die Sorgen der Eltern um uns kaum verstehen, die uns nur ungern gehen ließen und selbstverständlich Angst um uns hatten. Wir fühlten uns als Soldaten und ärgerten uns über die rote Armbinde mit dem Hakenkreuz an unserer Ausgehuniform. So streiften wir sie auch bei jeder möglichen Gelegenheit ab. Waren wir in der Stadt, grüßten wir uns begegnende Offiziere mit dem militärischen Gruß, also mit der flachen Hand an der Mütze, obwohl uns ausdrücklich befohlen wurde, mit dem „Deutschen Gruß", also mit der schräg nach oben ausgestreckten rechten Hand zu grüßen. Und immer grüßten diese, meist lächelnd oder schmunzelnd mit dem militärischen Gruß zurück. Das blieb so allerdings nur bis nach dem 20. Juli 1944, dem Tag des missglückten Attentats auf Hitler. Danach wurde auch bei der Wehrmacht der „Militärische Gruß" abgeschafft und durch den „Deutschen Gruß" ersetzt.
Die Flakzeit war für viele von uns eine Zeit der Abenteuer und der Erlebnisse. Selbst schlimme Ereignisse wie der Tod unseres Schulkameraden Walter Knoll oder der Bombenteppich, der am 13. September 1944 mitten auf unsere Flakstellung in Söflingen niederging, und bei dem zwei unserer Vorgesetzten sowie zwei Schulkameraden ihr Leben verloren und ich selbst verschüttet wurde, änderten kaum etwas an dieser Grundeinstellung.

Der militärische Auftrag - über Sinn und Unsinn der am 26. Januar 1943 erlassenen „Anordnung über den Kriegshilfseinsatz der Jugend in der Luftwaffe"

Durch die sich ständig verschlechternde militärische Situation wurde die Führung des Dritten Reichs dazu gezwungen, Notmaßnahmen wie den Einsatz von Schülern zu Kriegshilfsdiensten zu verordnen. Durch die verlorene Luftschlacht über England, den enormen Personalbedarf seit dem Beginn des Russlandfeldzugs und den ständig zunehmenden Bombenkrieg der Alliierten gegen deutsche Städte verlor Deutschland seine anfängliche Luftüberlegenheit und wurde immer stärker zur Luftverteidigung des Reichsgebietes gezwungen.
„Der für den Ausbau der Flugabwehr notwendige Personalbedarf konnte 1942 jedoch nicht mehr mit dem regulären Wehrpflichtpersonal gedeckt werden. Auch der seit Ende September 1942 auf Grund eines „Führerbefehls" angeordnete Einsatz von Industriepersonal in den in der Nähe ihrer Betriebe stationierten „Heimatflak"-Batterien, noch die durch einen Erlass vom 27. April 1942 vom Reichsjugendführer geschaffene Möglichkeit, Schüler ab 17 Jahren auf Grund freiwilliger Meldung unter Fortsetzung des Schulbesuchs als Personal in den Batterien zu verwenden, waren kein auch nur annähernd ausreichender Ersatz. Erschwerend kam hinzu, dass Hitler mit demselben „Führerbefehl" vom 20. September 1942 den Abzug von 120 000 Mann aus den Kaderdiensten der Luftwaffe zum Einsatz im Osten anordnete,

wovon zwar nicht vorwiegend, aber auch Besatzungen der Flakbatterien betroffen waren."[15]

Dies war der erste Artikel über den Einsatz von Ulmer Schülern als Luftwaffenhelfern, der am 23. Februar 1943 in der Ulmer Tagespresse, also im „Ulmer Sturm", erschienen ist.[16]

Ulmer Sturm — Nummer 45 **Rund ums Ulmer Münster**

Von der Schulbank ans Flakgeschütz

Verpflichtung der Luftwaffenhelfer – Begeistert erfüllen sie den Auftrag des Reichsmarschalls

Im Angesicht ihrer Waffe wurden die Ulmer Luftwaffenhelfer feierlich verpflichtet

s. Nun ist ihr sehnlichster Wunsch in Erfüllung gegangen: Schulter an Schulter mit den Soldaten für den Schutz der Heimat eingesetzt zu werden. Am liebsten hätten sie ja die Schulbank ganz im Stich gelassen, Jahrgänge der oberen Klassen der Ober- und Mittelschulen, während ihre älteren Kameraden bereits zur Wehrmacht eingerückt sind. Wie hatte man diese beneidet! Nun rief sie endlich Reichsmarschall Hermann Göring auf, als Luftwaffenhelfer Dienst zu tun, und so waren die noch schulpflichtigen Ulmer Jungen in der vergangenen Woche „eingerückt", mit dem Koffer in der Hand, gerade wie die Rekruten, und schüttelten fürs erste einmal für kurze Zeit ganz den Schulstaub von den Füßen.

Das ist eine ganz andere Welt, hier in der Oberen Donaubastion, die mit ihrem mächtigen Mauerwerk wie eine alte Festung aussieht! Ein ganzes Revier gehört nun ihnen allein, den ersten Luftwaffenhelfern Großdeutschlands. Es sind freundliche Soldatenstuben, die sauberen Betten übereinander, die wohlgeordneten Spinde an den Wänden, in der Mitte ein langer, weißgedeckter Tisch. Hier läßt sich's leben, wenn auch nicht mehr so bequem wie bei der Mutter. Dafür sind sie jetzt aus den Kinderschuhen in die Männerstiefel geschlüpft, tragen eine schmucke Uniform in der Farbe der Luftwaffe, und einen Stahlhelm, und nur die Achselklappen und Armbinden der Hitlerjugend unterscheiden sie noch von richtigen Soldaten. Im Herzen aber sind sie es schon ganz, seit dem ersten Tag, als sie ein schneidiger Fliegerleutnant in seine kameradschaftliche Obhut nahm und sie mit den ersten Geheimnissen ihrer künftigen Tätigkeit vertraut machte. Auch sonst hat man ihnen die besten Ausbilder zugeteilt, Unteroffiziere, die vor allem auch ein besonderes Verständnis für die Jugend haben. So fühlen sie sich schnell heimisch, gewöhnen sich in jugendlicher Anpassungsfähigkeit ebenso rasch an die spartanische Lebensart, lassen es sich aus der Soldatenküche gut schmecken, rauchen wie Männer die zugeteilten Zigaretten und freuen sich schon auf den ersten Zahltag ihres Lebens, wenn es auch nur ein bescheidenes Taschengeld ist, das ihnen als Luftwaffenhelfer zusteht. Immerhin: es ist selbst verdient!

Der Dienst ist, verglichen mit den Schulstunden, [illegible] Stand ihnen schon immer der Sinn danach, einmal so ein Flakgeschütz ganz aus der Nähe besehen, seine Technik ergründen und womöglich selbst einmal damit schießen zu dürfen, so geht jetzt ihr Wunsch in Erfüllung. Nun merken sie auf einmal, daß die vielgeschmähte Mathematik [illegible] ihren praktischen Wert haben, und, wie uns der Ausbildungsoffizier verrät, ist der [illegible] [illegible]

Die feierliche Verpflichtung

Der erste Sonntag brachte die öffentliche Verpflichtung der Ulmer Luftwaffenhelfer. Auf dem Hof standen, die Rohre zum Himmel gereckt, mehrere Flakgeschütze als Zeugen der feierlichen Handlung, im Viereck verbunden durch die Reihen der Luftwaffenhelfer, eine Ehrenabordnung der Luftwaffe und ein Musikkorps. Der Kommandeur des Heimatflakzugs Ulm, Hauptmann Sch., schritt in Begleitung des Oberbürgermeisters SA-Oberführer Foerster und des kommissarischen HJ-Bannführers [illegible] zunächst die Front ab und sprach dann zu seinen jungen Schützlingen, wobei er betonte, daß jeder einzelne mit Stolz und Freude dem Ruf des Reichsmarschalls gefolgt sei und mit heißem Herzen darauf brenne, mit der Flakwaffe den Feind abzuwehren oder zu vernichten. Der Ruf des Reichsmarschalls sei ein Beweis dafür, daß er größtes Vertrauen in die deutsche Jugend setze, die nun mit der Tat dieses Vertrauen rechtfertigen müsse. Mit Begeisterung hätten sich die Luftwaffenhelfer bisher ihren Schulungsaufgaben unterzogen und würden sicher auch künftighin mit gleicher Freude und mit dem gleichen Verantwortungsbewußtsein wie ihre Vorgesetzten sich der weiteren Ausbildungsarbeit unterziehen, um notfalls ihre deutsche Heimat im allgemeinen und ihre Heimatstadt Ulm im besonderen erfolgreich mit der Waffe verteidigen zu können. In diesem Sinn reiche er den Jungen in Kameradschaft und Waffenbrüderschaft die Hand und verpflichte sie feierlich als Luftwaffenhelfer.

Den rechten Arm zum deutschen Gruß erhoben, sprachen nun die Jungen die Verpflichtungsformel nach, wonach sie das Versprechen ablegen, als Luftwaffenhelfer allezeit ihre Pflicht zu tun, „wie es sich für einen Hitlerjungen geziemt". Mit Heilrufen auf den Führer und den Nationalhymnen wurde die feierliche Handlung abgeschlossen.

Anschließend hatten die Eltern und sonstigen Angehörigen der Luftwaffenhelfer Gelegenheit, die Unterkünfte der Jungen zu besichtigen und sich von dem gesunden Geist zu überzeugen, der in dieser jüngsten soldatischen Kameradschaft herrscht.

Ab dem 15. Februar 1943 bis Kriegsende sind also auf Grund der o.a. Anordnung Schüler der Ober- und Mittelschulen, später auch der Berufsschulen, der Jahrgänge 1926 bis 1928 als Luftwaffenhelfer in den Flak-Batterien in der Nähe ihres Heimatortes, später aber auch in weiter entfernten Gebieten eingesetzt worden. Bei uns Luftwaffenhelfern des Jahrgangs 1928 und Schülern der Kepler-Oberschule Ulm traf genau dieses zu. Wir mussten zuerst von Januar 1944 bis Oktober 1944 in Ulm und danach im Schwarzwald nahe Freudenstadt Dienst als Flakhelfer leisten. Wenn ich die militärische Situation in Ulm betrachte, so war es Aufgabe des 1. Zuges der „Leichten Heimatflak-Batterie 6/VII", die Eisenbahnbrücke über die Donau, die südlichen Bahnanlagen und das Magirus Werk I vor der Zerstörung durch feindliche Luftangriffe zu schützen. Ulm war ein bedeutender Eisenbahnknotenpunkt und war für die Logistik des Personen- und Materialnachschubs sowohl nach Westen und Süden als besonders auch nach Südosten von enormer Bedeutung. Die Zerstörung der

Eisenbahnbrücke über die Donau hätte diesen empfindlich gestört. So musste der deutschen Militärführung alles daran gelegen sein, dies unter allen Umständen zu verhindern.
Ähnliches traf auch für den 2. Zug zu. Seine militärische Aufgabe war es, das Industriegelände im Westen der Stadt Ulm vor feindlichen Luftangriffen zu schützen. Das galt besonders für die Fabrik Magirus Werk II, in der damals kriegswichtige Kettenfahrzeuge, sog. „Raupenschlepper Ost“, abgekürzt RSO, und Einmanntorpedos, aber auch Löschfahrzeuge hergestellt wurden. So waren denn auch unsere Geschütze auf Flak-Hochständen bis Ende Mai 1944 innerhalb des Fabrikgeländes und wurden erst danach in Erdstellungen außerhalb der Fabrik mitten in eine Schrebergartensiedlung an der Blau verlegt.
Dass kriegswichtige Objekte im Raum Ulm Ziel alliierter Luftangriffe sein würden, davon musste die deutsche Heeresführung im Jahre 1943 ausgehen. Das war nicht immer so. Willbold schreibt: „Anfänglich war, (...), keine Flak in Ulm. Entweder fand man es nicht für nötig, oder aber es waren nicht genug Geschütze verfügbar. (...) Erst im Jahre 1943 änderte sich das Bild. Im März 1943 wurde befohlen, in Ulm drei schwere Flakbatterien aufzustellen. (...) Da während des ganzen Jahres 1943 kein Luftangriff auf Ulm stattfand, nahm man im Luftgaukommando an, dass solche Kaliber in Ulm nicht gebraucht werden und zog die Alarmbatterie noch anno 1943 wieder ab, zumal in diesem Jahr auch die Heimatflak in Ulm ihre Tätigkeit aufnahm, allerdings nur mit 2 cm- und 3,7 cm-Geschützen. Die Züge mit 3,7 cm-Geschützen (russisch!) der Batterie 36/VII waren in Offenhausen, in der Ludwigsau beim Gasthaus Illerbrücke und auf dem Eselsberg, wobei jeder Zug über drei Geschütze verfügte. Scheinwerfer standen ebenfalls zur Verfügung.“ [17] Die Stationierung der beiden Züge der Leichten Heimatflak-Battere 6/VII ist oben beschrieben. In allen Fällen sollten durch Flakabwehr wichtige Objekte vor der Zerstörung durch feindliche Fliegerangriffe geschützt werden.
Sicher sind die damals verantwortlichen Militärs von der irrigen Annahme ausgegangen, dass diese militärstrategisch wichtigen Objekte in Ulm von tief fliegenden Bombern und Jagdmaschinen der Alliierten Luftstreitkräfte angegriffen werden. Oder aber, und dies ist wahrscheinlicher, gab es einfach keine schweren Flakgeschütze mehr, weil die vorhandenen im Erdeinsatz an der Ostfront gebraucht wurden. Jedenfalls hat uns die Erfahrung gelehrt, dass wir mit unseren leichten Flakgeschützen nicht in der Lage waren, den militärischen Auftrag zu erfüllen, also die o.a. Objekte vor der Zerstörung zu sichern. Durch intensive Luftaufklärung waren die Alliierten über die Orte, an denen Flak-Batterien stationiert waren sehr genau informiert. „Eine weitere Vorstufe für die Zielliste („Target Information Sheet“) bildete die subtile Auswertung von Luftaufnahmen, deren Ergebnisse in einem mit dem Ministry of Economic Warfare abgestimmten „Interpretation Report“ zusammengefaßt wurden. Für die Magirus-Werke wurde ein solcher z.B. bereits im Frühjahr 1943 erstellt und am 17. September 1943 sowie am 30. Januar 1944 durch erneute Beobachtungen aus der Luft verfeinert. Beschrieben wurde darin die Lage der Werke im Stadtbild, die Anordnung der einzelnen Gebäude im Werksgelände, die Produktion, die Tarnmaßnahmen und die Flugabwehr, die für Werk I an der Schillerstraße mit drei, für Werk II an der Blaubeurer Straße mit fünf vermutlich leichten Flakgeschützen angegeben wurde. (...) Alle bisherigen Weisungen wurden dann durch eine Zielinformation vom 14. Mai 1944 ersetzt, auf der sich für Ulm die für Transporteinrichtungen und Verkehr bestimmte

Artikel über die ersten Luftwaffenhelfer in der Ulmer Tagespresse Ulmer Sturm, Nummer 64 vom Mittwoch, dem 17. März 1944 abgedruckt mit Genehmigung des Ulmer Stadtarchivs vom 16. 10. 2006

siehe auch Bild Nr. 62!

Rund ums Ulmer Münster

Zwischen Batterie und Schulbank

Nach der Besichtigung besuchen die Luftwaffenhelfer neben ihrem Einsatz die Schule

Bei der Besichtigung im Hof der Oberen Donaubastion

Luftwaffenhelfer bei der Bedienung eines schweren Flakgeschützes. Von links: Major Wacker, Ritterkreuzträger Oberst Kuzmann und Hauptmann Scheytt

s. Zwischen Batterie und Schulbank spielt sich nach den ersten Wochen strenger Ausbildung nunmehr das Leben unserer Ulmer Luftwaffenhelfer der HJ. ab. Darum war die vor kurzem vom Kommandeur des Heimatflakstabs in Gegenwart des Wehrmachtkommandanten des Standorts Ulm durchgeführte Besichtigung für alle Jungen ein großer Tag. Sie brannten förmlich darauf, zeigen zu können, was sie in den vergangenen Wochen alles gelernt hätten, und das Ergebnis war sehr zufriedenstellend. Sowohl beim Fußdienst als auch beim Exerzieren am Geschütz und am Gerät zeigten die Luftwaffenhelfer gute soldatische Haltung und große Geschicklichkeit; ein besonderes Lob wurde ihnen für den hervorragenden Marschgesang zuteil. Das Ausbildungsziel ist auf allen Gebieten erreicht worden, weil die Jungen von Anfang an mit viel Begeisterung und Verständnis bei der Sache waren.

Nun sind sie so weit, daß sie als Helfer am Geschütz und am Meßgerät, aber auch als Fernsprecher oder Flugmelder eingesetzt werden können. Beim Einsatz in der Batterie, der demnächst erfolgen wird, fallen ihnen natürlich nur solche Arbeiten zu, zu denen sie auch körperlich befähigt sind; alle stark anstrengenden und die jungen Kräfte rasch ermüdenden Leistungen, namentlich das Tragen und Laden der schweren Munition, vollbringen Flaksoldaten. Das ist schon deshalb erforderlich, weil die Luftwaffenhelfer, die fast durchweg aus Oberschulen stammen, von jetzt ab jeden Vormittag zum Unterricht gehen, und zwar mindestens 18 Stunden wöchentlich. Ihre andere Zeit aber gehört ganz den Batterien, denen sie nun zugeteilt werden und in denen sie soldatischen Dienst zum Schutz ihrer Heimat leisten.

Chiffrenummer GH 5525 findet. Dementsprechend galten als Einzelziele weiterhin der Güterbahnhof und die Magirus-Werke."[18]

Die Bomberflotten der RAF und der US Air Force konnten also nahezu ungestört von einer deutschen Luftverteidigung und in 4 000 m Höhe ebenso unbehelligt von der deutschen Flak-Abwehr ihre Ziele anfliegen und bombardieren. Wie dann am 10. und 13. September 1944 außer dem Magirus Werk II und großer Teile des westlichen Güterbahnhofs auch unsere Flakstellung von Flugzeugen der RAF total zerstört wurden, ohne dass wir nur einen einzigen Schuss abgeben konnten, ist in meinen Tagebuchnotizen nachzulesen. Gegen Bombergeschwader, die in einer Höhe von 4 000 m angeflogen kamen, waren wir völlig machtlos. Wir konnten uns nur in unsere Einmannlöcher verkriechen und danach vier tote Kameraden beklagen und glücklich darüber sein, selbst noch einmal davon gekommen zu sein.

Verzeichnis der Luftwaffenhelfer, der Flak-V-Soldaten und ihrer Ausbilder

Heute nach 63 Jahren ist es ein schwieriges Unterfangen, ein Verzeichnis ehemaliger Luftwaffenhelfer aus der Region Ulm/Neu-Ulm aufzustellen. Ich war dabei auf die Informationen noch lebender Zeitzeugen angewiesen. Vieles ist inzwischen vergessen, und möglicherweise konnten sich Fehler ein-

schleichen. Dieses Verzeichnis kann daher nach so langer Zeit keinesfalls einen Anspruch auf absolute Vollständigkeit und Richtigkeit erheben.
Die ersten Luftwaffenhelfer wurden im Februar 1943 einzogen und hatten neben ihrer Ausbildung und während der Zeit ihres Einsatzes Unterricht in ihrer jeweiligen Schule. Die Schüler aus den Ulmer Mittelschulen wurden aber - im Gegensatz zu den Luftwaffenhelfern aus den Oberschulen - bereits nach einem Vierteljahr entlassen.

Der Befehlsstab für den Raum Ulm, der zum Luftgau VII gehörte, befand sich im Reichenauer Hof
Stabschef war zuerst ein Hauptmann Scheidt, später Major Leyendecker, deren Adjudant war Leutnant Fiedler. Außer ihnen war dort noch ein Leutnant Westermann.

I. Leichte Heimatflakbatterie 6/VII
Batteriechef Oberleutnant Jeute

1. Zug am Standort Neu-Ulm, am Jahnufer

a) erwachsene Ausbilder:

Wachtmeister N. Sauer	Gefreiter N. Gleischer
Wachtmeister N. Kesch	Stabsgefreiter N. Rehm
Wachtmeister N. Straub	Obergefreiter N. Gröders

b) Luftwaffenhelfer:

German Lämmle	6	KOS	Jg. 1927	N. Höllein	6	KOS	Jg. 1927
N. Mökel	6	KOS	Jg. 1927	N. Aumann	6	KOS	Jg. 1927
N. Zepf	6	KOS	Jg. 1927				
Walter Adam	5a	KOS	Jg. 1928	K. Albrecht	5a	KOS	Jg. 1928
Ivo Beck	5a	KOS	Jg. 1928	Manfred Eger	5a	KOS	Jg. 1928
Arthur Eckardt	5a	KOS	Jg. 1928	G. Engelhart	5a	KOS	Jg. 1928
Ernst Hensinger	5a	KOS	Jg. 1928	Alois Halder	5a	KOS	Jg. 1928
Friedrich Huss	5b	KOS	Jg. 1927	A. Kappus	5b	KOS	Jg. 1927
Walter Knoll	5b	KOS	Jg. 1928	G. Mangold	5a	KOS	Jg. 1928
S. Krautscheid	5a	KOS	Jg. 1928	G. Mühlberger	5a	KOS	Jg. 1928
G. Recknagel	5a	KOS	Jg. 1928	Willi Rehm	5a	KOS	Jg. 1928
Karl Scholl	5b	KOS	Jg. 1928	U. Strohecker	5a	KOS	Jg. 1928
Walter Spingler	5a	KOS	Jg. 1928	Werner Unseld	5a	KOS	Jg. 1928
H.-P. Wieland	5a	KOS	Jg. 1928	Kurt Wieser	5a	KOS	Jg. 1927

c) Flak-V-Soldaten:

N. Steck, Lehrling	N. Rau, Lehrling
Hans Häfele, Lehrling	Alois Wegerer, Lehrling

2. Zug am Standort Ulm/Söflingen, Blaubeurer Straße

a) erwachsene Ausbilder:
Zugführer: Unteroffizier N. Schmalriede
Geschützführer: Obergefreiter N. Schneck
Gefreiter Bargehr, Gefreiter N.N.

b) Luftwaffenhelfer:

N. Biesinger	6	KOS	Jg. 1927	N. Berstecher	6	KOS	Jg. 1927
N. Schall	6	KOS	Jg. 1927	N. Hübner	6	KOS	Jg. 1927
Horst Bischof	5b	KOS	Jg. 1928	Alfons Baur	5b	KOS	Jg. 1928
Wolfgang Dietz	5b	KOS	Jg. 1928	W. Finkbeiner	5b	KOS	Jg. 1928
Gerhard Gänßlen	5b	KOS	Jg. 1928	Eduard Gaugler	5b	KOS	Jg. 1928
Gerhard Kimmel	5b	KOS	Jg. 1928	H. Kustermann	5b	KOS	Jg. 1928
Anton Ruedel	5b	KOS	Jg. 1928	Siegfried Ruopp	5b	KOS	Jg. 1928
Hans Schirmer	5b	KOS	Jg. 1928	Oskar Schrof	5b	KOS	Jg. 1927
Manfred Schuster	5b	KOS	Jg. 1928	Otto Schwenk	5b	KOS	Jg. 1928
Erich Wahl	5b	KOS	Jg. 1928	H. Wupperfeld	5b	KOS	Jg. 1928
G. Diefenbacher	5	OS L	Jg. 1928	H. Kirsamer	5	OS L	Jg. 1928
Werner Groß	5	OS L	Jg. 1928	Karl Ott	5	OS L	Jg. 1928

c) Flak-V-Soldaten:
N. Seisser, Lehrling; N.N., Lehrling; N. Schwab, Lehrling

II. Heimatflakbatterie 36/VII
Batteriechef: Oberleutnant Gruoner

1. Zug am Standort Ulm, oberer Eselsberg
Am oberen Eselsberg befand sich die Schreibstube des Batterie mit Stabswachtmeister Schurisch

a) erwachsene Ausbilder:
Wachtmeister Jakob Steeb, Zugführer

b) Luftwaffenhelfer:

Hans Georg Durner	HG	Jg. 1927	Walter Traub	HG	Jg. 1927
Erich Graß	HG	Jg. 1927	W. Hartmann	HG	Jg. 1927
Rolf Krause	HG	Jg. 1927	E. Rotter	6a KMS	Jg. 1927
Klaus Seek	HG	Jg. 1927			

und überwiegend Schüler der damaligen Oberschule Ehingen

2. Zug am Standort Neu-Ulm, Offenhausen beim damaligen Heereszeugamt
Dieser Zug gehörte 1943 zur Alarmflak-Batterie 300/VII und wurde später der Heimatflakbatterie 36/VII zugeordnet oder umbenannt

a) erwachsene Ausbilder:
Unteroffizier Kuffa

b) Luftwaffenhelfer:

Albert Ankele	6b	KMS	Jg. 1927	Hans Maier	6b	KMS	Jg. 1927
Friedmann	6a	KMS	Jg. 1926	E. Unsöld	6a	KMS	Jg. 1926
Eberhard Unsöld	6a	KMS	Jg. 1926	H. Reinhardt	6b	KMS	Jg. 1926
Robert Götz	6b	KMS	Jg. 1926	G. Junginger	6b	KMS	Jg. 1926

nach der Ausbildung erkrankt

Helmut Henseler	6a	KMS	Jg. 1927	Josef Schmid		KMS	
Max Schmid		KMS					

3. Zug am Standort Ludwigsau bei Ulm/Wiblingen mit 3 russischen 3,7cm-Beuteschützen

a) erwachsene Ausbilder:

Unteroffizier Erich Otto	Gefreiter Dr. Therpe
Gefreiter Jürgen Wirsing	Gefreiter Guttmann, evg. Pfarrer
Gefreiter Völlnagel	Obergefreiter Raschkewitz

b) Luftwaffenhelfer:

Berger, Hans-Dieter	HSOS	Jg. 1927	Braun, Karl		
Bühler, Wilhelm	HSOS	Jg. 1927	Braun, Manfred		
Blickle, N.			Borchert, N.		
Bürgers, Wilhelm			Burger, N.		
Deininger, Gerhard	HSOS	Jg. 1927	Eberhardt, Albert	KOS	Jg. 1926
Fischer, Rudolf	HSOS	Jg. 1927	Feuerstein, N.		Jg. 1927
Freudenreich, N.			Göser, N.		
Guttmann			Härle, N.		
Hablitzel, N.			Hub, N.		
Honsig, N.	KOS		Holz, N.		
Klenk, N.			Klett, N.	KOS	
Kastner, N.			Knödler, Kurt		
Kustermann, H.	KOS	Jg. 1926	Lonhard, Dieter		
Laepple, Arnold			Ludwig, Ernst	KOS	Jg.1927
Merroth, N.			Michel, Karl	KOS	
Müller, Rolf	HSOS	Jg. 1927	Pfannenschwarz, K.	HSOS	
Rieder, N.			Ries, Heinz	HSOS	
Riebel, N.			Rösch, N.		
Röscheisen, Hans	KOS		Rommel, Manfred	KOS	Jg. 1928
Rettich, Hannes			Sauter	KOS	
Schall, Konrad	KOS		Schleicher, N.		
Schmied, Walter	HSOS		Scheuing, N.		
Seebacher, A.	HSOS		Sick, Arthur	KMS	
Söll, Kurt	KOS		Stötter, Rudi	KOS	
Veil, Günter	HSOS		Völmle, Erich	HSOS	
Walker, Horst			Wulle, N.	KOS	
Waibel, N.					

Verlegung des 2. Zuges: im Herbst 1944 nach Neu-Ulm/Schwaighofen, am 16.12.1944 nach Memmingen

III. Heimatflakbatterie in Neu-Ulm Ludwigsfeld

Es waren vorwiegend Schüler der Kepler-Mittelschule aus Ulm. Sie wurden im Februar 1943 eingezogen, in der Oberen Donaubastion ausgebildet und dann an den Standort Neu-Ulm Ludwigsfeld verlegt, auf einem offenen Feld nordöstlich der heutigen Tennishalle von Sport-Sohn, in der Nähe des Illerkanals. Dort befanden sich vier 8,8 cm-Flakgeschütze, ehemalige russische 8,5 cm-Beutegeschütze, die auf ein Kaliber von 8,8 cm aufgebohrt wurden. Die Luftwaffenhelfer wohnten dort in einer sehr großen Baracke, die so tief in die Erde eingegraben war, dass sie mit Tarnnetzen fast ebenerdig abgedeckt werden konnte. Leitstelle und Schreibstube der Batterie waren in der Ludendorffkaserne.

a) erwachsene Ausbilder:

b) Luftwaffenhelfer:

Franz Braun	6a	KMS	Jg. 1926
Walter Junginger	6b	KMS	Jg.
N. Kast			
Albert Nagenrauft	6b	KMS	Jg. 1927
Konrad Schlecker	6a	KMS	Jg. 1927
Günther Schwarz	6b	KMS	Jg. 1927
Ernst Stängle	6a	KMS	Jg. 1926
Raimund Wiesner	6b	KMS	Jg. 1926
Heinz Wollinsky	6b	KMS	Jg. 1927

IV. Leichte Heimatflakbatterie 45/VII in Leipheim:

Batteriechef: Leutnant Göttling

Verlegung der Batterie von Laupheim nach Leipheim in der Zeit zwischen dem 10. April 1944 und September 1944 nach mehrfacher Umbenennung behält die Batterie ihre Bezeichnung 45/VII bis Kriegsende.

Ulm, Parlerstraße 33, den 19. Juli 1944

In treuer, freudiger Pflichterfüllung gab unser sonniger, lieber u. hoffnungsvoller Sohn und Bruder

Conrad Schwenk

im jugendlichen u. blühenden Alter von 16 Jahren sein Leben als Luftwaffenhelfer fürs sein Vaterland.

Dr. Carl Schwenk und Frau Elisabeth, geb. Scholl, Carl-Dieter Schwenk, im Felde, Regina Schwenk, stud. chem.

Beisetzung am 22. 7. 1944 um 11.30 Uhr auf dem Hauptfriedhof Ulm.

Ulm, den 19. Juli 1944

Unser herzensguter geliebter Sohn und Bruder

Hans Robert Mohr

hat als Luftwaffenhelfer sein junges Leben fürs Vaterland geopfert. In tiefem Leid:

Die Eltern: Karl Mohr und Frau Hedwig, geb. Hochstetter; der Bruder: Fritz Mohr, z. Zt. Kanonier.

Trauerfeier: Samstag, 22. 7., 11½ Uhr auf dem Städt. Friedhof.

Ulm, Beyerstraße 35, den 19. Juli 1944

Unser heißgeliebter einziger Sohn

Fritz Braunwarth

ist als Luftwaffenhelfer im Alter von 15½ Jahren gefallen. In unsagbarem Leid:

Julius Braunwarth u. Frau Else, geb. Eckart, die Schwester, Hilde Braunwarth.

Todesanzeige in den Ulmer Nachrichten – Ulmer Sturm vom 20. Juli 1944, abgedruckt mit Genehmigung des Ulmer Stadtarchivs vom 16. 10. 2006

1. Zug am Standort Westrand des Flugplatzes Leipheim

a) erwachsene Ausbilder:
Zugführer: Leutnant Göttling
Stabswachtmeister Karl Blank † 19.07.1944
Wachtmeister Hermann Kanike

b) Luftwaffenhelfer:

Gebhard Ammon	Jg. 1928	5 RS NU	† 19.07.1944
Johann Amann	Jg. 1928		† 19.07.1944
Matthäus Aicher	Jg. 1927		† 19.07.1944
Anton Bosch	Jg. 1927		† 19.07.1944
Friedrich Braunwarth	Jg. 1928	5a HSOS	† 19.07.1944
Helmut Brugger	Jg. 1928	5a HSOS	
Gebhard Hetterich	Jg. 1928	5a HSOS	† 19.07.1944
Franz Kircher	Jg. 1927		† 19.07.1944
Karl Machauf	Jg. 1928	5 RS NU	
Hans Mohr	Jg. 1928	5a HSOS	† 19.07.1944
Hans Sonntag	Jg. 1927		† 19.07.1928
Conrad Schwenk	Jg. 1927	5a HSOS	† 19.07.1944

2. Zug am Standort auf einem Feld zwischen Leipheim und Günzburg

Walter Bleher	Jg. 1928	5a HSOS
Alois Keller	Jg. 1928	5 RS NU
Erich Dauer	Jg. 1928	5 RS NU
Alfred Zoller	Jg. 1928	5 RS NU
Helmut Brugger		
Werner Kühn	Jg. 1927	RS NU
Otto Geiger	Jg. 1928	5 RS NU

3. Zug am Standort Gasthaus „Waldvogel" beim Bubesheimer Wald

er wurde am 12. Dezember 1944 zur Verstärkung der leichten Heimatflakbatterie 45/VII nach Leipheim verlegt[19].
Nach Informationen von W.Bleher gab es ihn aber schon im Juni 1944. Mitte Oktober 1944 wird der 3. Zug der leichten Heimatflakbatterie 45/VII nach Gablingen abgezogen[20] und anschließend nach Reichenbach bei Schussenried verlegt

a) erwachsene Ausbilder:
Wachtmeister Bonzelli
Obergefreiter Trinks
Oberleutnant Jeute in Reichenbach bei Schussenried ab Ende Oktober 1944 bis Kriegsende 1945 in Neuburg an der Donau
Wachtmeister Hasenjäger
Unteroffizier Schneck

b) Luftwaffenhelfer

Heinz. Hertling	Jg.	HSOS
Herbert Hasselgruber	Jg.	HSOS
Helmut. Hinderer	Jg. 1927	HSOS
Peter Kraus	Jg.	HSOS
M. Mattenschlager	Jg.	HSOS
Rolf Müller	Jg.	HSOS
Alfred. Roth	Jg.	HSOS
Rolf Rothenbacher	Jg.	HSOS

Die Katastrophe in Leipheim am 19. Juli 1944

Mein Studienkollege S. Ortlieb, Mitverfasser des Heimatbuches von Leipheim, führte mich am Vormittag des 4. Mai 2006 an die Stelle beim Flugplatz Leipheim, wo sich vor 62 Jahren, am 19. Juli 1944, die Katastrophe ereignet hatte, und zehn Luftwaffenhelfer sowie zwei Soldaten auf sehr tragische Weise ums Leben kamen.
Peter G. Hörner und Roland Remp beschreiben sehr genau, wie die Luftabwehr durch die leichte Heimatflak-Batterie 45/VII organisiert war. Diese Batterie bestand aus drei Zügen, wovon einer nahe der Gaststätte „Waldvogel" lag, ein anderer zwischen Leipheim und Günzburg und der dritte Zug nahe der Startbahn des Leipheimer Fliegerhorstes. Dazu schreiben sie: „Vom 10. April 1944 bis September kam die leichte Heimatflak von Laupheim nach Leipheim. Die Geschützstellungen lagen auf Hochständen, die durch Laufgräben miteinander verbunden waren. Nach dem verheerenden 3. Angriff durch Liberator der 458 BG und 455 BG mit gleichzeitigen Tieffliegerangriffen durch Mustangs am 19. Juli 1944, bei dem 10 Flakhelfer gefallen waren, wurden die Hochstände aufgegeben. Die Geschütze erhielten nun Erdstellungen."[21]
Zu den Geschützmannschaften gehörten Schüler der Jahrgänge 1927 und 1928 der damaligen Hans-Schemm-Oberschule, Ulm, heute Schubart-Gymnasium. Ihr Auftrag war die Sicherung des Flugplatzes und der Messerschmitt-Produktionsstätte Leipheim, wo u.a. der Lastensegler Me 321 „Gigant", später motorisiert und zur Me 323 umbenannt, und die Me 262 anfangs mit Propellertriebwerk und später mit Düsentriebwerk (Turbinenjäger) hergestellt und eingeflogen wurden. Die RAF und USAAF waren über die Produktionsstätten und den Flugbetrieb auf dem Leipheimer Flugplatz bestens informiert. So ist es nicht verwunderlich, dass der Flugplatz von Bombern und Jagdflugzeugen der alliierten Luftwaffe regelmäßig angegriffen wurde. Dies war auch am 19. Juli 1944 der Fall.
Peter G. Hörner und Roland Remp schreiben dazu:
„In den Mittagsstunden des 19. Juli 1944 erreicht der aus 49 Bombern mit Mustang Begleitschutz bestehende Kampfverband Riedheim und dreht in Richtung Horst. In zwei Anflügen werden 107 Tonnen Sprengbomben über den Flugplatz ausgeklinkt. Die erste Welle geht zu kurz - sie trifft den Horst vorgelagerten Wald. Die zweite Serie trifft erneut Gebäude und Rollfeld. Die Startbahn wird drei Mal getroffen. In mehrmaligen tiefen Überflügen schießen die Mustangs auf jedes lohnende Ziel. Wieder verbrennen 8000 Liter Treibstoff. Eine Bücker Bü 181, eine Bf 109 G und 4 Me 262 liegen als Wracks herum. Je eine Bf 109 und 110 werden zu 5% beschädigt. Aber

schlimmer noch als beim ersten Angriff - diesmal kommt es zu Personenverlusten. Zwölf Flakhelfer, Buben der Jahrgänge 1927 und 1928, sowie zwei Flaksoldaten der leichten Heimat Flakbatterie 45/VII verlassen auf Befehl ihres Zugführers Lt. Göttling ihre Deckungslöcher und rennen zu einem nahegelegenen Obstbaumgrundstück in Richtung Stadt. Elf Mann werden durch herumfliegende Bombensplitter getötet. Der Zuführer überlebt und muß sich vor einem Kriegsgericht verantworten."[22]

Namentlich die Verlustliste vom 19. Juli 1944
Verzeichnis der in Leipheim am 19. Juli 1944 gefallenen und verwundeten Luftwaffenhelfer und Luftwaffensoldaten:

Stbs Wm.	Karl Blank	leHei.Flakbttr. 45/VII	geb. 19.11.03	†
Lw. Helfer	Gebhard Ammon	leHei.Flakbttr. 45/VII	geb. 04.04.28	†
Lw. Helfer	Johann Amann	leHei.Flakbttr. 45/VII	geb. 06.03.28	†
Lw. Helfer	Matthäus Aicher	leHei.Flakbttr. 45/VII	geb. 20.02.27	†
Lw. Helfer	Friedrich Braunwart	leHei.Flakbttr. 45/VII	geb. 18.09.28	†
Lw. Helfer	Anton Bosch	leHei.Flakbttr. 45/VII	geb. 15.03.27	†
Lw. Helfer	Gebhard Hetterich	leHei.Flakbttr. 45/VII	geb. 11.04.28	†
Lw. Helfer	Hans Mohr	leHei.Flakbttr. 45/VII	geb. 23.07.28	†
Lw. Helfer	Franz Kircher	leHei.Flakbttr. 45/VII	geb. 07.05.27	†
Lw. Helfer	Hans Sonntag	leHei.Flakbttr. 45/VII	geb. 16.04.27	†
Lw. Helfer	Konrad Schwenk	leHei.Flakbttr. 45/VII	geb. 20.04.28	†

Lt.	Hans Göttling	leHei.Flakbttr. 45/VII	geb. 17.06.13	verw.
Wm.	Hermann Kanike	leHei.Flakbttr. 45/VII	geb. 09.05.01	verw.
Lw. Helfer	Helmut Brugger	leHei.Flakbttr. 45/VII	geb. 07.02.28	verw.
Lw. Helfer	Karl Machauf22	leHei.Flakbttr. 45/VII	geb. 02.08.28	verw.

Zur Trauerfeier auf dem Ulmer Friedhof wurden Manfred Rommel, Sohn des legendären Generalfeldmarschalls und späterer Oberbürgermeister von Stuttgart, sowie ein Flakkamerad der Batterie 36/VII als Ehrenposten befohlen.[23]
Der Zugführer Hans Göttling wurde bei einem späteren Kriegsgerichtsverfahren freigesprochen.
Am 1. September 1944 wurden neue Luftwaffenhelfer nach Leipheim eingezogen. „Bei der Einkleidung fand in der Bekleidungskammer ein unglaubliches Ereignis statt. Die Buben sollten mit den ungereinigten, blutigen und zerfetzten Monturen ihrer toten Vorgänger ausgestattet werden. Nach heftiger Debatte und strikter Weigerung bekamen sie dann doch neue und saubere Bekleidung."[24]
„Am 14. November 1944 wurde ein Vierling 2cm nach Leipheim verlegt." [25]
„Am 12. Dezember erhielt die Flak Verstärkung durch den III. Zug der 45/VII Heimatflak." [26]
„In der Nacht vom 1. zum 2. April (1945 d.Hrsg.) gelang es der Platzflak, eine britische Mosquito (...) abzuschießen. Sie stürzte bei Bubesheim ab.[27]
Über Sinn oder Unsinn der Verteidigung des Leipheimer Flugplatzes durch leichte Flakgeschütze gilt genau das, was im vorhergehenden Kapitel gesagt wurde.

Unsere militärischen Vorgesetzten

Der Alltag bei der Heimatflak war geprägt vom Schulunterricht an den Vormittagen und von militärischer Ausbildung und den Übungen am Geschütz an den Nachmittagen. Neu war für uns der oft sehr rüde Ton und der manchmal primitive Bildungsstand bei einigen unserer Ausbilder. An Bezeichnungen für uns wie „Sie Würstchen, Sie! Ihr Abitentà!" (er sagte „Abiturienten" zu uns, obwohl wir noch gar keine waren) und auch an Ausdrücke aus der Fäkaliensprache mussten wir uns erst gewöhnen. Ohne verallgemeinern zu wollen, konnte der Gegensatz einer gehobenen Sprache bei unseren Lehrern am Vormittag in der Schule und der sehr derben Sprache am Nachmittag bei unseren erwachsenen Geschützführern kaum größer sein. Hinzu kam die Macht, die letztere über uns hatten, und die uns einige von ihnen sehr spüren ließen. So kompensierten einige von ihnen ihre intellektuelle Unterlegenheit, die sie spürten, indem sie uns anschrieen oder schikanierten. Nicht alle verhielten sich so, denn selbstverständlich gab es auch bei ihnen große Bildungsunterschiede. So erinnere ich mich gerne an den Gefreiten Bargehr, einen einfachen Mann aus Vorarlberg mit Herzensbildung, der sich prächtig mit uns Flakhelfern verstand, der mit uns bastelte und uns von seiner Heimat in den österreichischen Bergen erzählte. Nachdem wir von unseren Flakhochständen im Magirusgelände in die neuen Erdstellungen umgezogen waren, wohnten wir in einer großen Baracke direkt an dem Flüsschen Blau. Wahrscheinlich wurden durch Essenreste, die wir in die Blau warfen, Ratten angelockt. Und unser erwachsener Freund Bargehr, denn als solchen betrachteten wir ihn, zeigte uns wie wir mit einfachsten Mitteln gut funktionierende Rattenfallen bauen konnten. Wenn dann, vorwiegend in der Nacht, eine solche Falle mit einigem Lärm zuschnappte, hatten wir unsere größte Freude daran. Wir rannten hinaus ins Freie, leuchteten mit Taschenlampen den Boden ab und freuten uns über jeden Fang. Ich weiß nicht mehr, welchen Beruf unser Freund Bargehr in seinem zivilen Leben hatte. Sicher ist nur, dass er handwerklich sehr begabt war. So baute er eines Tages einen Koffer aus Holzleisten und Pressplatten, die eine lederartige Oberfläche hatten und die wir irgendwo wir im Magirus-Fabrikgelände „organisiert" hatten. Damit hatte er regelrecht eine Lawine losgetreten, denn jeder einzelne von uns bettelte ihn an: „Gell, mir machst du auch einen Koffer!" Er lächelte nur dazu und war in den Tagen und Wochen vollauf damit beschäftigt, unseren Wünschen nachzukommen. Er ist leider bei dem Bombenangriff auf unsere Stellung am 13. September 1944 gefallen. Genau so wie unser Zugführer, der Unteroffizier Schmalriede. Er war etwas über zwanzig Jahre und damit nicht viel älter als wir. Was ich an ihm schätzte war, dass er sowohl zu den Geschützführern als auch zu uns Abstand hielt und immer sehr sachlich war. Auch er hat bei diesem Luftangriff sein junges Leben verloren. Nach seinem Tod war der Wachtmeister Stahl unser neuer Zugführer, ein älterer Mann und im zivilen Leben Lehrer an einer Mittelschule irgendwo in Württemberg. Besonnen und nicht so forsch wie unser Unteroffizier Schmalriede, wäre ihm wohl kaum passiert, dass er sein Leben hätte lassen müssen, nur weil er kein „Einmannloch" hatte, in dass er hätte flüchten können als die Bomben fielen. Und ganz bestimmt hätte er ein solches Loch nicht selber gemacht, sondern uns Luftwaffenhelfern befohlen, es ihm zu graben.

Vorgesetzter unserer Flakbatterie mit dem ersten Zug am Donauufer in Neu-Ulm und dem zweiten Zug in der Blaubeurer Straße in Söflingen war der Oberleutnant Jeute, ein Mann in den Dreißigerjahren, der in seinem zivilen Leben Bankkaufmann und in Ratzeburg im Kreis Lauenburg zu Hause war. Er hatte sein Büro innerhalb des Fabrikgeländes Magirus Werk I, also in der Schillerstraße in Ulm, und wir bekamen ihn somit, im Gegensatz zu unseren Kameraden des 1. Zuges in Neu-Ulm, nur sporadisch zu sehen.
Verantwortlich für die gesamte Luftverteidigung des Raumes Ulm und Neu-Ulm war ein Major Leyendecker. Ihn, den wir despektierlich nur „Major Leichendeckel" nannten, habe ich meines Wissen nur wenige Male gesehen. So auch an jenem Tag, kurze Zeit nach dem wir von unseren Flakhochständen im Fabrikgelände von Magirs Werk II in die neue Erdstellungen außerhalb der Fabrik, mitten in einer Schrebergarten-Siedlung umgezogen waren und er zu deren Besichtigung kam. Ich erinnere mich noch recht gut daran, wie er unserem Oberleutnant Jeute die Anweisung gab: „Sorgen Sie dafür, dass jeder von den Buben noch in dieser Woche ein „Einmannloch" gräbt. Ganz sicher haben ich und die meisten meiner Kameraden diesem Befehl unser Leben zu verdanken, denn ohne diese ca. 2 Meter tiefen Löcher, die wir mit großer Begeisterung noch in derselben Woche gruben, hätte wohl kein einziger von uns überlebt.

Der Schulunterricht

„Die Anforderungen an die Jugendlichen sind enorm. Vor allem während der Nacht und unter Feuerbefehl müssen sie zuverlässig und präzise arbeiten. (...) Tagsüber leisten die Schüler zusätzlichen militärischen Dienst wie Waffenreinigen. Hinzu kommt, zumindest in der ersten Zeit der Schulunterricht. Doch mit drei bis vier Stunden täglich kann der Wissensstand der Schüler kaum gehalten werden." [28]
Wir mussten früh aufstehen, denn der Schulweg von Söflingen zu unserer Schule in der Olgastraße war sehr weit. Nach dem täglich gleichen Frühstück, das aus Kommißbrot, Margarine und Kunsthonig oder Vierfruchtmarmelade und aus mit Süßstoff gesüßtem Kräutertee bestand, den wir in einer hohen Aluminiumkanne bekamen, machten wir uns auf den langen Weg durch die Blaubeurer Straße, vorbei am Blaubeurer Tor, über die Neutorbrücke zur Olgastraße bis zu unserem Schulgebäude. Jeder Jugendliche heute würde einen solch langen Schulweg als Zumutung empfinden, doch ich glaube nicht, dass auch nur einer von uns sich deshalb überfordert fühlte. Regelmäßig wurden zwei von uns als „Essenholer" eingeteilt. Sie mussten täglich einen kleinen Leiterwagen mit Essenkanistern bis zur Schule ziehen und dann bis zum Ende des Unterrichts irgendwo im Schulhof abstellen. Beim Rückweg von der Schule zu unserer Flakstellung machten die beiden dann einen Umweg über die Karlstraße, um dort in der Grenadierkaserne unser Mittag- und Abendessen abzuholen.
Natürlich war der Unterricht, den wir als Flakhelfer bekamen, sehr eingeschränkt und wir bekamen nur noch einen Bruchteil des Pensums mit, das laut Lehrplan für die jeweilige Jahresstufe vorgesehen war. Die Fliegeralarme häuften sich, und zudem gab es für uns Luftwaffenhelfer eine Vorwarnstufe, die mit dem Begriff „Edelweiß" bezeichnet wurde. Ab dem Frühjahr 1944 warteten wir buchstäblich täglich darauf, bis „Didi", unser Mathe-

matikprofessor Dietterle, die Tür aufriss und mit näselnder Stimme in unseren Schulsaal rief: „Luftwaffenhelfer, Edelweiß!". Und weil wir schon damit gerechnet hatten, nahmen wir unsere bereits gepackte Aktentasche unter den Arm und stürmten aus dem Raum. So war der Unterricht auf drei, wenn es hoch kam, auf vier Unterrichtsstunden begrenzt und sehr oft fiel er sogar ganz aus.

Außer den Fliegeralarmen während des Tages, gab es solche auch Nacht für Nacht. Wenn wir Glück hatten, war dies nur einmal der Fall, häufig aber mussten wir gleich zwei oder gar drei Mal in der Nacht aufstehen und hinauf an unsere Geschütze eilen, wobei wiederum galt, dass wir viel früher geweckt wurden als die Zivilbevölkerung und erst einige Zeit nach der Entwarnung durch die Sirenen wieder ins Bett durften. So saßen wir oft müde in den Schulbänken und waren daher nicht in der Lage, dem zu folgen, was die Lehrer uns beizubringen versuchten. Ich erinnere mich noch gut an jene Chemiestunde in der ich tief eingeschlafen war. Nein, ich wurde nicht etwa durch lautes Schimpfen unsanft aus dem Schlaf gerissen, son-

Uniform und Waffenausbildung hatten für Schüler Vorrang

Am 15. Februar 1943 rückten in Ulm die ersten Luftwaffenhelfer ein

rö) Halb Schüler und halb Soldat; militärische Ausbildung und Vokabeln büffeln – vor 40 Jahren schuf die immer präkerer werdende militärische Lage des NS-Regimes diesen jugendlichen Zwitter: Den Luftwaffenhelfer. Am 15. Februar 1943 rückten in Ulm die Gymnasiasten und Oberschüler der Jahrgänge 1926 und 1927 ein.

Die Mitschüler der Jahrgänge 1925 und älter waren zu diesem Zeitpunkt bereits zum Reichsarbeitsdienst und zur Wehrmacht eingezogen, doch für die jüngeren Schüler ging der Unterrichtsbetrieb in den drei höheren Lehranstalten Ulms – dem (humanistischen) Gymnasium und der Oberrealschule an der heutigen Olgastraße sowie dem Realgymnasium in der Nähe des heutigen Bismarckrings – unverändert weiter. Nur nächtlicher Fliegeralarm ließ ab und zu die ersten Unterrichtsstunden ausfallen.

Das wurde für die damals sechsten, heute wären es die zehnten, Klassen dann ganz anders. Die Einberufung als Luftwaffenhelfer reduzierte die Zahl der wöchentlichen Unterrichtsstunden auf 15, Uniform und Waffenausbildung hatten für die 15- und 16jährigen Schüler nun Vorrang. Und damit dies auch gründlich vor sich gehen könne, folgte der Einberufung die Kasernierung.

Die alte Donaubastion war das erste Domizil der Ulmer Schüler, wo sie ihre Uniformen verpaßt bekamen, die sich von denen des Militärs nur dadurch unterschieden, daß zu ihnen die bei der Hitlerjugend obligate Armbinde getragen werden mußte (sollte). Denn die jugendlichen Uniformträger wollten ja viel lieber als Ganz-, denn als Halbsoldaten in Erscheinung treten. Zu ihrem Leidwesen sah auch die später eingeführte offizielle Uniform der Luftwaffenhelfer mehr den Uniformen der Hitlerjugend gleich als denen des Militärs.

Der Ausbildungs- und Kasernenbetrieb war allerdings unverfälschter Kommiß – der Dienst am aufgebohrten russischen Flakgeschütz (von 8,5 auf 8,8 Zentimeter) bis zum Bettenbau. Und danach in den Stellungen – die 8,8-Flak war beim Oberberghof, eine Batterie mit jeweils drei 3,7-Zentimeter-Geschützen im Stadtgebiet Ulm und Neu-Ulm verteilt – wechselte das Militärische wieder mit dem Schulunterricht. Daß der oft die vorgesehenen 15 Stunden nicht erreichte, lag an den nächtlichen Alarmmeldungen, die zwar nicht immer die Bevölkerung über die Sirenen, dafür aber die Luftwaffenhelfer aus den Betten jagten.

Sonst gehörten die Luftwaffenhelfer auf ihren täglichen Zügen zwischen Flakstellung, Schule und zurück zum Kriegsalltag Ulms und Neu-Ulms. Sie spielten auch (mit dem Luftwaffenadler auf dem Trikot) bei den Fußball-Jugendmannschaften des Raumes Ulm mit, wobei zwei damals noch verschiedenen Vereinen angehörende spätere Oberligakicker die gemeinsame Mannschaft vorwegnahmen: Günther Schoy (SSV Ulm) und Bruno Baumeister (Ulm 1846).

Der heutige Landrat des Alb-Donau-Kreises, Dr. Wilhelm Bühler, und der Ulmer OB-Kandidat Ernst Ludwig gehörten zu diesen ersten Luftwaffenhelfern in Ulm, zu denen später, weil Jahrgang 1928, auch der jetzige Stuttgarter Oberbürgermeister Manfred Rommel einberufen wurde. Und Hannes Rettich, theaterkundiger Ministerialdirigent im Stuttgarter Ministerium für Wissenschaft und Kunst, probte mit seinem Obergefreiten Gube dessen Rolle als Ferdinand in „Kabale und Liebe"...

Zeitungsartikel vom 15. Februar 1983 in der Südwestpresse Ulm, abgedruckt mit mündlicher Genehmigung der Südwestpresse Ulm vom 8. 11. 2006 dern ich wachte auf, weil es urplötzlich mäuschenstill wurde und alle meine Schulkameraden zu mir her schauten, als sie bemerkten, was mit mir los war. „Korre!", also Prof. Dr. Weiger, der Direktor unserer Schule und unser Chemielehrer, zeigte großes Verständnis für mich: „Bue, ich versteh dich!. Wenn man jede Nacht aus dem Schlaf gerissen wird und stundenlang am Geschütz stehen muß, kann das ja gar nicht anders sein. Wenn du kannst, darfst du weiter schlafen!" Natürlich war ich von da ab hell wach und versuchte so viel wie möglich vom Unterrichtsgeschehen mitzubekommen. Wenn wir trotz aller Einschränkungen durch unsere besondere Stellung als Luftwaffenhelfer, dennoch vieles gelernt haben, so war dies ganz sicher das Verdienst unserer Lehrer, an die ich fast ausnahmslos gerne zurück denke. Immerhin besuchten wir, so lange wir noch in Ulm stationiert waren, unsere Kepler-Oberschule in der Olgastraße, während ab September 1944, als wir im Schwarzwald waren, die Lehrkräfte der Freudenstädter Kepler-Oberschule (die Namensgleichheit war ein Zufall!) zu uns in die Stellung kamen und der Unterricht in unserer Baracke stattfand. Deren pädagogischer Erfolg war allerdings sehr gering. Wo wir nur konnten, haben wir sie ausgetrickst, um den Unterricht zu stören oder ausfallen zu lassen. Und unsere militärischen Vorgesetzten haben unser Verhalten damals nicht nur geduldet, sondern auch noch unterstützt. Dass ich mich kaum noch an diese Lehrer erinnern kann, ist sicher ein Indiz dafür, wie wenig mich diese und der Unterricht, den sie hielten, überhaupt noch interessiert haben. Lediglich das Verhalten des einen oder anderen hat sich bei mir im Gedächtnis eingeprägt. Da war der Lateinlehrer, Herr Dr. Rommel, der immer schreckliche Angst um sein Leben hatte. Nun war die Situation in Wittlensweiler auch eine völlig andere als vorher in Ulm. Hatten wir in Ulm so gut wie keine Möglichkeit, mit unseren leichten Geschützen auf tief fliegende Flugzeuge zu schießen, so gehörten die Jabo's, also die feindlichen Jagbomber schon beinahe zum Alltag. Wenn sie in Dreierpulks von Westen her an- und über uns hinweg flogen, dann östlich von uns wendeten und das Eisenbahnviadukt oder ab und zu auch unsere Flakstellung im Sturzflug anflogen, schossen wir, was unsere Rohre hergaben. Zurück zu unserem Lateinunterricht in der Baracke. Während wir also mehr schlecht als recht den Caesar übersetzten, war einer von uns immer als Luftmelder draußen bei den Geschützen. Sobald er am fernen Horizont Flugzeuge sah, alarmierte er uns, während der Lateinlehrer um sein Leben den Berg hinauf rannte, bis er den Wald erreicht hatte und dort Sicherheit fand. Was uns damals als junge Burschen amüsiert hat, kann ich heute sehr wohl verstehen. - Und schwach erinnere ich mich noch an einen anderen Lehrer, der wohl ein strammer Nazi war. Jedesmal, wenn er zum Unterricht in unsere Baracke kam, die Tür öffnete und die Hand stramm zum Deutschen Gruß empor streckte und „Heil Hitler, Luftwaffenhelfer" rief, stolperte er über die Türschwelle und erntete unser Gelächter dafür. - Nein! Wir hatten - im Gegensatz zu unseren Lehrern in Ulm - weder einen inneren Bezug zu den Lehrern der Freudenstädter Oberschule noch waren wir für den sehr behelfsmäßigen Unterricht motiviert. Das Kriegsgeschehen Ende 1944, Anfang 1945 mit der sich abzeichnenden Endkatastrophe hatte uns zu sehr im Griff. Was sollten wir da noch bei einem Schulunterricht lernen? Die Alliierten besaßen nun die völlige Lufthoheit, eine deutsche Luftabwehr gab es nicht mehr. Und wir mit unseren leichten 2 cm- Flakgeschützen befanden uns praktisch fast ständig in Luftabwehr. Drüben in Freudenstadt gab es eine Batterie mit 8,8 cm - Geschützen, die neben deutschen Geschützführern von

Russen bedient wurden. Sie kamen kaum einmal zum Schießen, denn zur Abwehr tief fliegender Jagdflugzeuge waren diese Waffen völlig ungeeignet. Die Situation gegenüber Ulm hatte sich völlig verkehrt. Dort hätten sie zur Abwehr der 4000 m hoch fliegenden Bomberbrigaden und zur Verteidigung unserer Stadt beitragen können, fehlten aber. In Freudenstadt waren sie fast überflüssig.

Italienische Kriegsgefangene als Zwangsarbeiter Magirus-Werk

Wir sahen sie fast täglich, wenn wir von unseren Hochständen auf den Hof des Werkgeländes hinab schauten, wenn sie während der Mittagspause in Gruppen beisammen standen, im Stehen aßen, ihre schwarzen Zigaretten rauchten und miteinander plauderten. Sehr bald schon hatten wir Kontakt mit ihnen aufgenommen und ihnen ab einem Zeitpunkt, an den ich mich nicht mehr erinnere, täglich den Kanister mit unserer Suppe gegeben, die wir ohnehin niemals aßen, weil unsere Verpflegung, so lange wir in Ulm waren und von der Küche in der Grenadierkaserne versorgt wurden, ausreichend und auch von der Qualität recht ordentlich war. Und ehrlich gesagt, hat uns die Suppe nie so recht geschmeckt. Ich erinnere mich noch recht gut daran, dass es an den Donnerstagen meist Nudelgulasch und Kartoffelsalat gab, und dass uns beides immer sehr gut geschmeckt hat. Als wir nach jenem 13. September 1944 zu einer neuen Einheit zusammen gestellt und in den Schwarzwald verlegt worden waren, fragte der Koch unsere Essenholer als sie für uns zum letzten Mal in Grenadierkaserne das Essen abholten: „Nun sagt mir, wie hat euch das Essen an den Donnerstagen geschmeckt?" Deren spontane Antwort war: „Sehr gut! Wir haben uns jede Woche auf das Nudelgulasch und den Kartoffelsalat gefreut." Und der Koch darauf: „Dann ist euch also niemals aufgefallen, dass das Fleisch immer rötlich war?" Doch, wir hatten es wohl bemerkt, aber eben geglaubt, dass es durch eine besondere Art des Bratens rot geblieben war. Der Koch lachte hell auf: „Na, da habt ihr jede Woche einmal Pferdefleisch zum Essen bekommen." Es mag sein wie es will, es hat uns trotzdem sehr gut geschmeckt.
Doch zurück zu den Italienern. Wie schon gesagt, versorgten wir sie täglich mit Haferflocken-, Graupen-, Grieß-, Gemüse- oder Erbsensuppe, und sie gaben uns dafür von ihren schwarzen Zigaretten. Es war ein Handel, der beide Seiten zufrieden stellte. Die Italiener waren uns dankbar dafür, dass sie ihre sicher sehr magere „Kriegsgefangenenkost" mit einer nahrhaften Suppe ergänzen konnten, und wir waren froh, die Suppe nicht selber essen zu müssen. Das alles geschah unter den Augen und mit Einverständnis unserer Vorgesetzten, also unserem Unteroffizier Schmalriede und unseren Geschützführern. Sie hatten nichts dagegen einzuwenden. Das ging lange Zeit gut so, allerdings nur bis kurz nach dem Beginn der Invasion am 6. Juni 1944. Da kam dann „von oben" der Befehl, dass es uns unter Strafandrohung verboten sei, die italienischen Kriegsgefangenen weiterhin mit Essen oder Essenresten zu versorgen. Damals hat wohl keiner von uns darüber nachgedacht, wer daran interessiert war, dass wir den hungrigen Italienern keine Suppe mehr schenken durften. Und ich frage mich heute, woher die „da oben" von unserem Tauschhandel wußten. Irgend jemand musste sie davon informiert haben. Waren es irgendwelche „hundert-

prozentigen" Nazis unter den Betriebsangehörigen des Magiruswerkes? Keinesfalls kann ich mir vorstellen, dass einer unserer erwachsenen Ausbilder uns denunziert hatte. Tatsache war jedenfalls, dass wir nach diesem unsinnigen und dummen Befehl die Suppe, die wir ja selbst nie aßen, in die Blau schütteten, und dies zu einem Zeitpunkt, als die Versorgung der Zivilbevölkerung immer schwieriger wurde und ich von meinen Eltern und meinem Bruder wußte, wie karg deren Mahlzeiten ausfielen, während wir Luftwaffenhelfer zwar nicht üppig, aber doch recht gut versorgt wurden. Und selbstverständlich brachte ich ihnen, so oft ich Heimurlaub hatte und bei den Eltern zu Hause schlafen durfte, einen Laib Kommißbrot, ein Stück Margarine, etwas Kunsthonig oder auch einen Zipfel Wurst mit nach Hause. Mich jedenfalls schmerzte es, wenn wir auf Anweisung des Unteroffiziers unsere Suppe, über die sich „unsere" Italiener immer gefreut hatten, von nun an wegwarfen. Ich war von Hause aus so erzogen, dass Brot oder andere Lebensmittel nicht weggeworfen wurden, wenn es nicht verdorben war. Es galt als eine Sünde wider Gott, die nicht unbestraft blieb.
Keiner von uns rebellierte gegen diese unsinnige Anordnung, obwohl sicher jeder meiner Kameraden so empfand wie ich. Es war ein Befehl, dem man nachzukommen hatte und „denken sollten wir doch den Pferden überlassen, weil die ja einen größeren Kopf hätten als wir".

Freizeit und Sport

Beim Lesen meiner Tagebuchnotizen fällt sicher auf, dass wir - so lange wir in Ulm waren - relativ oft „Heimschläfer" waren und zudem immer wieder einen oder zwei Tage Urlaub bekamen. Später im Schwarzwald war dies logischerweise nicht mehr möglich. Wir freuten uns über jede einzelne Nacht, die wir bei den Eltern verbringen durften, denn bei aller Begeisterung und Pflichterfüllung, die wir zeigten, waren wir doch noch Kinder, die sich noch keineswegs vom Elternhaus abgenabelt hatten. Wenn ich heute die Bilder von damals ansehe, wird mir das so recht bewusst. Ich meine nicht die Fotos, auf denen wir in Uniform marschieren oder am Geschütz exerzieren, sondern Fotos, die uns z.B. mit nacktem Oberkörper beim Fußballspiel zeigen. Jeder Erwachsene, der diese Bilder heute sieht, wird mit dem Kopf schütteln und sich fragen, wie so etwas möglich sein konnte. Selbstverständlich haben wir uns damals nie als Kinder gesehen, sondern uns immer als Erwachsene gefühlt, die den Auftrag hatten, unsere Heimatstadt Ulm vor feindlichen Fliegerangriffen zu schützen. Und wir hätten sicher laut und heftig protestiert, wenn uns ein Erwachsener „Kinder" genannt hätte.
Als Heimschäfer einen Abend lang den Eltern von unseren Erlebnissen, von unseren Ausbildern und von unserem Auftrag erzählen zu können, bedeutete uns sehr viel. Auch wenn wir deren Sorge um uns spürten, waren wir ihnen doch dankbar für ihre Anerkennung und ihr Lob. Und sie waren auch die einzigen, die uns Kinder nennen durften. Beim erneuten Lesen meiner Tagebuchnotizen fällt mir auf, wie sehr unsere Freizeit damals doch eingeschränkt war. Verglichen mit der Freizeit eines Jugendlichen unserer Tage, blieben uns nur wenige freie Stunden an den Abenden. Der Schulunterricht an den Vormittagen, der Dienst an den Nachmittagen, also die militärische Grundausbildung und die Ausbildung an

den Geschützen, zusätzliche Übungen mit dem Gewehr und der Gasmaske und theoretische Schulungen wie z.B. Flugzeug-Erkennungsdienst oder politische Schulungen, die fast immer an den Sonntagvormittagen angesetzt waren, füllten die meiste Zeit des Tages.

Lausbuben

Ja, wir waren rechte Lausbuben, „Kindersoldaten" würde man heute sagen, leichtsinnig, also leichten Sinnes und immer den Kopf voller Flausen, auch wenn wir den Anspruch erhoben, als Erwachsene eingestuft und wie solche behandelt zu werden. Die Erfahrung und das Wissen, worauf ein Erwachsener zurück greifen kann, fehlte uns. So wie Jugendliche unserer Gegenwart die Gefahren des Straßenverkehrs nicht richtig einschätzen können, so fehlte uns damals die Erfahrung, die Gefahren des Krieges als solche erkennen und richtig einstufen zu können. Das zu lernen, dazu wurde uns von der politischen und militärischen Führung jedoch Gelegenheit in Fülle gegeben. Unser Mut, den wir bei weiß Gott wie vielen Gelegenheiten bewiesen haben, war zumeist unsere mangelnde Erfahrung, und die Infamie der politischen Führung jener Zeit bestand darin, dass sie eben unsere Unerfahrenheit und unsere Begeisterungsfähigkeit für ihre Zwecke einsetzte und missbrauchte.
Unsere militärischen Vorgesetzten mussten mit der Tatsache, dass wir Lausbuben waren, zurechtkommen. Während unsere Lehrer pädagogisch geschult waren und kritische Situationen mit Heranwachsenden, wie sie an einer Schule täglich vorkommen können, meistern konnten, war die Situation, täglich mit Jugendlichen umgehen zu müssen, für unsere Zug- oder Geschützführer völlig neu. Da gab es einige unter ihnen, die sich in unsere Lage versetzen konnten, Verständnis für uns hatten und dennoch eine Autorität ausstrahlten, die wir anerkannten und nie in Zweifel zogen. Eine solche Persönlichkeit war unser Unteroffizier Schmalriede. Andere waren mit der für sie völlig neuen Aufgabe überfordert, und wir spürten das. Wir merkten, dass sie uns intellektuell unterlegen waren und rieben uns an ihnen. Sie waren Ziel unserer „Spässe" und lockeren Sprüche. Und weil sie auf normale Weise mit uns nicht zurecht kamen, setzten sie ihre Macht, die sie hatten, gegen uns ein und schikanierten uns bei jeder möglichen Gelegenheit.
Die folgenden Vorkommnisse, die ich erzähle, sind nur einige Beispiele, an die ich mich noch erinnere. Mit noch zwei Kameraden wurde ich zu einem Hilfskrankenträgerkurs abgeordnet. An zwei Tagen in der Woche waren wir dazu im Reichenauer Hof nahe der Herdbrücke. Der Kurs dauerte etwa eine Stunde. Schnell waren wir uns einig, dass wir uns nicht vor dem Abendessen in der Stellung zurück melden würden. Wir nützten die uns selbst gegebene Freizeit, um im Café Stellwag oder im Café Mohrenköpfle eine Tasse Ersatzkaffee zu trinken und uns gegen Lebensmittelmarken ein Stück Kuchen geben zu lassen.
Als wir draußen in Söflingen bereits unsere Erdstellungen an der Blau mitten zwischen Schrebergärten bezogen hatten, spielten wir unserem Wachtmeister einen Streich. Im Gegensatz zur Verpflegung in Neu-Ulm, war unser Essen, das wir in der damaligen Grenadierkaserne in der Karlstraße bezogen, meistens gut oder doch recht ordentlich. Zur abendlichen

Kaltverpflegung bekamen wir immer wieder mal eine Art roten Pressack. Die Wurst schmeckte uns, sie war um vieles besser als die „Gummiwurst" unserer Kameraden in Neu-Ulm. Die Verpflegung für den Tag war bereits ausgeteilt, und auch der Wachtmeister hatte seine Blutwurst im unverschlossenen Spind verwahrt. In einem der Schrebergärten waren schon vor einiger Zeit die großen Mohnblumen verblüht, und auf den Stengeln waren statt der Blüten große Kapseln, gefüllt mit kleinen Samenkörnern, die allerdings noch nicht ausgereift und daher weiß waren. Einer von uns hatte nun eine Idee, die wir mit großem Spaß in die Tat umsetzten. Wir öffneten den Spind unseres Wachtmeisters und setzten auf seine Blutwurst ein Häufchen weißer Mohnsamen, die nun aussahen wie die Maden einer Fliege. Zur Abendessenszeit holte sich der Wachtmeister seine Wurst, beäugte sie von allen Seiten, strich wortlos mit dem Messer die „Maden" vom Pressack und fragte in die Runde: „Wer will meine Wurst?" Alle Hände gingen nach oben, wir konnten uns vor Lachen kaum beruhigen, und zwei von uns haben sich mit großem Appetit ihre „Sonderration" schmecken lassen.
Nach den ersten Fliegerangriffen im Sommer 1944 gab es, vor allem bei den Stabbrandbomben, viele Blindgänger. Ich erinnere mich noch an den Leichtsinn, wie unser Kamerad Friedrich Huss solche Blindgänger sammelte und uns erklärte: „Brandbomben mit Sprengsatz haben am Ende einen Schraubverschluss. Die lassen wir besser liegen." Die anderen nahm er, klopfte mit einem Hammer die Zapfen heraus, so dass sie offen waren und er das leicht entzündbare Pulver auf einen Haufen schütten konnte. Wenn genügend von dem Pulver beisammen war, zündete er es an und wir freuten uns an dem hell lodernden Feuer.
Ein Abend anfangs Dezember 1944 in Wittlensweiler. Es war ein strenger Winter mit viel Schnee. Fast alle Kameraden lagen schon im Bett, nur der Wachtmeister Stahl und ich waren noch wach und lasen. Es war schon sehr spät, als der Wachtmeister die „glorreiche" Idee hatte mich mitten in der Nacht ins Dorf hinab zu schicken, weil er gerade Durst verspürte. „Finkbeiner, nehmen Sie die Kanne, gehen Sie hinunter ins Dorf und holen Sie Wasser!" „Jawohl, Herr Wachmeister!" und in Gedanken bei mir „Ich bin doch nicht blöd!" Draußen füllte ich die Kanne mit Schnee, den ich fest hinein stopfte, damit es auch genügend Wasser geben sollte. Nach einer gewissen Zeit ging ich zurück in die Baracke, stellte die Kanne auf den Kanonenofen und nahm mein Buch wieder zur Hand. Dummerweise vergaß ich Holz nachzulegen. Als der Wachtmeister sich Wasser in die Tasse gießen wollte, kam nichts. Er öffnete den Deckel, zwinkerte nervös mit den Augen und schrie mich an: „Sie sind wohl verrückt geworden! - Morgen melden Sie sich bei mir!" - Eine Stunde lang allein Strafexerzieren war die Strafe, die er mir aufbrummte.
Irgendwann im Dezember wurde der Wachtmeister Stahl weg versetzt. Statt seiner bekamen wir einen neuen Zugführer, dessen Namen ich nicht mehr sicher weiß. In Erinnerung geblieben ist mir nur noch, dass er im Zivilberuf Küfer war, und dass er ein knochenharter, gemeiner Schleifer war. Obwohl wir unsere Grundausbildung längst hinter uns hatten, fühlte er sich bemüßigt, uns den Forchenkopf hinauf und hinunter „robben" zu lassen. Dabei achtete er darauf, dass wir alle die Fersen zur Seite drehten. „Der Feind könnte uns ja sonst in die Fersen schießen." Wehe dem, der seine Füße normal legte, mit nach oben gezeigten Fersen. Mit dem ganzen Gewicht seines Körpers stellte er sich auf dessen Füße, bis derjenige vor Schmerzen

aufschrie. Ein Sadist, der Freude daran hatte, uns zu quälen! An Weihnachten hatte ich Heimaturlaub, und so war ich selber nicht Zeuge, wie meine Kameraden sich an dem Schleifer gerächt hatten. Sie erzählten es mir später und meine Freude war nicht geringer als die ihre. Zur Weihnachtsfeier im Wittlensweiler Schulgebäude gab es Punsch mit reichlich Rotwein darin. Meine Kameraden hatten für den Wachtmeister ein Weihnachtsgeschenk vorbereitet: Zigaretten, durch die sie Rosshaare gezogen hatten. Schön verpackt überreichten sie ihm ihr „Geschenk" zu einem Zeitpunkt, als er bereits zu viel getrunken hatte und der Alkohol seine erste Wirkung zeigte. Die Zigaretten, die er danach noch rauchte, verfehlten die von den Kameraden geplante Wirkung nicht. Er musste sich heftig übergeben und war danach noch einen ganzen Tag krank. So schön kann Rache sein!

Mütter

Obwohl ich mit keinem meiner Schul- und Flakkameraden Rücksprache genommen habe, bin ich mir sicher, dass es auch in ihrem Interesse ist, unseren Müttern ein eigenes Kapitel zu widmen. Wohl niemand sonst hat sich so um uns Flaksoldaten-Buben gesorgt wie unsere Mutter. Sie hat bei jedem Fliegerangriff um uns gebangt, hat uns die besten Bissen zugesteckt, damit ihr Bub ja nicht hungern muß. Sie hat geweint und bittere Tränen vergossen, wenn sie am Grab ihres Sohnes stand. Jeder von uns hat die Fürsorge der Mutter auf seine ganz besondere Weise erfahren, und wenn ich hierfür einige Beispiele anführe, so sind diese exemplarisch für jeden einzelnen von uns.
Karli Albrechts Mutter hat ihn regelmäßig besucht, solange er am Jahnufer in Neu-Ulm in Stellung war. Und jedesmal brachte sie ihm Kuchen- oder Tortenstücke aus der Bäckerei Albrecht in der Friedensstraße mit. Und weil sie eben eine wirkliche Mutter war, versorgte sie mit der gleichen Selbstverständlichkeit auch Karls Kameraden.
Ganz anders zeigte sich die Sorge der Mutter Recknagel um ihren Sohn Gerhard. Als sie ihn unverhofft in der Baracke nahe der Eisenbahnbrücke besuchte, saß er mit seinen Kameraden beim Kartenspiel. „Was! Ihr spielt Binokel!" rief sie entsetzt aus. Undenkbar, denn in seiner Familie wäre ihm das von seinen Eltern wohl nie erlaubt worden. Vielleicht hat ihr das heitere Gelächter gezeigt, dass das Kartenspiel lediglich ein harmloser Zeitvertreib war und bestimmt keine Gefahr bestand, dass ihr Sohn zum Spieler abgleiten könnte.
Mit anderen Kameraden hatte ich das Glück, dass ich den Fliegerangriff am 13. September 1944 überlebte, verschüttet zwar und zehn Tage danach im Söflinger Krankenhaus. Als ich es verlassen durfte und danach noch einige Tage Heimurlaub bekam, entdeckte ich in der Brusttasche meiner Ausgehuniform ein beschriebenes, zusammengefaltetes Blatt Papier, beschrieben in der unverkennbaren Handschrift meiner Mutter, ein Gebet mit der Bitte an die Gottesmutter Maria, mich vor allen Gefahren zu schützen. Und außerdem fand ich noch ein kleines Marienmedaillon in der Tasche. Es war aus Aluminium und hatte keinen materiellen Wert. Sonderbar, ich habe nie mit meiner Mutter darüber gesprochen, auch Jahre und Jahrzehnte danach nicht, und ich glaube, sie hätte das auch nie gewollt. Diese Art ihrer Fürsorge um ihren Buben war so intim, dass es unausgesprochen in unseren beiden Herzen war.

Unser Schulkamerad Anton Ruedel hatte nicht das Glück, das uns vergönnt war. Er hat an diesem schlimmen 13. September 1944 sein junges Leben verloren, das doch gerade erst an seinem Anfang stand. Sein Nebensitzer im Schulunterricht, Gerhard Kimmel, wurde vom Batteriechef zu seinem Begräbnis am Samstag, dem 16. September 1944 nach Harthausen abgeordnet, um ihm im Namen aller seiner Kameraden die letzte Ehre zu erweisen. Gerhard Kimmel hat mir in einem persönlichen Gespräch erzählt, dass es für ihn wohl die schlimmste und schwierigste Aufgabe in seinem bisherigen Leben war, mit zu erleben, wie Antons Mutter an seinem Grab herzzereißend geweint hat. - Und was ich erst jetzt bei meinen Recherchen erfahren habe, als ich das Bild des Harthauser Kriegerdenkmals vor mir hatte: Sein älterer Bruder ist im gleichen Jahr nur wenig später gefallen! Beide Buben, die sie hatte, hat die arme Mutter verloren.
Mitte Oktober 1944, ein anderer Schauplatz: Unser neuer Standort war der Forchenkopf in Wittlensweiler. Ich glaube, es waren keine zwei Tage vergangen, seitdem wir ihn erreicht hatten. Es war ein wunderschöner, sonniger Herbsttag. Wir waren mit Spaten, Schaufeln oder Pickel bewaffnet und dabei, unsere neuen Erdstellungen auszuheben. Uns gegenüber lag das große Eisenbahnviadukt, das wir von nun an sichern sollten, und unter der Brücke lag das Dorf Wittlensweiler. Von dort unten führte ein Feldweg zu uns herauf. Einer von uns rief: „Linus [29], dort unten kommt deine Mutter!" „Du spinnst wohl! Das tut sie mir nicht an, mich vor allen meinen Kameraden zu blamieren." Aber je näher sie kam, desto deutlicher war sie zu erkennen, die Frau Wahl, wie sie gekleidet in einem schwarzen Mantel, mit einer großen Tasche in der Hand, schweren Schrittes und sichtlich mühsam, den Hang herauf kam. Statt ihr um den Hals zu fallen und sie zu begrüßen, schrie Erich sie an: „Nein, Mutter! Was hast du dir bloß gedacht, hier her zu kommen. Ich bin blamiert bis auf die Knochen und bin von heute an das Gespött aller meiner Kameraden!" Sie sagte gar nichts, die gute Frau Wahl, sondern setzte sich sichtlich erschöpft auf den Boden, nahm ihre große Tasche und begann darin zu „gruschteln". Wir hatten längst unser Werkzeug fallen lassen und standen im Kreis um die beiden herum. Unsere Augen wurden immer größer, als sie die vielen Kostbarkeiten auspackte und vor sich auf den Boden legte: Ein ganzer Kuchen, einige Würste, ein Stück Butter - so genau kann ich mich nicht mehr daran erinnern, was sie noch alles aus ihrer Tasche holte. Und dann begann sie auszuteilen. Jeder von uns bekam etwas ab von der Mutter Wahl. Und Erich begann zu strahlen: „Na, was sagt ihr jetzt!" - Gerade zwei Tage waren wir an unserem neuen Standort, und jeder von uns wusste, dass unsere Fahrt hierher absolute Geheimsache war. Wie Frau Wahl dieses Geheimnis gelüftet hat, haben wir nie erfahren.
Am 28. Dezember 1944 ist bei einem Tieffliegerangriff in der Stellung in Aach der Flak-V-Soldat Hans Häfele ums Leben gekommen. Manfred Eger hat diesen Vorfall in seinem Beitrag ausführlich geschildert. Wenn ich trotzdem noch einmal darauf eingehe, dann um der Mutter von Hans Häfele ein Denkmal zu setzen. Einer Mutter, deren Liebe zu ihrem Sohn so groß war, dass sie sich in einer schlimmen Zeit mit aller Energie, die ihr zur Verfügung stand, gegenüber dem Luftwaffenkommando in Karlsruhe und der Führung der NSDAP durchsetzte, die angeordnet hatten, ihn in Aach zu bestatten. Sie haben schließlich nachgegeben und ihr erlaubt, ihren Sohn Hans heim zu holen nach Ulm-Wiblingen, dort hin wo die Familie wohnte und wo die

Mutter ihn, so oft sie wollte, besuchen konnte, um zu weinen und Blumen an seinem Grab niederzulegen.
Caritas, der einzigartig-sorgenden Liebe der Mütter von uns Flakhelfern, die jeder von uns in ganz persönlicher Weise erfahren durfte, sei mit diesen Beispielen ein Denkmal unseres Dankes gesetzt.

Ulmer Schüler bei der leichten Heimatflakbatterie 13/VII im Einsatz an den Standorten Aach und Wittlensweiler im nördlichen Schwarzwald nahe Freudenstadt

Batteriechef: Oberleutnant Schuck

3. Zug am Forchenkopf nordöstlich des Ettenbachviadukts bei Wittlensweiler:

a) Luftwaffensoldaten:
Zugführer: Wachtmeister Stahl - er wurde noch im Dezember von einem anderen Wachtmeister abgelöst
Geschützführer:

b) Luftwaffenhelfer:

Horst Bischof	5b KOS	Jg. 1928	Alfons Baur	5b KOS	Jg. 1928
Wolfgang Dietz	5b KOS	Jg. 1928	W. Finkbeiner	5b KOS	Jg. 1928
Gerhard Gänßlen	5b KOS	Jg. 1928	Eduard Gaugler	5b KOS	Jg. 1928
Gerhard Kimmel	5b KOS	Jg. 1928	H. Kustermann	5b KOS	Jg. 1928
G. Mühlberger	5a KOS	Jg. 1928	S. Ruopp	5b KOS	Jg. 1928
M. Schuster	5b KOS	Jg. 1928	Otto Schwenk	5b KOS	Jg. 1928
Erich Wahl	5b KOS	Jg. 1928	H. Wupperfeld	5b KOS	Jg. 1928

c) Flak-V-Soldaten:

2. Zug in Grüntal
8,8 cm-Flakgeschütze mit Schülern aus Ingolstadt

1. Zug mit Standort nordwestlich des Kübelbachviadukts bei Aach:

a) Luftwaffensoldaten:
Unteroffizier Stein
Obergefreiter Wagenknecht

b) Luftwaffenhelfer:

Manfred Eger	5a KOS	Jg. 1928	G. Engelhart	5a KOS	Jg. 1928
Arthur Eckhardt	5a KOS	Jg. 1928	S. Krautscheid	5a KOS	Jg. 1928
G.Recknagel	5a KOS	Jg. 1928	Willi Rehm	5a KOS	Jg. 1928
Karl Scholl	5b KOS	Jg. 1928	Walter Spingler	5a KOS	Jg. 1928
Ulrich Strohecker	5a KOS	Jg. 1928	Werner Unseld	5a KOS	Jg. 1928
H.-P. Wieland	5a KOS	Jg. 1928			

c) Flak-V-Soldaten:

N. Steck, Lehrling	N. Rau, Lehrling
Hans Häfele, Jg.1928, Lehrling	Alois Wegerer, Lehrling

Am 16.10.1944 wurden die Luftwaffenhelfer der vormaligen Batterie 6/VII von Ulm in den Nordschwarzwald verlegt, und zwar zur Sicherung der Bahnlinie Stuttgart - Horb - Freudenstadt. Diese Bahnlinie, die von dort aus weiter nach Frankreich führte, war für die Versorgung der deutschen Truppen an der immer näher rückenden Westfront sehr wichtig. Zwischen Dornstetten und Freudenstadt musste die Bahn mit Viadukten drei Täler überwinden: Die Kübelbachbrücke bei Aach ist 261,5 Meter lang und 39 Meter hoch, die Länge der Stockerbachbrücke bei Grüntal beträgt ebenfalls 261,5 Meter und die Höhe 42,5 Meter, und die Ettenbachbrücke bei Wittlensweiler ist 150 Meter lang und 25,2 Meter hoch. Die Standorte der beiden Züge der neuen Batterie 13/VII waren:
3. Zug am Forchenkopf, ein im oberen Teil bewaldeter Hang nordöstlich des Viadukts bei Wittlensweiler.
2. Zug an einem Hang in Grüntal
1. Zug an einem Hang nordöstlich des Viadukts bei Aach
Zwei dieser Züge waren mit jeweils drei leichten 2 cm-Flakgeschützen bewaffnet und sollten vornehmlich feindliche Tieffliegerangriffe auf die Viadukte abwehren und so dazu beitragen, dass der Nachschub zur Westfront ungehindert stattfinden konnte.
Der Befehlsstand unserer Batterie 13/VII mit Schreibstube und die Küche zur Versorgung der drei Züge befanden sich im Schulhaus von Wittlensweiler.
Die Ulmer Luftwaffenhelfer der beiden Züge in Aach und Wittlensweiler wurden weiter unterrichtet, und zwar von Lehrkräften der Freudenstädter Kepler-Oberschule (die Namensgleichheit der Ulmer und der Freudenstädter Oberschule ist Zufall), die in die Stellungen heraus kamen und unter schwierigsten Bedingungen ihren Unterricht in den kleinen Baracken abhielten, und zwar bis kurz vor dem Einmarsch der Franzosen.
Einer der Freudenstädter Lehrer war Oberstudienrat Dr. Hans Rommel, er unterrichtete uns ab Dezember 1944 in Latein. Bereits zuvor, ab 1943, wurde er zu den aus den älteren Schülerjahrgängen zusammengestellten Luftwaffenhelfern an die Schwarzenbach-Talsperre abgeordnet.
Im April 1945 wurden die beiden Stellungen in Aach und Wittlensweiler aufgegeben. Die meisten Luftwaffenhelfer waren bereits entlassen. Die Geschütze wurden auf offene Güterwaggons aufgeladen und dann mit einem Güterzug am brennenden Freudenstadt vorbei Richtung Bodensee gefahren. Im Allgäu löste sich die Batterie 13/VII bei Kriegsende auf.

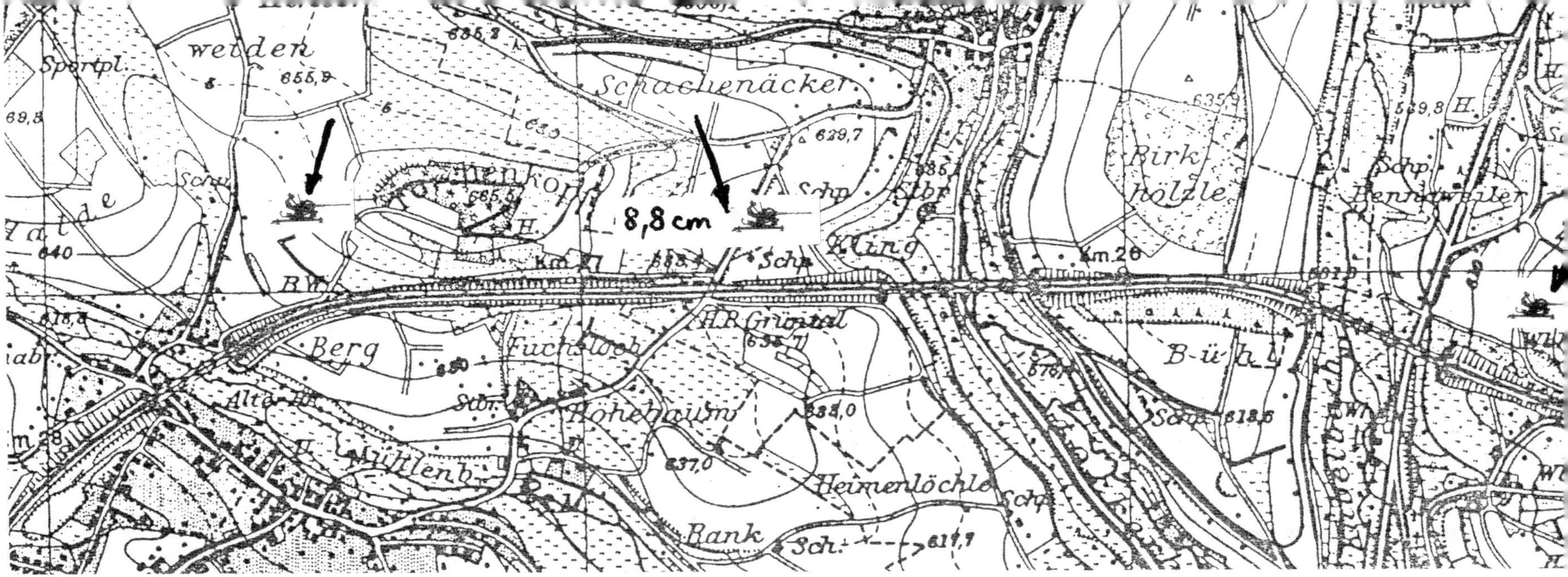

Mit Pfeilen markiert sind die Standorte der beiden Züge der leichten Heimatflakbatterie 13/VII:

1. **Zug: nordöstlich des Kübelbachviadukts bei Aach**
2. **Zug: nordöstlich des Ettenbachviadukts auf dem Forchenkopf bei Wittlensweiler**

Der Pfeil in der Bildmitte zeigt auf den Standort eines Zuges mit 8,8cm-Flakgeschützen einer anderen Einheit

Anmerkungen

1 Greiffenhagen, Martin, Jahrgang 1928. Aus einem unruhigen Leben. München Zürich, 1988. Seite 52
2 Greiffenhagen, Martin, Jahrgang 1928. Aus einem unruhigen Leben. München Zürich, 1988. Seite 50
3 Dr. Gänßlen, Gerhard, „Meine Schule des Lebens" in Finkbeiner, Wolfgang, Luftwaffenhelfer aus Ulm und Neu-Ulm, Ulm 2006, Seite 102
4 Greiffenhagen, Martin, Jahrgang 1928, Seite 49
5 http://kriegsende.ard.de/pages_std_lib/0,3275, S. 1
6 Gruner, Petra, Das Überlebensspiel, Sozialisation und Mentalität der Flakhelfer-Generation in der DDR
Überarbeitete Fassung eines Vortrages auf der Jahrestagung 1999 des Arbeitskreises Historische Jugendforschung zum Thema „Die Flakhelferjahrgänge: Bildungsgeschichte einer Generation" (Potsdam 26.- 28. 11. 99) Seite 335
7 Rommel, Manfred, Trotz allem heiter Erinnerungen, Stuttgart 1998, S. 57
8 Ralf Blank, Frühjahr 1943 - Einsatz von Luftwaffenhelfern in www.hco.hagen.de/ruhr/flak/flak3.htm
9 ebd.
10 Klafki, Wolfgang, Typische Faktorenkonstellationen für Identitätsprozesse von Kindern und Jugendlichen im Nationalsozialismus im Spiegel autobiographischer Berichte, in Zeitschrift für Pädagogik, 25. Beiheft, Weinheim/Basel 1990, S. 120
11 sinngemäß zitiert aus einem persönlichen Brief von Prof. Dr. Eduard Gaugler an Wolfgang Finkbeiner
12 Gustav Moré, Verfluchte Uniform, S. 39
13 ebd. S. 39
14 Moré, Gustav, Verfluchte Uniform, Als wir jung und gläubig in eine verlogene Zukunft marschierten, Klemm & Oelschläger, Ulm, S. 37
15 Gerhard E. Sollbach: „Schüler-Soldaten" Der Einsatz von Luftwaffenhelfern in historicum.net (15.10.2003), URL: < http://www.bombenkrieg.historicum.net/themen/luftwaffenhelfer.htn>
16 abgedruckt mit Genehmigung des Ulmer Stadtarchivs vom 16.10.2006
17 Hans Willbold, Der Luftkrieg zwischen Donau und Bodensee, S. 231
18 Hans Specker, Irene Specker, Ulm im 2. Weltkrieg, Bd. VI, S. 418 f
19 Hans Willbold, Der Luftkrieg zwischen Donau und Bodensee, S.81
20 Leipheim Heimatbuch einer schwäbischen Stadt Band 2, S. 470
21 Peter G. Hörner, Roland Remp, Gigantische Zeiten?, S. 148
22 Peter G. Hörner, Roland Remp, Gigantische Zeiten?, S. 98
23 siehe Manfred Rommel, Trotz allem heiter Erinnerungen, S. 75!
24 Peter G. Hörner, Roland Remp, Gigantische Zeiten? S. 149
25 Hans Willbold, Der Luftkrieg zwischen Donau und Bodensee, S. 81
26 ebd.
27 Hans Willbold, Der Luftkrieg zwischen Donau und Bodensee, S. 82
28 http://kriegsende.ard.de/pages_std_lib S. 2
29 Eigentlich hieß er Erich Wahl, und Linus war der Vorname seines Vaters. Dessen Vornamen fanden wir so lustig, dass wir auch Erich so nannten.

Tagebuchnotizen von Wolfgang Finkbeiner und Zeittafel

Erläuterung:

Zeittafel zu wichtigen politischen oder militärischen Ereignissen bis zum Kriegsende:
Schriftgrad 10 in Grau

Bearbeitete Tagebuchnotizen von W. Finkbeiner:
Schriftgrad 10 Normaldruck

persönliche Anmerkungen:
Schriftgrad 10 kursiv

Ergänzungen zu Fliegerangriffen im lokalen Bereich:
Schriftgrad 10 Fettdruck

Zitate aus anderen Quellen:
Schriftgrad 10 Normaldruck, AT Rotis Serif

2. Februar 1943: Die Reste der 6. Armee (90 000 Mann) in Stalingrad ergeben sich der Roten Armee.

Weihnachtsferien 1943/44: Ich erhalte meine Einberufung als Luftwaffenhelfer zur Heimatflak.
Irgendwie war mir diese Tatsache damals von so großer Bedeutung, dass ich ab diesem Zeitpunkt die für mich wichtigsten Ereignisse in einem kleinen Vormerkbuch in knapper Form notierte, wobei viele Eintragungen an manchen Tagen oftmals nur aus einem einzigen Wort bestanden. Leider habe ich nach dem 13. September 1944 aufgehört zu schreiben, also nach dem Tag, an dem unsere Flakstellung des 2. Zuges in Söflingen mitten in einem Bombenteppich lag, und wir bei diesem Luftangriff zwei Schulkameraden und zwei Ausbilder verloren. Heute ist mir diese kleine Agenda eine wertvolle Merkhilfe. Ergänzt durch Kommentare und Erinnerungen, die in meinem Gehirn gespeichert sind, gebe ich diese „Tagebuchnotizen" hier wieder. Weitere Ergänzungen in Klein- und Fettdruck sind aus der Ulmer Statistik (siehe Quellenverzeichnis!)

3. Januar 1944: Die Rote Armee erreicht die ehemalige polnische Grenze und dringt in Galizien und Nordrumänien ein.

Samstag, 8. Januar: Wir, also meine Eltern, mein Bruder und ich, sind bei Onkel Albert und Tante Mimi in Ulm, in der König-Wilhelm-Straße zu Besuch und feiern mit ihnen gemeinsam meinen Abschied von daheim.
Montag, 10. Januar: Meine Schulkameraden des Jahrgangs 1928 und ich rücken zur Heimatflak ein. Begrüßung und erste Informationen durch Oberleutnant Jeute. Wir erfahren, dass wir der „Leichten Heimatflak-Batterie 6/VII" zugewiesen werden, die zwei Züge hat. Der erste Zug liegt auf

dem Neu-Ulmer Donauufer und der zweite Zug in Söflingen in der Blaubeurer Straße. Am Nachmittag werden wir eingekleidet, d.h. jeder von uns wird einzeln in die Kleiderkammer gerufen und erhält jeweils eine Ausgehuniform und eine Dienstuniform. Nicht alles passt so, wie ich mir das gewünscht habe. Am Abend werden wir als „Heimschläfer" entlassen, das bedeutete für uns, dass wir die nächste Zeit täglich abends nach Hause gehen und daheim bei unseren Eltern schlafen durften.
Dienstag, 11. Januar: Unser Dienst beginnt um 8.00 Uhr mit Geschützexerzieren. Die Flakgeschütze auf den Hochständen am Neu-Ulmer Donauufer sind 2cm-Schnellfeuergeschütze. Wir erfahren, dass der K1[1] der Richtkanonier, der K4 der Munitionskanonier ist, welche Aufgaben sie und der K2 und K3 haben. In einem täglichen Drill mit feststehenden Befehlen wie „Hebel - Kette - Abzug" werden wir für unsere künftige Aufgabe an den 2cm-Flakgeschützen geschult. Unter dem Sammelbegriff „Dienst" ist künftig immer „Geschützexerzieren" gemeint. Unsere Geschützführer sind erwachsene, der Luftwaffe zugehörige Soldaten. Meistens ist nicht aufgeführt, dass wir an den Wochentagen, Ferienzeiten ausgenommen, jeden Vormittag in unseren Uniformen den Unterricht in unserer Schule besuchten, also in der Kepler-Oberschule in der Olgastraße in Ulm.
Mittwoch, 12. Januar: Dienst - Zum Mittagessen gibt es eine Erbswurstsuppe, Gulasch, Pellkartoffeln und zum Abendessen Haferflockenbrei.
Donnerstag, 13. Januar: Dienst

14. Januar: Winston Churchill bezeichnet die Oder-Neiße-Linie als endgültige Westgrenze Polens.

Freitag, 14. Januar: Dienst. Wir ärgern einen unserer Geschützführer, nämlich den Obergefreiten Gröders. Er rächt sich an uns mit einer halben Stunde „Strafexerzieren".
Samstag, 15. Januar: zum Mittagessen gibt es Kohlrabigemüse, ein Stück Fleisch und Pellkartoffeln, abends Brot, Käse und Margarine
Sonntag, 16. Januar: *(auch an diesem Tag habe ich den Speiseplan aufgeschrieben. Allem Anschein nach war mir das zu jener Zeit besonders wichtig)* Mittagessen: Kartoffelsalat, Fleisch, Teigwaren - Abendessen: Brot, Wurst, Marmelade, Bonbons
Montag, 17. Januar: Dienst - eine ärztliche Untersuchung am Nachmittag dauert einige Stunden.
Dienstag; 18. Januar: Dienst
Mittwoch, 19. Januar: Dienst
Donnerstag, 20. Januar: Dienst - ein Oberst besucht unsere Flakstellung und schaut uns beim Geschützexerzieren zu.
Freitag, 21. Januar: Dienst und Zahltag: jeder von uns erhält einen Sold von 4,00 Reichsmark

22. Januar Italien: Truppen der 5. US-amerikanischen Armee landen überraschend bei Anzio du Nettuno südlich von Rom und bilden einen Brückenkopf

Samstag, 22. Januar: Dienst und Scharfschießen mit Kleinkalibergewehren

Sonntag, 23. Januar: Dienst von 1/2 11 Uhr bis Mittag. Am Nachmittag habe ich Ausgang und gehe mit Kameraden in die „Kammerlichtspiele" in Ulm. Wir sehen den Film „Frauen sind keine Engel".
Montag, 24. Januar: Dienst - Am Nachmittag erhalten wir in der Kleiderkammer Gasmasken.
Dienstag, 25. Januar: Dienst - Am frühen Nachmittag Gasraumprobe in einer Baracke nahe der Friedrichsau. Später erhalten wir neue Mäntel, Kochgeschirr und einen Rucksack.

27. Januar: Sowjetische Truppen entsetzen Leningrad, das zweieinhalb Jahre von deutschen Truppen belagert wurde.

Samstag, 29. Januar: Dienst - Zahltag. Wir erhalten 5,50 Reichsmark und spenden davon „freiwillig" 50 Pfennige für das WHW (Winterhilfswerk). Am Nachmittag besuche ich mit Kameraden den Film „Schwarz auf Weiß".
Sonntag, 30. Januar: Dienst - Propagandamarsch durch Ulm. Am Abend gehe ich ins Ulmer Stadttheater in der Theatergasse. Wochenlang hatte uns „Henass", unser Musiklehrer mit Namen Henzler, im Unterricht auf die Oper „Der Freischütz" von Karl Maria Weber vorbereitet. Wir lernten die Geschichte von der Zauberkugel, die Max in der Wolfsschlucht unter Anleitung von Caspar gegossen hat und wie sie beim Wettschießen von Samiel auf Caspar gelenkt wird. Unser Musikpädagoge „Hennass" war ein Choleriker und konnte einen Tobsuchtsanfall bekommen, wenn er hörte, wie wir das Wort „Freischütz" verdrehten und „Schreifritz" daraus machten. Jedenfalls rechne ich ihm heute noch hoch an, dass er uns Theaterbesuche schmackhaft machte. Ich höre ihn noch, wie er zu uns sagte: „Und jetzt geht ihr in das Ulmer Stadttheater und schaut euch den „Freischütz" an. Für Kinobesuche habt ihr auch Geld und eine Karte ins Theater ist nicht teurer als eine Kinokarte. Nehmt euch einen Stehplatz im dritten Rang oder in der „Zwetschgendörre" wie die Ulmer spaßeshalber dazu sagen". Und ich erinnere mich noch sehr genau an diese Aufführung in dem kleinen Barocktheater in der Theatergasse, und wie ich z.B. mit Spannung auf den Brautchor „Wir winden dir den Jungfernkranz" gewartet habe.
Ich gehe deshalb so ausführlich auf diesen Theaterbesuch ein, um aufzuzeigen, dass wir trotz unserer Verpflichtungen bei der Heimatflak, trotz aller NS-Propaganda, die uns täglich in irgend einer Weise berieselte, von den meisten Lehrern unserer Schule im Sinne einer humanistischen Bildung erzogen wurden, auch von „Hennass", der ein überzeugter Nazi war.
Dienstag, 1. Februar: Dienst - später „Feuerbereitschaft", d.h. Vorwarnung vor Fliegeralarm.
Freitag, 4. Februar: Dienst - Wir müssen unsere „Schiffchen" abgeben, also eine Kopfbedeckung wie sie von den Soldaten getragen wurde. Wir bedauerten dies sehr, denn natürlich wollten wir alle als vollwertige Soldaten gelten und nicht als Hitlerjungen, denn genau deren Schirmmütze, allerdings in Fliegerblau, bekamen wir nun anstelle der Schiffchen.
Samstag, 5. Februar: Dienst - Scharfschießen mit dem Geschütz. Wir bringen es auf 30 Ringe.
Sonntag, 6. Februar: Dienst - Unsere feierliche Verpflichtung als Luftwaffenhelfer wird von Oberleutnant Jeute abgenommen. Wir sprechen mit gehobener Schwurhand folgendes Gelöbnis „Ich verspreche, als Luftwaffenhelfer allzeit meine Pflicht zu tun, treu und einsatzbereit, wie es

sich für einen Hitlerjungen gehört." Anschließend nehmen wir an einer Filmvorführung teil, wobei ich leider nicht mehr sagen kann, welchen Film wir gesehen haben, ob es ein Spielfilm war oder eher ein Propagandafilm. Denn selbstverständlich waren auch unsere militärischen Vorgesetzten nicht frei, sondern mussten als Angehörige einer von den Nationalsozialisten geführten Wehrmacht uns junge Heranwachsenden im Sinne der NS-Propaganda schulen, auch wenn ich heute weiß, dass die meisten von ihnen sehr skeptisch waren und sich nur ungern den von der Partei ausgeübten Zwängen unterwarfen und auch nicht an den von den Nazis ständig propagierten „Endsieg" glaubten.
Abends waren wir im Theater und sahen Heinrich von Kleists „Der zerbrochene Krug" - wieder ein Beweis dafür, welch unterschiedlichen, nimmt man noch das Elternhaus dazu, teilweise sogar gegensätzlichen pädagogischen Einflüssen wir als Luftwaffenhelfer ausgesetzt waren.
Montag, 7. Februar: Dienst - Unsere Schulkameraden von der Klasse 5a werden dem 1. Zug der leichten Flakbatterie 6/VII zugewiesen und bleiben bei den Geschützen auf den Flakhochständen am Donauufer in Neu-Ulm, während ich mit meinen Schulkameraden von der Klasse 5b dem 2. Zug der Flak-Batterie 6/VII nach Söflingen zugewiesen werde, deren Flak-Hochstände innerhalb des Betriebsgeländes von Magirus Werk II lagen. Während die Schulkameraden unserer Parallelklasse, nun Luftwaffenhelfer des 1. Zuges, sofort in Stellung kamen, also ab diesem Zeitpunkt in den Baracken der Flak-Hochstände schliefen, blieben wir vom 2. Zug vorläufig noch „Heimschläfer" und wurden weiterhin zusammen mit den Kameraden des 1. Zuges in Neu-Ulm ausgebildet.
Freitag, 11. Februar: Dienst - Scharfschießen mit Kleinkalibergewehren. Wir vom 2. Zug mussten bis 21.00 Uhr in Neu-Ulm in Stellung bleiben, damit die Kameraden des 1. Zuges nach Hause gehen konnten.
Samstag, 12. Februar: Dienst - Zahltag: jeder von uns erhält einen Sold von 4,00 Reichsmark
Sonntag, 13. Februar bis Donnerstag, 17. Februar: in den Tagebuchnotizen steht jeweils nur das Wort „Dienst"

16. Februar: Bombenflugzeuge der RAF werfen beim bisher schwersten Luftangriff auf Berlin innerhalb einer halben Stunde 2500 t Bomben ab.

Freitag, 18. Februar: Dienst - Wir (d.h. die Schulkameraden der Klasse 5b, jetzt Luftwaffenhelfer des 2. Zuges) schlafen in den Baracken des 1. Zuges

19. Februar: Die Luftwaffe der Alliierten beginnt eine fünf Tage andauernde Angriffswelle auf Zentren der deutschen Flugzeugindustrie; dabei werden 500 deutsche Jagdflugzeuge vernichtet. Die deutsche Luftwaffe unternimmt den schwersten Angriff auf London seit 1941.

Samstag, 19. Februar: Heute beziehen wir unsere Stellung im 2. Zug. Unsere Flak-Hochstände befinden sich innerhalb des Werkgeländes der Firma Magirus an der Blaubeurer Straße. Mit anderen Schulkameraden komme ich auf einen Flak-Hochstand, der sowohl an den Zaun des Fabrikgeländes als auch an eine Fabrikhalle angrenzt. Zum ersten Mal schlafen wir in unserem neuen „Zuhause".
Sonntag, 20. Februar: Wir haben Freizeit, bleiben aber in der Stellung

Montag, 21. Februar: Dienst - in der Nacht drei Stunden Fliegeralarm. - In der Regel werden wir schon einige Zeit vor dem Fliegeralarm geweckt, der für die Zivilbevölkerung durch das Heulen der Sirenen angekündigt wird, und wir sind dann außer den drei Stunden zusätzlich noch eine weitere Zeit, die mit dem Codewort „Edelweiß" bezeichnet wird, vor und nach dem Alarm oben an den Geschützen.
Dienstag, 22. Februar: Dienst - Fliegeralarm - Bombenabwurf auf Ulm[2]
Mittwoch, 23. Februar: Dienst - Fliegeralarm - Heimschläfer, d.h. ich darf die Nacht nach Hause gehen zu den Eltern und daheim schlafen
Donnerstag, 24. Februar: Dienst - ab 21 Uhr Fliegeralarm
Freitag, 25. Februar: nachts ab 1/2 4 Uhr Fliegeralarm: Stuttgart, Schweinfurt und München sind Ziele alliierter Luftangriffe
Samstag, 26. Februar: Dienst - Fliegeralarm von 21 Uhr bis 3 Uhr, diesmal werden Augsburg, Schweinfurt und Fürth bombardiert
Sonntag, 27. Februar: Freizeit
Montag, 28. Februar: Zur Gasraumprobe marschieren wir von Söflingen bis nach Ulm in die Friedrichsau, wo wir in einer Baracke unsere neuen Gasmasken prüfen, den Filter wechseln und mit den Gasmasken eine Art Hindernislauf machen müssen. - ich bin Heimschläfer und darf abends nach Hause gehen.- Dort treffe ich meinen um sechs Jahre älteren Cousin Werner Jall. Er ist gekommen, um sich von uns zu verabschieden. Er muß morgen an die Ostfront. Ich habe ihn nie mehr gesehen. Am 21. 4. 1945 ist er bei Mölln in Sachsen gefallen.
Dienstag, 29. Februar: Dienst - In der „Kleiderkammer" erhalten wir neue Unterwäsche und eine neue Gasmaske.
Mittwoch, 1. März: Dienst - Fliegeralarm
Donnerstag, 2. März: Dienst
Freitag, 3. März: Dienst
Samstag, 4. März: Dienst - mein Vater kommt nach Söflingen heraus und besucht mich in unserer Flakstellung
Sonntag, 5. März: von 10 Uhr bis 12.30 Uhr haben wir Ausgang. Ich sehe mir den Film „Waffen des Friedens" an. Mein Vater arbeitete als Ingenieur in der Pflugfabrik „Gebrüder Eberhardt" in Ulm. Dort wurde o.a. Film zu Propagandazwecken gedreht. Die „Volkgenossen" sollten sehen, „dass der Krieg doch nur geführt wird, um danach einen schöneren Frieden mit viel Raum für unser Volk zu haben".
Montag, 6. März: Dienst
Dienstag, 7. März: Dienst - es ist mir den ganzen Tag über sehr übel
Mittwoch, 8. März: mein gesundheitlicher Zustand hat sich verschlechtert. Ich melde mich im Revier in der Gallwitzkaserne und muß auf Anordnung des mich untersuchenden Arztes das Bett hüten.
Donnerstag, 9. März: Der Arzt stellt als Krankheitsursache Angina fest. Am Nachmittag besucht mich meine Mutter im Revier.

10. März, Ostfront: Der Roten Armee gelingt ein Durchbruch in der Ukraine.

Freitag, 10. März: Heute werde ich vom Arzt „hauskrank" geschrieben
Samstag, 11. März: Auch heute noch muß ich den ganzen Tag lang im Bett bleiben, allerdings zu Hause, was für mich doch kurzweiliger ist.
Sonntag, 12. März: Ich fühle mich bedeutend besser und kann wieder aufstehen.

Montag, 13. März: Am Nachmittag melde ich mich beim Unteroffizier wieder zurück.
Dienstag, 14. März: Dienst
Mittwoch, 15. März: Dienst

16. März: Sowjetische Truppen teilen die deutsche Front in der Ukraine in zwei Teile.

Donnerstag, 16. März: Fliegerangriff amerikanischer Flugzeuge mit Bombenabwurf auf Ulm, danach hatte ich einen halben Tag Urlaub.

„16. März 1944 (12.10 Uhr) Zum erstenmal erfolgte ein Tagesangriff auf Ulm. Aus einem Verband von 20 - 25 vermutlich amerikanischen viermotorigen Bombern lösten 2 - 3 Maschinen Bomben über der Stadt aus. Dabei fielen 6 Sprengbomben, 118 Stabbrandbomben, 140 Phosphorbrandbomben, 235 Flüssigkeitsbrandbomben, zusammen 499 Bomben, worunter sich 37 Blindgänger befanden.
Personenschäden: Der Angriff forderte 10 Tote und 54 Verwundete; Sachschäden entstanden vor allem auf der Wilhelmshöhe, bei den Firmen Hinkel, Harmoniumfabrik und Magirus, Werk I, aber auch auf den Bahnanlagen des südlichen Teils des Ulmer Hauptbahnhofs und den angrenzenden Wohngebieten.
Der Hauptangriff des Kampfverbandes richtete sich auf die Stadt Augsburg." [3]

Hans Willbold beschreibt diesen Angriff folgendermaßen:
„Dieses Mal waren es ca. 18 B-17 „Fliegende Festungen" der 8. US Air-Force, die einem Verband von rund 200 Maschinen angehörten, welche Augsburg anzugreifen hatten. Die 18 Flugzeuge warfen insgesamt 499 Bomben, darunter 37 Blindgänger. Außer Sprengbomben waren es Stabbrandbomben, Phosphorbrandbomben und Flüssigkeitsbrandbomben. Der Angriff forderte 10 Tote. Sachschäden entstanden auf der Wilhelmshöhe, ferner im Magirus-Werk I und im Bereich des Hauptbahnhofs."[4]

In der Zeitung „Ulmer Sturm Ulmer Tagblatt" wurde der Luftangriff folgendermaßen kommentiert:
„Infame Barbarei, Ulm, 18. März
Nun hat auch die alte Reichsstadt Ulm das Verbrechertum der hinterhältigen mordlustigen Feinde zu spüren bekommen. Wie der Bericht des Oberkommandos der Wehrmacht vom Freitag mitteilt, sind am Mittag des 16. März nordamerikanische Bomber in Süddeutschland eingeflogen. Bei meist geschlossener Wolkendecke warfen sie auf zahlreiche Orte Spreng- und Brandbomben, vor allem auf Ulm und Augsburg. (...) Wir haben keinen Augenblick daran gezweifelt, daß die infame Barbarei der Luftgangster eines Tages auch vor der altehrwürdigen Münsterstadt nicht Halt machen werde. (...)"[5]

Freitag, 17. März: Dienst - Fliegeralarm. Ein bereit angeschossener US-Bomber „Fortress" fliegt nieder über uns hinweg. Es ist das erste Mal, dass wir auf ein feindliches Flugzeug schießen können. Wir treffen die Maschine

mehrere Male. Sie zieht eine dunkle Rauchfahne hinter sich her und ist danach angeblich irgendwo auf der Schwäbischen Alb abgestürzt.
Samstag, 18. März: Dienst

„Auch wenn dann Ulm trotz zahlreicher Alarme zunächst verschont blieb, war die Luftgefahr nicht gebannt, wie die Notlandung einer amerikanischen B 17 („Fliegende Festung") mit 10 Mann Besatzung am Nachmittag des 18. März 1944 bei Dornstadt zeigte."[6]

19. März: Truppen der Roten Armee überschreiten den Dnjestr und erobern große Teile Bessarabiens.

Sonntag, 19. März: Ich fühle mich unwohl und habe den ganzen Tag Kopfschmerzen.
Montag, 20. März: Ich will mich krank melden, doch Fliegeralarm hindert mich daran. Auch in der Nacht gibt es Fliegeralarm.
Dienstag, 21. März: Der Arzt schreibt mich für drei Tage „hauskrank"
Mittwoch, 22. März: Vorwarnung um 20 Uhr - Entwarnung um 0.30 Uhr
Donnerstag, 23. März: Nachts um 2.30 Uhr Vorwarnung, kurz danach Fliegeralarm, Entwarnung um 4.30 Uhr
Freitag, 24. März: Der Arzt schreibt mich erneut „hauskrank" und verordnet Bettruhe
Samstag 25. März bis Montag, 27. März: hauskrank
Dienstag, 28. März: ich melde mich zurück - Dienst
Mittwoch, 29. März: Urlaub
Donnerstag, 30. März: Dienst
Freitag, 31. März: *wörtlicher Eintrag im Tagebuch:* „Heute bekam ich ganz unerwartet vierzehn Tage Urlaub. Er kam mir ungelegen, aber ich nahm ihn an."
Samstag, 1. April: Ich helfe zu Hause, da Vater schwer erkrankt ist. Er hat eine Lungenentzündung

2. April: Die Rote Armee überschreitet die rumänische Grenze

Sonntag, 2. April: Kinobesuch *(leider ist nicht angegeben, welchen Film ich mir ansah)*
Montag, 3. April: Ich fahre mit der Bahn nach Baiersbronn im Schwarzwald und besuche dort meine Verwandten und meine Jugendfreunde Siegfried und Albert Weber
Dienstag, 4. April: Luftgewehrschießen mit meinen beiden Freunden

5. April: Sowjetische Truppen schneiden bei Kubanka 100 000 deutschen Soldaten den Rückzug ab

Mittwoch, 5. April: Wir gehen spazieren und beobachten dabei ein Rudel Rehe am Waldrand
Donnerstag, 6. April: Ich spiele mit meinen Freunden das neue Brettspiel „Karl May auf Schleichpfaden"
Freitag, 7. April: Mein Onkel Christian und Tante Maria kommen zu Besuch in den Schwarzwald. Ich gehe mit ihnen zusammen nach Baiersbronn, wo wir andere Verwandte besuchen

Samstag, 8. April: Ich helfe meinen Freunden bei der Arbeit in der Landwirtschaft

9. April: In Frankreich wird Charles de Gaulle Oberbefehlshaber der Französischen Armee

Sonntag, 9. April: Gemeinsam mit meinen beiden Freunden machen wir einen Ausflug nach Baden-Baden

10. April: Sowjetische Truppen erobern die seit 1941 besetzte Stadt Odessa zurück

Montag, 10. April: Ich verabschiede mich von meinen Verwandten in Baiersbronn und bei den Freunden Siegfried und Albert Weber und deren Eltern
Dienstag, 11. April: Zusammen mit Onkel Christian und Tante Maria fahre ich nach Stuttgart. Sie verabschieden sich von mir, und ich fahre weiter bis Ulm.
Mittwoch, 12. April: Um 11 Uhr Fliegeralarm. Mit einem Neu-Ulmer Schulkameraden sehe ich mir den Film „Der weiße Traum" an (ich glaube mit Marikka Röck in der Hauptrolle).
Donnerstag, 13. April: Im Auftrag der Eltern schaffe ich zusammen mit zwei Schulkameraden einen Ballen Huminal *(ich glaube, das war Torfmull)* in unseren Garten zwischen Neu-Ulm und Ludwigsfeld.
Freitag, 14. April: Mit den beiden o.a. Schulkameraden sehe ich mir den Film „Gefährlicher Frühling" an. Abends melde ich mich in der Stellung unseres 2. Zuges zurück.
Samstag, 15. April: Am Vormittag hatten wir Arbeitsdienst[7], am Nachmittag Freizeit.

16. April: Rückeroberung von Jalta durch sowjetische Truppen

Sonntag, 16. April: *wörtliche Eintragung:* „Heute war ein schlimmer Tag. Das RSO-Fahren ist aufgeflogen und unser Schulkamerad Wolfgang Dietz ist beim Kicken durchs Dach gefallen, verunglückt."
Montag, 17. April: Am Vormittag Unterricht, nachmittags Dienst und Arbeitsdienst. Unser Chef, Oberleutnant Jeute, ist bei uns in der Stellung und unterhält sich sehr lange mit Unteroffizier Schmalriede und unseren Geschützführern.
Dienstag, 18. April: Gestern wurden unsere Kameraden Gänßlen und Wupperfeld wegen des RSO-Fahrens von Oberleutnant Jeute vernommen. Unser 2. Zug erhält 14 Tage Urlaubssperre.
Mittwoch, 19. April: Unsere Kameraden Hübner, Kimmel und Schrof werden von Oberleutnant Jeute vor dem ganzen Zug vernommen. Ich bin bei diesem Verhör nicht dabei, weil ich mit ... *(unleserlich)* geholt habe. Abends werden wir vernommen.
Donnerstag, 20. April: Heute wurden wir mit einem Verweis bestraft.
Freitag, 21. April: Während die übrigen Kameraden Dienst haben, bin ich in Ulm im Reichenauer Hof bei einem Kurs als Hilfskrankenträger. Ich nütze diese Gelegenheit, um nach Hause zu gehen und bei der Mutter „Nachschub" zu holen.

Samstag, 22. April: Kleinkaliberschießen in Söflingen. Am späten Nachmittag, kurze Zeit nachdem wir wieder zurück in unserer Stellung sind, gibt es Fliegeralarm.
Sonntag, 23. April: Politische Schulung bei uns im 2. Zug. Nachmittags einige Male „Edelweiß" - Später großes Fußballspiel.
Montag, 24. April: Den Tag über gibt es drei Mal Fliegeralarm. In der Nacht dauert der Alarm von 0.45 Uhr bis 4.00 Uhr. Auf Anordnung unseres Oberleutnants sollen wir am kommenden Morgen bis um 9.30 schlafen dürfen.

Zum Angriff auf den Flugplatz Leipheim schreibt Hans Willbold: „..., denn bereits am 24. April griffen 98 Viermotbomber der 8. USAAF vom Typ B 24 „Liberator" den Platz Leipheim mit 232 ts Spreng- und Brandbomben an. (...)"[8]

Dienstag, 25. April: Es kommt anders, und es wird nichts mit dem Ausschlafen, denn um 9 Uhr heulen schon wieder die Sirenen und es gibt Fliegeralarm, der bis 10.45 Uhr dauert. Der Unterricht fällt an diesem Tag für uns Luftwaffenhelfer aus. Nachmittags Hilfskrankenträgerkurs.
Mittwoch, 26. April: Schule - Dienst - abends Fußballtraining - nachts Fliegeralarm

27. April, Frankreich: Die USAAF beginnt mit Luftangriffen auf das gesamte Schienen- und Straßennetz in Nordfrankreich

Donnerstag, 27. April: der Unterricht fällt aus - um 11 Uhr Fliegeralarm - abends Fliegeralarm - nachts Fliegeralarm
Freitag, 28. April: der Unterricht fällt aus - Dienst - Hilfskrankenträgerkurs
Samstag, 29. April: die eine Hälfte von uns war beim Übungsschießen, die andere Hälfte hatte „Revierreinigen". Am Nachmittag gewannen wir das Fußballspiel gegen den 1. Zug mit 5 : 0.

30. April: Sowjetische Flugzeuge bombarideren die polnische Festungsstadt Brest-Litowsk

Sonntag, 30. April: Politische Schulung - große Langeweile
Montag, 1. Mai: Heute muß ich vor dem Chef *(gemeint ist Oberleutnant Jeute)* ein Referat halten. - Von 18.20 Uhr bis 19.00 Uhr Edelweiß
Dienstag, 2. Mai: Dienst
Mittwoch, 3. Mai: Dienst und Gasspürkurs
Donnerstag, 4. Mai: Dienst - wir hören einen Vortrag *(worüber steht nicht dabei - allem Anschein nach war es mir nicht wichtig)* - abends gehe ich ins Kino und sehe „Die Feuerzangenbowle" Toll! *(das ist der dazu geschriebene Kommentar in kürzester Form)*
Freitag, 5. Mai: Dienst

6. Mai Italien: Bomber der Alliierten zerstören Eisenbahneinrichtungen südlich von Florenz, um auf diese Weise den deutschen Nachschub zu behindern

Samstag, 6. Mai: Scharfschießen - Bedingung mindestens 21 Ringe, ich schoss 24 Ringe - Bedingung beim zweiten Schießen mindestens so viele Ringe, aber diesmal beim Schießen nach Zeit - ich schieße 30 Ringe, habe als beide Male die Bedingung erfüllt. Am Nachmittag Filmvorführung in der Aula unserer Schule *(wieder habe ich nicht dazu geschrieben, welchen Film wir gesehen haben)*

7. Mai: 2000 Bomberflugzeuge der Alliierten greifen Berlin an.

Sonntag, 7. Mai: Politische Schulung - den ganzen Nachmittag habe ich gelesen

8. Mai: Hitler erteilt nach langem Zögern den endgültigen Befehl, die Krim zu räumen

Montag, 8. Mai: Unterricht am Vormittag - am Nachmittag Vollzähligkeitsappell, er wird von Oberzahlmeister Fleischmann abgenommen
Dienstag, 9. Mai: Dienst, Abends „Gasplanspiel", ich muß ein Referat halten zum Thema „Entgiften"
Mittwoch, 10. Mai: Dienst - am Nachmittag gehe ich ins Kino
Donnerstag, 11. Mai: Urlaub - ich gehe mit den Eltern in unseren Garten
Freitag, 12. Mai: Wir haben drei Mal Feuerbereitschaft - ab 16 Uhr Dienst
Samstag, 13. Mai: Kleinkaliberschießen - Pech gehabt
Sonntag, 14. Mai: Politische Schulung - wir haben eine Mordsgaudi - abends spielen wir Karten

15. Mai: Generalfeldmarschall Rommel und General von Stülpnagel erörtern die Festnahme Hitlers und seine Aburteilung durch ein deutsches Gericht

Montag, 15. Mai: Am Vormittag im Unterricht: Chemie-Klassenarbeit, danach Deutsch-Aufsatz - am Nachmittag Dienst
Dienstag, 16. Mai: Schule und Dienst - ich freue mich über einen Brief von meinen Freunden aus dem Schwarzwald
Mittwoch, 17. Mai: Schule - Urlaub - ich war im Stadttheater und sah Shakespeares „Die lustigen Weiber von Windsor"
Donnerstag, 18. Mai: Schule -Lichtbildervortrag in der Aula unserer Schule „Der Großglockner"
Freitag, 19. Mai: Vorbereitungen für das morgige Luftsackschießen

20. Mai: Mit 6000 Flugzeugen bombardieren die Alliierten Straßen und Brücken zwischen Belgien und der Bretagne und bereiten so die Invasion vor

Samstag, 20. Mai: Stellungswechsel nach Offenhausen und anschließend Luftsackschießen. Wir erzielen zwei Treffer und drei Durchschüsse. Abends wird das Luftsackschießen wiederholt. In der Nacht 1 1/2 Stunden Feuerbereitschaft
Sonntag, 21. Mai: Politische Schulung - Briefe geschrieben und gelesen
Montag, 22. Mai: Verkürzter Unterricht am Vormittag - Edelweiß - Dienst
Dienstag, 23. Mai: Unterricht - Edelweiß - Dienst
Mittwoch, 24. Mai: Bereits am Vormittag haben wir Feuerbereitschaft, der Unterricht fällt ganz aus.

Donnerstag, 25. Mai: Ich bekomme Urlaub, während meine Kameraden am Nachmittag mit dem Umzug von den Flak-Hochständen in unsere neue Erdstellung außerhalb des Fabrikgeländes beginnen. Ich gehe ins Kino und sehe mir den Film „Die goldene Spinne" an.
Freitag, 26. Mai: Fortsetzung des großen Umzugs in unsere neue Stellung. Heute werden die Geschütze und danach unsere Betten von den Hochständen hinab gelassen und in die Stellung bzw. unsere neue Baracke an der Blau geschafft.
Samstag, 27. Mai: Großer Putztag: Wir müssen unseren Schlafraum schrubben und jeder seinen Spind reinigen
Sonntag, 28. Mai: Ich muß von 6 Uhr bis um 8 Uhr Posten stehen. Später haben wir politische Schulung. Am Nachmittag große „Schlacht" mit Wassereimern
Montag, 29. Mai: Wecken um 8 Uhr - Politische Schulung - wir haben drei Mal Edelweiß - am Nachmittag Baden in der Blau
Dienstag, 30. Mai: Gasraumprobe (ich vermute, dass sie wie immer in der Baracke in der Friedrichau stattfand) - am Nachmittag Arbeitsdienst - später in unserer Freizeit Baden in der Blau
Mittwoch, 31. Mai: Unterricht am Vormittag - Edelweiß und Feuerbereitschaft - Fliegeralarm. Danach besuchen wir im Rahmen der „Wehrbetreuung" das Varieté im „Wintergarten" in der Hirschstraße in Ulm
Donnerstag, 1. Juni: Urlaub - Lesetag
Freitag, 2. Juni: Dienst
Samstag, 3. Juni: Dienst und Arbeitsdienst

4. Juni Italien: Deutsche Truppen verlassen Rom

Sonntag, 4. Juni: „Reichssportwettkampf" in Neu-Ulm - ich bin dort als Kampfrichter eingesetzt
Montag, 5. Juni: Unterricht am Vormittag - Nachmittags kommt ein Leutnant des Heeres in unsere Stellung und mimt einen Spion. Unser Obergefreiter Schneck fällt darauf herein

6. Juni D-Day: Beginn der Invasion. Um 6.30 Uhr landen die ersten Einheiten der 1. US-amerikanischen Infanteriedivision an der „Omaha-Beach" in der Normandie. Briten, Kanadier und US-Amerikaner bilden Brückenköpfe. Um 15 Uhr ordnet Hitler einen Gegenangriff an

Dienstag, 6. Juni: *wörtliche Eintragung:* 4.30 Uhr Beginn der Invasion

7. Juni: Drei Brückenköpfe der Briten und Kanadier werden zu einem vereinigt

Mittwoch, 7. Juni: vormittags Unterricht - nachmittags Dienst
Donnerstag, 8. Juni: Unterricht am Vormittag - Nachmittags bekomme ich Urlaub, ich sehe mir den Film „Schrammeln" an

9. Juni: Amerikanische Truppen erobern Ste.-Mere-Eglise und rücken nach Cherbourg vor. Bei Caen leisten deutsche Truppen starke Gegenwehr

Freitag, 9. Juni: Unterricht - Dienst

Samstag, 10. Juni: Dienst - später Arbeitsdienst - Major Leyendecker und ein anderer Major besichtigen unsere Stellung
Sonntag, 11. Juni: Arbeitsdienst am Vormittag - nachmittags haben wir gespielt
Montag, 12. Juni: Unterricht am Vormittag - Dienst - abends gespielt

13. Juni: Der erste V1-Flugkörper schlägt in der Nähe des Dorfes Swanscombe an der Themse ein

Dienstag, 13. Juni: Unterricht - Dienst
Mittwoch, 14. Juni: Unterricht - Dienst - Edelweiß - Feuerbereitschaft

15. Juni Großbritannien: 244 V1-Flugkörper starten in Richtung London. Die RAF beginnt in einer Gegenoffensive mit einem Luftangriff auf die Abschussrampen in Nordfrankreich

Donnerstag, 15. Juni: Urlaub
Freitag, 16. Juni: Unterricht - Dienst - Hilfskrankenträgerkurs im Reichenauer Hof in Ulm
Samstag, 17. Juni: Dienst - nachmittags Kartenspiel
Sonntag, 18. Juni: mit den Kameraden Spiele gemacht - abends durfte ich als Heimschläfer nach Hause zu den Eltern
Montag, 19. Juni: am Vormittag Unterricht in der Schule - nachmittags Dienst - abends musste ich wieder in der Baracke schlafen
Dienstag, 20. Juni: Schule - Dienst - abends durfte ich als Heimschläfer wieder nach Hause
Mittwoch, 21. Juni: Schule - Dienst
Donnerstag, 22. Juni: Schule - Dienst

23. Juni: Die Rote Armee beginnt ihre Sommeroffensive gegen deutsche Truppen

Freitag, 23. Juni: Schule - am Nachmittag werden wir in der Gallwitzkaserne geimpft. Später hören wir einen Vortrag von Oberleutnant Strohegger
Samstag, 24. Juni: Dienst - Kleinkaliberschießen - Arbeitsdienst - Heimschläfer. Wir feiern Mutters Geburtstag
Sonntag, 25. Juni: Feuerbereitschaft - anschließend Belehrung - Urlaub mit Geburtstagsfeier bei Verwandten in der König-Wilhelm-Straße
Montag, 26. Juni: Schule - Dienst
Dienstag, 27. Juni: Unterricht am Vormittag, in der Aula hören wir einen Vortrag

28. Juni: Den Sowjets gelingt es, mit ihren Truppen die Beresina zu überqueren

Mittwoch, 28. Juni: Schule - Dienst

29. Juni: Feldmarschall Erwin Rommel appelliert an Hitler, die deutschen Truppen bis zur Seine zurückzuziehen

Donnerstag, 29. Juni: Schule - Urlaub: ich gehe ins Kino
Freitag, 30. Juni: Schule - Dienst
Samstag, 1. Juli: Dienst - Kleinkaliber-Schießen

2. Juli: An der Ostfront erobern sowjetische Truppen Minsk, die Hauptstadt von Weißrussland, zurück

Sonntag, 2. Juli: Bannsportfest in Neu-Ulm

3. Juli: Amerikanische Truppen stoßen in Italien bis Siena vor

Montag, 3. Juli: ich melde mich im Revier und werde „innendienstkrank" geschrieben
Dienstag, 4. Juli: Schule - Arbeitsdienst
Mittwoch, 5. Juli: Unterricht am Vormittag - ich muß mich zur Nachuntersuchung im Revier melden und werde wieder dienstfähig geschrieben
Donnerstag, 6. Juli: Schule - Oberstleutnant Würger besucht unsere Flak-Stellung - ich bekomme Urlaub
Freitag, 7. Juli: Impfen in der Gallwitzkaserne - Hilfskrankenträgerkurs - wir nützen dies für ein paar Stunden im Cafe Mohrenköpfle

8. Juli: Sowjetische Truppen erobern Wilna zurück

Samstag, 8. Juli: Dienst - nachmittags Baden in der Blau

9. Juli Westfront: Britische und kanadische Truppen erobern Caen

Sonntag, 9. Juli: Politische Schulung - Luftwaffenhelfer werden als Geschützführer ausgebildet
Montag, 10. Juli: Schule - Urlaub und sechs Tage Heimschläfer - Abends gehe ich mit Vater ins Kino
Dienstag, 11. Juli: Schule - Fliegeralarm - Dienst
Mittwoch, 12. Juli: Schule - Alarm - Dienst
Donnerstag, 13. Juli: Schule - Alarm - Dienst
Freitag, 14. Juli: Schule - Alarm - Vortrag in der Aula unserer Schule „Was uns bewegt"
Samstag, 15. Juli: Dienst am Vormittag - Nachmittags Arbeitsdienst - danach Baden in der Blau

16. Juli: In Italien überqueren britische Truppen den Arno

Sonntag, 16. Juli: Fliegeralarm von 8.30 Uhr bis 12.00 Uhr; im Ulmer Stadion fallen Bomben[9] - nachmittags haben wir Karten gespielt.

16. Juli 1944 (10.28 Uhr) „Wieder erfolgte ein Tages-Luftangriff auf Ulm durch 3 feindliche Flugzeuge. Es wurden keine namhaften Schäden gemeldet. (Lehrertal)"[10]

Hans Willbold schreibt dazu: „Wieder war Augsburg das Ziel von 54 B-17 der 8. US Air-Force. Drei Maschinen dieses Verbandes lösten ihre Bomben bereits über Ulm aus. Sie fielen ins Lehrertal, ohne dort größeren Schaden zu verursachen.“[11]

17. Juli: Feldmarschall Erwin Rommel wird bei einem Angriff britischer Tiefflieger so schwer verletzt, dass die ihn behandelnden Ärzte um sein Leben fürchten

Montag, 17. Juli: Schule - Edelweiß - Impfen in der Gallwitzkaserne - Oberleutnant Jeute besucht unsere Stellung
Dienstag, 18. Juli: Schule - Edelweiß - Fliegeralarm - Dienst
Mittwoch, 19. Juli: der Unterricht fällt aus wegen Edelweiß und Fliegeralarm - Bombenabwurf über der Stadt[12], in Leipheim kommen bei einem Bombenabwurf zehn Luftwaffenhelfer[13] um ihr junges Leben.

19. Juli 1944 (10.05 Uhr) Ein Tages-Luftstörangriff verursacht geringe Schäden im Wohngebiet des Lehrertales, in den Söflinger Weinbergen, auf dem Oberberghof (zu Ehrenstein gehörend) und im Werk II der Firma Magirus. Personen kamen nicht zu Schaden.[14]

Dazu Hans Willbold: „Aus mehreren Verbänden von insgesamt 342 „Fliegenden Festungen“ B 17 der 8. US Air Force, die von 224 Jagdflugzeugen begleitet waren, griffen 12 Maschinen mit 13,6 ts Bomben das ihnen zugewiesene Ziel des Güterbahnhofs Ulm an. Getroffen haben sie ihn nicht, dafür aber wieder das Lehrertal, die Söflinger Weinberge, den Oberberghof und Magirus Werk II. Überall entstanden nur geringe Sachschäden.“[15]

20. Juli: Attentat auf Hitler: Im Führerhauptquartier „Wolfsschanze“ bei Rastenburg in Ostpreußen misslingt das Attentat von Oberst Claus Graf Schenk von Stauffenberg auf Hitler. Er wird noch am gleichen Tag hingerichtet.

Donnerstag, 20. Juli *(wörtlich)*: Schule - Alarm - Urlaub - Im Wehrmachtsbericht kam Folgendes: Ein Anschlag auf den Führer!
Freitag, 21. Juli: Schule - Alarm - große alliierte Bomberverbände überfliegen Ulm - Dienst
Samstag, 22. Juli: Dienst - Arbeitsdienst - wir holen im 1. Zug in Neu-Ulm Munition

23. Juli: Der „Deutsche Gruß“ wird anstelle des militärischen Grußes in der Wehrmacht eingeführt

Sonntag, 23. Juli: Regenwetter - in der Kleiderkammer fassen wir heute ein Hemd und zwei Bürsten

24. Juli: Bei drei Fliegerangriffen der RAF werden große Teile der Innenstadt Stuttgarts zerstört. Mehr als 100 000 Menschen werden obdachlos. Sowjetische Truppen befreien das Konzentrationslager Majdanek

Montag, 24. Juli: Schule - Fliegeralarm - Dienst - in der Nacht erneut Fliegeralarm, Ziel der Angriffe war Stuttgart
Dienstag, 25. Juli: Unterricht - nach der dritten Unterrichtsstunde Dienst im 1. Zug - heute erhalte ich einen „Vorläufigen Annahmeschein"[16]

26. Juni: An der Westfront räumen deutsche Truppen den Hafen von Cherbourg

Mittwoch, 26. Juli: Schule, Dienst
Donnerstag, 27. Juli: Unterricht - Fliegeralarm - Urlaub: ich gehe ins Kino und sehe den Film „Heimat"
Freitag, 28. Juli: der Unterricht am Vormittag fällt aus wegen Fliegeralarm - am Nachmittag Dienst und anschließend Arbeitsdienst
Samstag, 29. Juli: Dienst, am Nachmittag Arbeitsdienst: Aufräumungsarbeiten
Sonntag, 30. Juli: Politische Schulung - Freizeit - diejenigen, die während der Osterferien keinen Urlaub bekamen, dürfen ab sofort heimgehen
Montag, 31. Juli: Arbeitsdienst, Fliegeralarm - unser Schulkamerad Oskar Schrof wird als erster von uns allen zum RAD[17] einberufen.

1. August: Aufstand der polnischen Untergrundarmee in Warschau. Sowjetische Truppen, die dicht vor Warschau stehen, unterstützen die Polen nicht. Sie müssen sich am 2. August ergeben

Dienstag, 1. August: Arbeitsdienst, Dienst
Mittwoch, 2. August: Arbeitsdienst, Dienst - unsere Schreibstube kommt heraus zu uns in den 2. Zug. - Fünf neue Luftwaffenhelfer, sog. Flak-V-Soldaten, stoßen zu uns. Sie sind jedoch keine Schüler wie wir, sondern Lehrlinge.
Donnerstag, 3. August: Arbeitsdienst, Dienst - für die kommende Nacht werde ich als Heimschläfer eingeteilt
Freitag, 4. August: Arbeitsdienst - Fliegeralarm - Dienst - erneut Fliegeralarm - auch für die nächste Nacht bin ich Heimschläfer und darf abends nach Hause und kann die Eltern besuchen.
Samstag, 5. August: Arbeitsdienst - nachts war Edelweiß
Sonntag, 6. August: Politische Schulung. Am Nachmittag erhalte ich Besuch von meinen Eltern.
Montag, 7. August: Putz- und Flickstunde. Flicken eines Rades unserer Lafette

8. August: Acht Verschwörer des Attentats vom 20. Juli werden vom Volksgerichts unter dem Vorsitz von Roland Freisler zum Tod durch den Strang verurteilt und noch am selben Tag hingerichtet. Unter ihnen befinden sich Graf York von Wartenburg und Feldmarschall von Witzleben

Dienstag, 8. August: am Vormittag „Putz- und Flickstunde", nachmittags flicken wir erneut ein Rad der Geschützlafette.

9. August: Amerikanische Einheiten der 3. Armee erobern Le Mans

Mittwoch, 9. August: Fliegeralarm – vier Angriffe auf Ulm: auf das Magiruswerk II, auf Söflingen, auf das Lager der russischen Zwangsarbeiter und auf den Güterbahnhof.

9. August 1944 (11.07 - 11.30 Uhr) Um 10.07 erfolgte bereits Fliegeralarm. Genau 1 Stunde später erschien eine feindliche Luftflotte, bestehend aus 350 Bombern und 100 Jägern, über Ulm. Von rund 35 Maschinen wurde die Stadt angegriffen. Der Verband war über Karlsruhe - Stuttgart - Aalen eingeflogen und nahm Kurs auf Augsburg. Die die Stadt Ulm angreifenden Maschinen flogen in 2 Wellen von Westen und von Süden die Stadt an und warfen aus 4 000 m Höhe bei geschlossener Wolkendecke und schlechter Sicht Bomben vor allem auf die Vorstadt Söflingen, die Industrieanlagen des Ulmer Westens, den Güterbahnhof und die Hindenburgkaserne. Eigene Abwehr war nicht vorhanden. Es fielen 200 Sprengbomben, 7 500 Stabbrandbomben ohne Sprengsatz, 2 500 Stabbrandbomben mit Sprengsatz, 500 Flüssigkeitsbrandbomben, zusammen 10 700 Bomben. Unter diesen befanden sich 431 Blindgänger. Außerdem wurden 25 000 Flugblätter mit der Überschrift „Luftpost vom 2. August 1944 - Nr. 41 - Vormarsch auf Ostpreußen geht weiter" - „Der Stein ist im Rollen" abgeworfen.
Personenschäden: 57 Tote und 42 Verwundete forderte dieser Angriff. (...) In einem Schutzraum fanden eine größere Anzahl Ausländer des Gemeinschaftslagers „Türmle" den Tod, weil in der Nähe des Schutzraumes lagernder Spritzlack durch Volltreffer in Brand geriet. Die Ausländer wurden durch die Hitzeentwicklung und eindringende Flammen getötet.
Sachschäden (...) Gewerbl. Gebäude: Magirus - Werk II wurde schwer beschädigt. Der Holzplatz der Firma J.A. Molfenter (25 000 qm) brannte ab. (...)[18]

Hans Willbold: „Erneut wurden „Fliegende Festungen" B17 ausgesandt, um Ulm zu bombardieren. Dieses Mal waren es 30. (Nachkriegsveröffentlichungen sprechen von B-24 „Liberator", was nicht richtig ist.) Am Vormittag waren in England drei starke Bomberverbände von je teils weit über 200 Maschinen zu Angriffen auf Luxemburg, West- und Südwestdeutschland gestartet. Sie wurden von nicht weniger als 243 Jägern der Typen P-47 „Thunderbolt" und P-51 „Mustang" geschützt.
Das Wetter war nicht ideal: eine geschlossene Wolkendecke und schlechte Sicht behinderten die Flieger. Ihr Anflugweg führte über Karlsruhe, Stuttgart und Aalen (!). Die 30 Maschinen warfen in zwei Wellen aus 4 000 m Höhe von 11 Uhr 07 bis 11 Uhr 30 insgesamt 71,3 ts Bomben auf Ulm. (...) Von den 57 Toten dieses Angriffs waren 13 Ausländer, die im „Türmle" ums Leben kamen, wo sie untergebracht waren. Das so genannte Fort „Söflinger Turm" der Bundesfestung Ulm wäre ein recht guter Schutzrum gewesen, wenn nicht unmittelbar daneben ein Lager mit Lacken gewesen wäre, die durch einen Volltreffer in Brand gerieten. (...)[19]

Donnerstag, 10. August: Arbeitsdienst, Dienst
Freitag, 11. August: Arbeitsdienst - Fliegeralarm - Dienst
Samstag, 12. August: Dienst, Arbeitsdienst, am Nachmittag bekomme ich 1/2 Tag Urlaub und darf nach Hause gehen

Sonntag, 13. August: politische Schulung - Oberst v. Alten besichtigt unsere Stellung[20]
Montag, 14. August: Der Unterricht am Vormittag fällt aus – die Urlauber kommen zurück

15. August: Alliierte Truppen landen in Südfrankreich zwischen Marseille und Nizza

Dienstag, 15. August: Unterricht – ‚Edelweiß' - Arbeitsdienst
Mittwoch, 16. August: Unterricht am Vormittag, Fliegeralarm, Dienst

17. August: Die RAF wirft 70 000 Brandbomben über Kiel und Stettin ab. An der Ostfront überschreiten sowjetische Truppen in Ostpreußen erstmals die deutsche Grenze

Donnerstag, 17. August: Unterricht am Vormittag, für den Nachmittag bekomme ich Urlaub
Freitag, 18. August: Unterricht am Vormittag - nachmittags Dienst und Arbeitsdienst
Samstag, 19. August: am Vormittag Dienst, nachmittags Arbeitsdienst, abends gehen wir zum Baden an die Blau

20. August: General Charles de Gaulle betritt in Cherbourg französischen Boden und trifft sich mit General Eisenhower

Sonntag, 20. August: Heute hatten wir den ganzen Tag Arbeitsdienst, für die kommende Nacht bin ich Heimschläfer
Montag, 21. August: Vormittags Unterricht, nachmittags Arbeitsdienst
Dienstag, 22. August: Unterricht am Vormittag, nachmittags Dienst
Mittwoch, 23. August. Unterricht am Vormittag, nachmittags konnte ich in Verbindung mit einem dienstlichen Auftrag, den ich erhielt, geschwind nach Hause gehen
Donnerstag, 24. August: ich erhalte einen Tag Urlaub. Auf dem Nachhauseweg gehe ich ins Cafe Mohrenköpfle und esse dort ein Eis

25. August: Um 17.20 übergibt der deutsche Stadtkommandant von Paris, Dietrich von Choltitz, die Stadt und weigert sich, Hitlers Befehl auszuführen, Paris zu zerstören

Freitag, 25. August: Unterricht am Vormittag, nachmittags Arbeitsdienst
Samstag, 26. August: Arbeitsdienst
Sonntag, 27. August: Arbeitsdienst - am Nachmittag Basteln[21]
Montag, 28. August: Unterricht am Vormittag - nachmittags bekomme ich einen halben Tag Urlaub. Ich lasse mir Passbilder machen.
Dienstag, 29. August: Schule - Arbeitsdienst
Mittwoch, 30. August: Schule - Dienst - Arbeitsdienst

31. August: Sowjetische Truppen besetzen die rumänische Hauptstadt Bukarest

Donnerstag, 31. August: der Unterricht am Vormittag fällt aus - nachmittags Arbeitsdienst

1. September: An der Westfront erobern kanadische Einheiten Dieppe und Rouen. Amerikanische Verbände besetzen Verdun, überqueren die Maas und erreichen die belgische Grenze

Freitag, 1. September: Beginn des neuen Schuljahres - nachmittags Arbeitsdienst
Samstag, 2. September: Unterricht am Vormittag, nachmittags Scharfschießen in Söflingen, später Revierreinigen
Sonntag, 3. September: Marsch der Kriegsfreiwilligen, Fliegeralarm, Freizeit
Montag, 4. September: Unterricht am Vormittag, am Nachmittag streiche ich zusammen mit dem Flakkameraden Biesinger die Baracke neu
Dienstag, 5. September: vormittags Unterricht, Fliegeralarm. Ab heute müssen wir täglich nachts Posten stehen
Mittwoch, 6. September: Unterricht, Fliegeralarm. Wir bekommen 12 Russen zugewiesen
Donnerstag, 7. September: Urlaub - ich war mit den Eltern im Kino und sehe den Film „Der große Preis"

8. September: Die erste deutsche V2-Rakete wird auf London abgeschossen. An der Ostfront rücken sowjetische Truppen in Bukarest ein und bilden eine kommunistische Regierung

Freitag, 8. September: heute war vier Mal Fliegeralarm. In Neu-Ulm verunglückt unser Schulkamerad Helmut Knoll tödlich
Samstag, 9. September: Ich werde als Kurier zum Stab geschickt
Sonntag, 10. September: Fliegerangriff auf Neu-Ulm. Ich darf nach Hause gehen. Unser Wohnhaus wurde verschont.

10. September 1944 (11.15 - 11.40 Uhr) 180 Bomber und Jäger sammelten sich im Raum südlich Ulm's und überflogen dann die Stadt in 4 000 m Höhe in drei aufeinander folgenden Wellen. Die Hauptangriffsziele richteten sich auf die Wehrmachtsanlagen in Neu-Ulm und die Reichsbahnanlagen in Ulm. In etwa 4 000 m Höhe befand sich eine geschlossene Wolkendecke. Die feindlichen Flugzeuge lösten ihre Bomben teils unter, teils über dieser Wolkendecke aus. Dabei fielen 900 Sprengbomben, 8 000 Stabbrandbomben ohne Sprengsatz, 700 Stabbrandbomben mit Sprengsatz und 500 Flüssigkeitsbrandbomben, zusammen 10 000 Bomben. Außerdem flatterten 10 000 Flugblätter mit der Überschrift „Sternenbanner" - „Deutsche Arbeiter" und etwa 600 Lebensmittelmarken für Käse, Butter und Brot auf die Stadt herab.
Personenschäden: Der Angriff forderte 36 Tote und 61 Verwundete. Die Zahl der Obdachlosen war 2 000, die Zahl der Umquartierten etwa 1 000.

Sachschäden: Wohngebäude:	150 total zerstört
	60 schwer beschädigt
	115 mittelschwer beschädigt
	218 leicht beschädigt
entspricht gesamt:	543 (...)[22]

Hans Willbold schreibt dazu: „Bei diesem Angriff waren es B-24 „Liberator“ mit einem Jagdschutz von 153 P-51 „Mustang“ und P-38 „Lightning“, alle der 8. US Air-Force zugehörig, die am Morgen von ihren Basen in England starteten, um Ziele in Ulm und Neu-Ulm anzugreifen. Der Angriff der 247 Bomber in drei Wellen begann um 11 Uhr 15 und dauerte bis 11 Uhr 40. Auch hier lag über dem Ziel in 4 000 m eine geschlossene Wolkendecke. So flogen die Angreifer teils über, teils unter den Wolken. Sie hatten sich südlich Ulms zum Angriff gesammelt. Insgesamt warfen sie 630,8 ts Bomben. Nach örtlichen Berechnungen waren das 900 Sprengbomben, 8 000 Stabbrandbomben ohne Sprengsatz und 700 mit einem solchen, dazu 500 Flüssigkeitsbrandbomben und außerdem Flugblätter sowie Lebensmittelmarken für Käse, Butter und Brot.
36 Todesopfer waren zu beklagen. 2 000 Obdachlose wurden danach registriert. (...) In der Nachbargemeinde Jungingen kamen 13 Personen ums Leben.

11. September: Einheiten der 3. US-amerikanischen 1. Armee überschreiten die Mosel bei Trier

Montag, 11. September: kein Eintrag

12. September: Rumänien und die UdSSR schließen einen Waffenstillstand. - An der Westfront überschreiten amerikanische Truppen bei Aachen die Reichsgrenze

Dienstag, 12. September: kein Eintrag
Mittwoch, 13. September: Schwerer Fliegerangriff auf unsere Flakstellung. Wir haben vier Tote: Unteroffizier Schmalriede, Gefreiter Bargehr und die beiden Schulkameraden Ruedel und Ott aus Laichingen. Ich wurde verschüttet und kam erst in dem Moment wieder zu mir, als ich mit der Trage auf einen Lastwagen gehoben wurde.

13. September 1944 (11.05 - 11.10Uhr) Um 10.14 Uhr wurde Fliegeralarm gegeben. Um 11.05 wurde Ulm bei guter Sicht und wolkenlosem Himmel von etwa 100 Feindflugzeugen aus Richtung Südwest in einer Höhe von 4 000 m angeflogen. Eigene Abwehr war wieder nicht vorhanden. Der Angriff richtete sich auf das Industriegelände der Weststadt einschließlich Güterbahnhof. Es wurden abgeworfen: 500 Sprengbomben, 2 000 Stabbrandbomben ohne Sprengsatz, 37 Flüssigkeitsbrandbomben, zusammen 2 537 Bomben. Unter ihnen befanden sich 74 Blindgänger.
Personenschäden 32 Tote und 13 Verwundete wurden gezählt. Im Verhältnis zur Schwere des Angriffes war die Zahl der durch Volltreffer Verschütteten diesmal besonders gross, so wurden bei der Ulmer Brauerei-Gesellschaft durch Volltreffer einer schweren Bombe 30 Personen verschüttet, von denen nur 14 lebend, 16 tot geborgen werden konnten. (...)
Gewerbl. Gebäude: Magirus - Werk II, in welchem Einmann-Torpedos gefertigt wurden, wurde schwer beschädigt, Magirus - Werk III erlitt mittelschwere Schäden (...)[23]
Keine Angaben zur völligen Zerstörung des 2. Zugs der Leichten Heimatflak-Batterie 6/VII mit 4 Toten und mehreren Verletzten. d. Verf.

Hans Willbold schreibt zu diesem Luftangriff: „Wieder flogen B-24 der 8. US Air-Force an. Diesmal waren es 65 Maschinen, die in England stationiert waren, begleitet von 99 Jagdflugzeugen, die teils vor („Vorausjagd"), teils mit den Bombern („Begleitjagd") flogen. Dieses Mal war der Himmel wolkenlos, die Angriffsbedingungen also sehr günstig. Die Flugzeuge näherten sich von Südwesten her und warfen 161 ts Bomben auf den Rangierbahnhof und die Industrie in der Weststadt. Gezählt wurden 500 Sprengbomben, 2 000 Stabbrandbomben 4 ohne Sprengsatz und 57 Flüssigkeitsbrandbomben.
Die Angriffshöhe war wie bei den beiden vorigen Angriffen 4 000 m. Das lässt darauf schließen, dass man auf der gegnerischen Seite wusste, dass von der Ulmer Flak in dieser Flughöhe keine Gefahr drohte, weil die 3,7 cm-Geschütze der Ulmer Heimatflak nicht so hoch reichten.
Anmerkung des Verfassers: In Söflingen waren es 2 cm- Geschütze.
(...) Magirus Werk II wurde sehr schwer beschädigt. Die dortige Produktion von Einmanntorpedos kam zum Erliegen. Auch am Eselsberg und im Lehrertal fielen wieder Bomben. In Ulm wurden bei diesem Angriff 149 Wohngebäude zerstört oder beschädigt. (...)"[24]

Laichingen, 15. Sept. 1944
Statt eines Wiedersehens am Sonntag erhielten wir die schmerzliche, unfaßbare Nachricht, daß unser lieber, guter, unvergeßlicher Sohn und sonniger Bruder, Enkel u. Neffe

Karl Ott

Luftwaffenhelfer, Abiturient

bei einem Terrorangriff auf Ulm sein junges Leben von nicht ganz 16 Jahren geben mußte. In stiller Trauer:
Die Eltern: **Ernst Ott** mit Frau **Ursula**, geb. Schlenk; die Geschwister: **Lina, Anna, Hilde** und **Werner**; die Großmutter: **Magd. Schlenk** und Angehörigen.
Beerdigung am Sonntag, den 17. Sept., nachm. 3 Uhr.

Ermingen, 14. Sept. 1944
Durch Gottes hl. Willen wurde uns gestern bei einem Terrorangriff unser lieber, unvergeßlicher u. jüngster Sohn und Bruder

Anton Ruedel

Luftwaffenhelfer

im 16. Lebensjahr jäh entrissen. Wer unsern Anton kannte, weiß um unsern Schmerz: Es trauern um ihn:
Die tiefbetrübten Eltern: Konrad Ruedel und Frau Marie, geb. Renz; die Geschwister: **Fanny, Rese, Marie** u. **Josef**, z. Zt. im Felde und alle Verwandten.
Beerdigung am Samstag, den 16. Sept., 8½ Uhr in Harthausen.

Todesanzeigen vom 15. September 1944 in der Laichinger Presse und im Ulmer Tagblatt

Mit dem 13. September 1944 enden die Eintragungen in meinem Tagebuch.

15. September: Einheiten der sowjetischen Roten Armee rücken in die bulgarische Hauptstadt Sofia ein

25. September: Hitler unterzeichnet einen Erlass zur Bildung des „Deutschen Volkssturmes"

27. September: Über 1100 Flugzeuge des USAF bombardieren Eisenbahn- und Industrieanlagen in Köln, Mainz, Ludwigshafen und Kassel.

28. September: Sowjetische Truppen erreichen die tschechoslowakische Grenze

1. Oktober: Die deutsche Besatzung von Calais kapituliert

7. Oktober: Gefangene des Vernichtungslagers Auschwitz versuchen bei einem Aufstand vergeblich die Krematorien zu sprengen. Sie werden von SS-Wachmannschaften umgebracht.

11. Oktober: Ungarn und die UdSSR schließen einen vorläufigen Waffenstillstand.

12. Oktober: An der Westfront rücken US-Truppen in das zu 85% zerstörte Aachen ein

14. Oktober: In Herrlingen bei Ulm wird Feldmarschall Erwin Rommel zum Selbstmord gezwungen. Er wurde vor die Alternative gestellt, wegen seiner Kontakte zu den Verschwörern des 20. Juli vor den Volksgerichtshof gestellt zu werden oder Selbstmord zu begehen und ein Staatsbegräbnis zu erhalten. Dafür sollte seine Familie geschont werden.

16. Oktober: In Deutschland werden die Brotrationen gekürzt. Sie betragen jetzt nur noch 2 225 g pro Woche.

21. Oktober: Der deutsche Befehlshaber von Aachen übergibt die Stadt den Amerikanern.

22. September: Sowjetische Truppen erreichen auf breiter Front die norwegische Grenze.

28. September: Die RAF wirft 4000 t Bomben über Köln ab.

31. September: Die deutschen Truppen räumen den Rest des griechischen Festlands.

2. November: Der SS-Führer Heinrich Himmler befiehlt die Einstellung der Vergasungen im Vernichtungslager Auschwitz.

7. November: General De Gaulle fordert für Frankreich eine eigene Besatzungszone in Deutschland

8. November: Truppen der US-Amerikaner beginnen mit einer Offensive gegen das Saargebiet

12. November: Britische Bombenflugzeuge versenken im Tromsö-Fjord in Norwegen das deutsche Schlachtschiff Tirpitz

18. November: Einheiten der 3. US-Armee überschreiten die deutsch-französische Grenze

20. November: Adolf Hitler verlässt sein Hauptquartier „Wolfsschanze" und zieht sich in die Reichskanzlei in Berlin zurück. Westfront: Die deutschen Truppen geben die Stadt Metz auf

23. November: Französische Truppen rücken in Straßburg ein.

26. November: SS-Reichsführer Heinrich Himmler befiehlt die Zerstörung der Krematorien in Auschwitz.

2. Dezember: Den Truppen der US-Amerikaner gelingt bei Saarlautern der Einbruch in den Westwall

5. Dezember: Britische Truppen besetzen Ravenna

16. Dezember: Westfront: Die deutsche Ardennen-Offensive unter der Führung von Generalfeldmarschall Model bleibt bei Malmedy stecken

17. Dezember: Ulm: „Um 19.05 heulten die Sirenen „Fliegeralarm". Eine Viertelstunde später waren die Bomber über der Stadt. Weiße und rote „Christbäume" (Kaskaden von Leuchtkugeln) leuchteten als Zielmarkierungshilfen durch den Nebel. Wenige Minuten später, ab 19 Uhr 23, begann das Bombardement. Es dauerte bis 19 Uhr 50. In diesen 27 Minuten fiel die alte Reichsstadt Ulm in Schutt und Trümmer. Zur Durchführung dieses Auftrags hatte Luftmarschall Arthur Harris , der Chef des britischen Bomber Command, 317 viermotorige „Lancasters" und 13 „Mosquitoes" ausgesandt, die auch dank ihres Bordradars trotz des dichten Nebels „ganze Arbeit" leisteten. Es war ein leicht errungener Sieg. Die Heimatflak war machtlos (und zum Teil wenige Tage zuvor nach Memmingerberg verlegt). (...) Nach englischen Berichten wurden während dieses Angriffs 1 149 ts Bomben geworfen, (...) Nach dem Angriff wurden 707 Tote gezählt, darunter mehr als 400 Frauen und Kinder. (...) Die Helligkeit des brennenden Ulm war in einem Umkreis von mindestens 80 km deutlich zu sehen."[25]

An diesem 17. Dezember 1944 finde ich in meinem Tagebuch noch folgende Notiz:

Sonntag, 17. Dezember: Wir konnten beim Kohlenklauen *(im Schulhof von Wittlensweiler lagen Kohlen für unsere Küche. Sie waren erst am Vormittag frisch geliefert worden)* den Fliegerangriff auf Ulm beobachten. Eine Welle nach der anderen flog über uns hinweg. Der Himmel im Osten war glutrot.
Anmerkungen dazu: Ich kann mich sehr gut daran erinnern, wie wir noch im Schulhof in Wittlensweiler und etwa eine Stunde später in unseren Baracken heftig miteinander diskutierten, wo der Luftangriff gerade stattfand, in Stuttgart oder? Wir waren lauter Ulmer oder Neu-Ulmer, aber keiner von uns wagte auszusprechen, was jedoch jeder von uns befürchtete. Wenn Stuttgart nachts angegriffen wurde, dann war der Feuerschein heller und war weiter nördlich zu sehen. Und als dann endlich einer von uns „Vielleicht ist es Ulm!" sagte, fielen wir alle über ihn her. Es durfte einfach nicht sein, wovor wir alle Angst hatten. - Am Tag darauf holte uns die Realität ein, in den Nachrichten wurden wir darüber informiert, dass unsere Heimatstadt Ulm Ziel eines Terrorangriffs geworden war. Und noch einen Tag später kamen die ersten Postkarten, in denen mehrere meiner Schulkameraden darüber informiert wurden, dass die elterliche Wohnung oder das Elternhaus „ausgebombt" war, die Eltern und Geschwister den Angriff aber überlebt

hatten. Sie alle bekamen sofort Sonderurlaub, durften „heim" fahren und die Eltern an dem Ort aufsuchen, wohin sie evakuiert wurden. Gut eine Woche später bekam auch ich Urlaub, obwohl unsere Wohnung in Neu-Ulm noch verschon geblieben war und erst am 4. März 1945 zerstört wurde. Mit der Eisenbahn fuhr ich nach Hause, der Zug hielt außerhalb der Stadt, er konnte wegen der Zerstörungen zu dem Zeitpunkt nicht bis zum Hauptbahnhof fahren. Und was ich dann sah, überstieg meine schlimmsten Vorstellungen. Nichts stand mehr, kein Hauptbahnhof, kein „Russischer Hof" - Trümmer, aus denen noch Rauch aufstieg, so weit ich sehen konnte. Irgendwo dazwischen konnte ich Reste der Straßenbahnschienen entdecken und so die Bahnhofstraße und Hirschstraße erahnen. Trotz allem Entsetzens, aller Trauer und auch Wut, die ich verspürte, blieb doch ein wenig Freude und Befriedigung: Das Ulmer Münster, Symbol für Ulmer Bürgersinn, für den tiefen Glauben an eine irgendwann einmal wieder friedlich Welt, stand noch. Der Turm stand inmitten einer für die Menschen unserer Tage unvorstellbar großen Trümmerwüste. Nichts erinnerte mich in diesem Augenblick, als ich einen Weg hinüber nach Neu-Ulm suchte, an unbeschwerte Kindertage, als ich mit dem Vater an der Hand durch die Straßen und Gassen spazierte, auf der „Ulmer Mess'" gebrannte Mandeln bekam oder im Winter mit dem Vater irgendwo am südlichen Münsterplatz heiße Maroni aß. Trümmer, Verderben und Tod, wohin ich auch sah!
Doch ich will nicht vergessen, hinzuzufügen, dass ich knappe zwei Jahre später im behelfsmäßig eingerichteten „Schulsaal" im nur teilweise zerstörten Justizgebäude in der Olgastraße saß und bei unserem Deutschlehrer, Herrn Bücheler, einen Aufsatz schrieb zum Thema „Und neues Leben blüht aus den Ruinen".

Zum Fliegerangriff des 17. Dezember 1944 auf Ulm lesen wir in der Ulmer Statistik
17. Dezember 1944 (19.23 - 19.50 Uhr) Schon seit Wochen herrschte unter der Bevölkerung ein Gefühl der Unsicherheit und Besorgnis. da eine Reihe von Städten im süddeutschen Raum wie München, Augsburg, Karlsruhe, Mannheim, Freiburg, Stuttgart und Friedrichshafen insbesondere aber die etwa gleich grosse württembergische Stadt Heilbronn in letzter Zeit oft und schwer angegriffen worden waren. Nach dem Angriff auf Heilbronn (4./5. Dezember) bestand kaum noch ein Zweifel darüber, dass die Bombardierung Ulms nur noch eine Frage der Zeit sein konnte. Am 15. Dezember hatte deshalb die Ulmer Kreisleitung - einer Anweisung des Gauleiters folgend - die Evakuierung der Innenstadt (Frauen und Kinder) angeordnet. Die Ortsgruppenleiter hatten Anweisung, die für die Evakuierung notwendigen Unterlagen bis Montag, den 18. Dezember zu beschaffen. Noch vor den Feiertagen hätte die Evakuierung durchgeführt werden sollen.
Auch die militärische Lage - schwere Kämpfe bei Aachen, im Rur-Abschnitt an der Saar und im unteren und oberen Elsaß - gaben Anlass zu Beunruhigung.
Am 16. und 17. Dezember waren dann auch permanente feindliche Luftaufklärungen zu beobachten. Der 17. Dezember war ein mit Sorge erfüllter Adventssonntag. Es war neblig. Kalt-feuchter Westwind strich durch die Strassen der Stadt.

Kurz vor dem Angriff entstand in der Bevölkerung noch erhebliche Aufregung durch die Aufforderung von Meldegängern: alle, denen es möglich sei, sollen die Stadt verlassen, insbesondere Frauen und Kinder. Tausende marschierten deshalb an diesem Tag auf den Ausfallstraßen aus Ulm hinaus, andere flüchteten mit der Eisenbahn.
18.59 Uhr wurde „Luftgefahr" gegeben, 19.05 Uhr folgte „Fliegeralarm". Bald waren weisse Leuchtzeichen und rote Kaskaden in der Luft zu sehen. In mehreren Wellen flogen aus Richtung Stuttgart und entlang des oberen Donautales kommend etwa 400 vermutlich englische Bombenflugzeuge die Stadt an. Um 9.23 Uhr erfolgte der erste Bombenabwurf. Von dieser Zeit bis 19.50 Uhr wurden ununterbrochen Spreng- und Minenbomben und massenweise Stabbrandbomben abgeworfen. Insgesamt fielen 1 545 schwerste und schwere Sprengbomben, davon 13 Blindgänger, 11 Minenbomben, davon 2 Blindgänger, 120 Langzeitzünder, darunter kein Blindgänger, 92 500 Stabbrandbomben ohne Sprengsatz, davon 300 Blindgänger, 1 250 Stabbrandbomben (mit Sprengsatz d. Verf.), davon 50 Blindgänger, 1 220 Flüssigkeitsbrandbomben, davon 10 Blindgänger, zusammen also 96 646 Bomben, darunter 375 Blindgänger. Hauptangriffsziele waren die Ulmer Innenstadt und Weststadt, das Industriegebiet im Westen und die Bahnanlagen sowie die angrenzenden Gemeinden Lehr, Ehrenstein, Klingenstein und Herrlingen. Die Wirkung der Sprengbomben mag durch die Tatsache verdeutlicht werden, dass 15 - 20 pfundschwere Pflastersteine vom Luftdruck auf den 110 m hohen Viereckskranz des Hauptturmes geschleudert wurden.

Personenschäden
Dieser Angriff, der für Ulm zum schwersten wurde, forderte 707 Tote und 613 Verwundete, sowie 1 Vermissten. (...)
Sachschäden[26]

Wohngebäude:	1 869 total zerstört	= 28,5%	der in Ulm vorh.
	418 schwer besch.	= 6,4 %	"
	771 mittelschwer besch.	= 11,7 %	"
	2 315 leicht besch.	= 35,2 %	"
	5 373	= 81,8 %	der in Ulm vorh.

Hans Willbold schreibt dazu: „Zwölfter Angriff am Sonntag 17. Dezember 1944
Intensive Luftaufklärung in der Woche davor und außerdem der schwere Luftangriff auf Heilbronn, einer mit Ulm vergleichbaren Stadt, am 4./5. Dezember, veranlassten die verantwortlichen Behörden, für Ulm erhöhte Vorsichtsmaßnahmen anzuordnen, die ab 18. Dezember durchgeführt werden sollten, um Frauen und Kinder noch vor Weihnachten großenteils aus der Stadt zu evakuieren. Aber bereits am 15. und 16. Dezember und vor allem noch am Sonntag dem 17. ging durch die Stadt das Gerücht, ein Luftangriff stehe unmittelbar bevor. So hieß das Motto an diesem Wochenende: Rette sich, wer kann! Viele Ulmer verließen die Stadt, die einen in die Nachbarorte zu Fuß, die anderen mit der Bahn.
Die in der Stadt daheim gebliebenen Ulmer fühlten sich am Sonntag, 17. 12., durchaus nicht bedroht, da die ganze Stadt in einem sehr dichten Nebel lag. Man redete sich ein, bei einem solch dichten Nebel sei ein

Luftangriff nicht möglich. Die Verantwortlichen jedoch wussten es besser, denn sie hatten Kenntnis vom Bordradar H2S der alliierten Bomber. Dem Volk war dies jedoch nicht gesagt worden. So kam, was kommen musste: Um 19 Uhr 05 heulten die Sirenen „Fliegeralarm". Eine Viertelstunde später waren die Bomber über der Stadt. Weiße und rote „Christbäume" (Kaskaden von Leuchtkugeln) leuchteten als Zielmarkierungshilfen durch den Nebel. Wenige Minute später, ab 19 Uhr 23 begann das Bombardement. Es dauerte bis 19 Uhr 50. In diesen 27 Minuten fiel die alte Reichsstadt Ulm in Schutt und Trümmer. Zur Durchführung dieses Auftrags hatte Luftmarschall Arthur Harris, der Chef des britischen Bomber Command 317 viermotorige „Lancasters" und 13 „Mosqitoes" ausgesandt, die dank ihres Bordradars trotz des dichten Nebels „ganze Arbeit" leisteten. Es war ein leicht errungener Sieg. Die Heimatflak war machtlos (und zum Teil wenige Tage zuvor nach Memmingerberg verlegt). So verlor die ganze Armada nur drei Maschinen, davon eine durch Nachtjäger bei der Autobahnraststätte Seligweiler östlich von Ulm, wobei acht Besatzungsmitglieder ums Leben kamen, und zwei weitere durch Zusammenstoß in der Luft über Frankreich (Ministry of Defence, London, briefl.). Dafür gelang es einem begleitenden englischen Fernnachtjäger, einen deutschen „Kollegen" NW Ulm anzuschießen. (...)
Nach englischen Berichten wurden während dieses Angriffs 1 449 ts Bomben geworfen, ausgehend von der Stadtmitte in Richtung Weststadt bis hinaus nach Lehr, Ehrenstein, Klingenstein und Herrlingen. Die Bomber waren von Stuttgart her und entlang der Donau angeflogen, wo nirgendwo Nebel war. Aus diesem Grunde konnte die Bevölkerung in diesen Anflugrichtungen die nach dem Angriff in Ulm tobenden Brände schon aus weiter Entfernung ausgezeichnet beobachten. Dies um so mehr, als sich durch den entstehenden Feuersturm und die Hitze der Nebel bald auflöste.
Nach englischen Feststellungen wurde ein Quadratkilometer Stadtfläche durch Feuer in Mitleidenschaft gezogen (Flächenbrand) und 81,9 % Ulmischen Eigentums in irgend einer Weise betroffen, darunter 14 Wehrmachtseinrichtungen, die zerstört wurden. (...)
Rathaus und Schwörhaus wurden völlig zerstört, dazu neun Schulen, ebenso fünf Kirchen. (...)
Unter den acht beschädigten Kirchen waren auch das Münster und die katholische Garnisonskirche St. Georg. (...) Die Turmwächter auf dem Hauptturm des Münsters, die während des Angriffs auf ihrem Posten ausharrten, berichteten, dass während des Angriffs bis zu 10 kg schwere Pflastersteine vom Luftdruck der explodierenden Spreng - und Minenbomben bis zu ihrer Warte auf dem 110 m hohen Viereckkranz des Hauptturms geschleudert wurden.
Wenn man diese Fakten kennt, die zum einen von den Turmwächtern stammen, zum anderen vom damaligen Münsterbaumeister Friedrich, dann wird eine Ulmer Zeitungsmeldung vom 50. Jahrestag der Bombardierung Ulms am 17. Dezember 1944 sehr fraglich, in der behauptet wird, Luftmarschall Arthur Harris habe persönlich angeordnet, das Ulmer Münster zu verschonen. (...)
Die Helligkeit des brennenden Ulm war in einem Umkreis von mindestens 80 km deutlich zu sehen. *(dazu Anmerkung d. Verfassers: Wir Luftwaffenhelfer in Wittlensweiler oder Aach bei Freudenstadt haben die*

„Christbäume" und den Brand sehr deutlich gesehen. Die Entfernung in Luftlinie beträgt ca. 130 Kilometer)

22. Dezember: Ostfront: Die Sowjets beginnen mit 240 000 Mann eine Winteroffensive in Lettland

25. Dezember: Der deutsche Vormarsch der Ardennen-Offensive bleibt bei Dinant endgültig stecken

26. Dezember: Unter General Patton beginnen die Alliierten in den Ardennen mit ihrer Gegenoffensive

27. Dezember: Ostfront: Deutsche Elitetruppen erhalten den Auftrag, Budapest in Straßengefechten bis zum letzten Mann zu verteidigen

1945

2. Januar: Über 1000 Bomber der RAF bombardieren Ludwigshafen, Nürnberg und Berlin

12. Januar: Die Rote Armee beginnt eine groß angelegte Offensive an der gesamten Front. Dadurch wird eine Massenflucht der deutschen Bevölkerung nach Westen ausgelöst

21. Januar: Sowjetische Truppen dringen auf einer Breite von 90 Kilometern in Schlesien ein

26. Januar: Den Sowjets gelingt es, Ostpreußen vom restlichen Deutschland abzuschneiden

27. Januar: Truppen der Roten Armee befreien das KZ Auschwitz

28. Januar: Sowjetische Truppen überschreiten die Grenze von Pommern und dringen bis auf 190 km vor Berlin vor

30. Januar: Das mit Flüchtlingen überfüllte ehem. KdF-Passagierschiff Wilhelm Gustloff wird von einem sowjetischen U-Boot versenkt. Dabei finden über 5000 Menschen den Tod

3. Februar: Bomberflugzeuge der USAF werfen über Berlin mehr als 2 266 ts Bomben ab

4. Februar: Auf der Krim beginnt die „Jalta-Konferenz"

6. Februar: Truppen der Sowjets überqueren die Oder

7. Februar: Der 9. US-amerikanischen Panzerdivision gelingt es, die einzige nicht zerstörte Rheinbrücke zu überqueren und einen Brückenkopf auf dem rechten Rheinufer zu bilden

10. Februar: Ein sowjetisches U-Boot versenkt das Lazarettschiff „General Steuben"; dabei ertrinken ca. 3000 Flüchtlinge

11. Februar: Ende der Jalta-Konferenz. Die Aufteilung Deutschlands in vier Besatzungszonen mit einer gemeinsamen alliierten Zentralkommission in Berlin wurde beschlossen

13. Februar: Beim wohl schrecklichsten Bombenangriff der Alliierten während des 2. Weltkriegs wird die mit Flüchtlingen aus den Ostgebieten überfüllte Stadt Dresden vernichtet. Dem Angriff fallen über 35 000 Menschen zum Opfer

21. Februar: Die Truppen der Sowjets erreichen den Zusammenfluss von Oder und Neiße

18. März: Sowjetische Truppen erobern Kolberg an der Ostküste

26. März: Die Truppen der Alliierten rücken östlich des Rheins vor. Die Auflösung der deutschen Fronten ist nicht mehr aufzuhalten

30. März: Die Rote Armee erobert Danzig

1. April: An der Westfront gelingt es den Amerikanern, das Ruhrgebiet einzukesseln

9. April: Sowjetische Truppen erreichen das Zentrum von Wien. Königsberg kapituliert

16. April: Vom Brückenkopf an Oder und Neiße beginnen die Sowjets mit dem Schlußangriff auf Berlin

29. April: Adolf Hitler heiratet Eva Braun. In Italien unterzeichnen der SS-Obergruppenführer Wolff und Generaloberst Vietinghoff-Scheel die Kapitulationsurkunde für die in Italien stehenden deutschen Verbände

30. April: Adolf Hitler begeht zusammen mit Eva Braun Selbstmord. Großadmiral Dönitz übernimmt die Nachfolge, um die Kapitulation zentral zu steuern und dadurch Luftangriffe auf die letzten noch unzerstörten Städte zu vermeiden

4. Mai: Im Auftrag von Dönitz unterzeichnet Generaladmiral von Friedeburg im Hauptquartier Montgomerys bei Lüneburg die Kapitulation an der britischen Front, in den Niederlanden und in Dänemark

7. Mai: Im Hauptquartier Eisenhowers unterschreibt Generaloberst Jodl die bedingungslose deutsche Kapitulation

9. Mai: Am 9. Mai 1945 wird die Unterzeichnung der deutschen bedingungslosen Kapitulation im sowjetrussischen Hauptquartier Berlin-Karlshorst wiederholt

Am 9. Mai um 0 Uhr 01 tritt die Gesamtkapitulation in Kraft.

Der zweite Weltkrieg in Europa ist zu Ende

Ergänzung meiner Tagebuchnotizen durch Daten, die ich von Dr. Gerhard Gänßlen und Prof. Dr. Willi Rehm erhalten habe:

Montag, 16. Oktober: Unsere Batterie wird nach Gablingen bei Augsburg verlegt..
Mittwoch, 18. Oktober/Donnerstag, 19. Oktober: Wir machten in Gablingen Dienst und erfuhren dort, dass wir nach Westen verlegt werden sollten.
Freitag, 20. Oktober: Abfahrt von Gablingen. Halt am Bahnhof Neu-Ulm.
Samstag, 21. Oktober: Mittags Ankunft in Freudenstadt.
28. Dezember: Angriff von 10 Jagdbombern (Thunderbolt) auf das Wittlensweiler Viadukt und auf die Stellung des 3. Zuges.
Auch der 1. Zug in Aach wird von Tieffliegern direkt angegriffen und mit Bordwaffen beschossen. Der Flak-V-Soldat Häfele erhält einen Herzschuss und ist sofort tot.

Zu diesem Ereignis liegt mir folgender Bericht des Statistik-Offiziers der 371 Jagdgruppe des 64. Jagdgeschwaders, A.P.O. 374 der USArmy vor:

A b s c h r i f t

HEADQUARTERS
THREE HUNDRED SEVENTY FIRST FIGHTER GROUP
A. P. O. 374
U. S. Army

29 December 1944

TO : Commanding General, XII Tactical Air Command, A. P. O. 374, U. S. Army Attn: Statistical Control.
Commanding General, 64th Fighter Wing, A. P. O. 374, U.S. Army, Attn: Statistical Officer.

From : 371st Fighter Group, Statistical Officer, Y-1.

. . .

Ref : Oprep A No. 35 for 24 hours ending Sunset 28 December 1944
Mission or Operation No. 49 XII TAC.

A. The 405 th Sq., led by Maj. Robertson, took off at 1245 on a close Support Mission and followed by an Armed Recce in the area of Rastatt, Karlsruhe, Ludwigsburg, Boblingen, Sulz, Tuttlingen, Villingen and Offenburg. Kosher "C" assigned troop concentration at V-704457. 24 x 500 and 11 x 100 WP dropped in area. Hits in numerous slit trenches, otherwise NRO. In completing the recce, the following was accomplished: At W-7049 - 1 loco dam, with 10 boxcars moving SE; at W-6572 - 2 locos dam; ea. with 15 car train, stationary , facing SE; at W-8463 - 1 loco dam; at W-5487 - 2 20 mm flak positions dam; at W-7684 - 1 loco dam; at W-5086 - 4 locos dam; at W-7684 - 8 boxcars dam; at W-7888 - 1 loco dam; at W-6880 - 1 loco and 4 boxcars dam; at W-7635 - 1 loco dam; at W-8365 - 1 loco dam; at W-8393 - 2 unidentified twin-engine e/a dam. Intense, acc. light flak encountered at V-688460 and moderate, inaccurate heavy at W-7989. Weather for mission was CAVU. T.O.T. 1305-1510. T.D. 1545.

. . .

For the Group Commander:

RAYMOND K. LONG,
1st Lt., Air Corps,
Statistical Officer.

QUELLE: AFHRA, Maxwell, AL, U.S.A. - MF A-6353, 1806-1811
F.d.R.d.A.: Hubert Bläsi, Heilbronn 1995

Erläuterungen

V-704457	-	N Colmar
W-7049	-	Nähe Denkingen
W-6572	-	SW Sulz
W-8463	-	Ensingen S Balingen
W-5487	-	Grüntal
W-7684	-	3 km O Mühlen a.N.
W-5086	-	Freudenstadt
W-7888	-	Bf Ergenzingen
W-6880	-	Nähe Dettingen
W-7635	-	Nähe Wurmlingen
W-8365	-	Bf Balingen
W-8393	-	Nähe Bondorf (Flugplatz Hailfingen-Tailfingen)
V-688460	-	Nähe Colmar

Die entscheidenden, unterstrichenen Stellen lauten in der Übersetzung:

Betrifft: Operationsbericht A No. 35
für 24 Stunden endend mit Sonnenuntergang 28. Dezember 1944
Mission (Operation) No. 49 XII Tag
... bei W-5487 (Grüntal) - 2 20mm-Flak Stellungen beschädigt ...

Wie dieser Angriff von den Luftwaffenhelfern in Aach erlebt wurde, kann ausführlich z.B. in dem Beitrag von Dr. Gerhard Gänßlen nachgelesen werden.

30. Dezember: Erneuter Angriff. Nur kurzer Beschuss durch unsere Geschütze, da die Jabos zu hoch fliegen.
8. Februar 1945: Um 10 Uhr Angriff von 12 Thunderbolts - Bombenabwurf
um 12 Uhr Angriff von 10 Thunderbolts - Bombenabwurf
Schwere Schießerei!

Insgesamt werden von den Jabos 40 Zehnzentnerbomben abgeworfen. Das Viadukt bleibt unbeschädigt, jedoch sind fast alle Häuser von Wittlensweiler abgedeckt.
9. Februar 1945: Wetterwechsel - drei Tage lang regnet es unaufhörlich. So lange werden wir auch von Tieffliegerangriffen verschont.
16. April 1945: Ab 14,30 Uhr wird Freudenstadt von französischer Artillerie beschossen. Eine Stunde später brennt die ganze Stadt. - Kurz nach Mitternacht werden unsere Geschütze mit Zubehör auf Bauernwagen zum Hauptbahnhof nach Freudenstadt gefahren und auf offene Güterwagen verladen.
17.April 1945: Um 3.00 Uhr morgens Abfahrt in südlicher Richtung.
23. April 1945: Der Zug hält in Wolfegg. - In der Nähe von Füssen löst sich die Batterie 13/VII auf.

Anmerkungen

1 K = Kanonier
2 siehe auch Hans Willbold, Der Luftkrieg zwischen Donau und Bodensee, Seite 250 !
3 Ulmer Statistik, Seite 19
4 Hans Willbold, Der Luftkrieg zwischen Donau und Bodensee, S. 229
5 Ulmer Sturm Ulmer Tagblatt A Nr. 66 vom 18. März 1944
6 Stadtarchiv Ulm, Band 140/6, Nrn. 1 und 2
7 Arbeitsdienst: wir arbeiten mit Pickel, Schaufel und Spaten am Bau unserer neuen Erdstellung außerhalb des Magirus-Fabrikgeländes innerhalb einer Schrebergartensiedlung an dem Flüsschen Blau
8 Hans Willbold, Der Luftkrieg zwischen Donau und Bodensee, S. 80
9 siehe auch Hans Willbold, Der Luftkrieg zwischen Donau und Bodensee, Seite 250
10 Ulmer Statistik, S. 39
11 Hans Willbold, Der Luftkrieg zwischen Donau und Bodensee, S. 229
12 wird in o.a. Buch nicht erwähnt
13 siehe Hans Willbold, Der Luftkrieg zwischen Donau und Bodensee, Seite 251!
14 Ulmer Statistik, S. 39
15 Hans Willbold, Der Luftkrieg zwischen Donau und Bodensee, S. 229
16 als Reserve-Offizierbewerber
17 RAD = Reichsarbeitsdienst
18 Ulmer Statistik, S. 40
19 Hans Willbold, Luftkrieg zwischen Donau und Bodensee, S. 230
20 ich vermute, dass er es war, der damals den Befehl gab, sog. Einmannlöcher zu graben in denen wir bei einem Bombenabwurf Schutz suchen konnten. Jeder von uns grub ein solches Loch, auch die Geschützführer, nur nicht unser Unteroffizier Schmalriede.
21 Basteln: unter Anleitung des Obergefreiten Bargehr bauten wir Rattenfallen und Reisekoffer aus einem Material, das wir im Fabrikgelände von Magirus II „organisierten", also klauten
22 Ulmer Statistik, S. 41
23 Ulmer Statistik, S. 41
24 Hans Willbold, Der Luftkrieg zwischen Donau und Bodensee, S. 230 f
25 Hans Willbold, Der Luftkrieg zwischen Donau und Bodensee, S. 236 ff.
26 Ulmer Statistik, S. 42 f

Berichte von ehemaligen Luftwaffenhelfern:

1. Ehemalige Schüler der Klassen 5a und 5b der Kepler-Oberschule in Ulm als Luftwaffenhelfer beim 1. und 2. Zug der leichten Heimatflakbatterie 6/VII in Ulm und ab Mitte Oktober 1944 beim 1. und 3. Zug der leichten Heimatflakbatterie 13/VII im Nordschwarzwald berichten:

Wolfgang Dietz, Ulm

Schüler der Klasse 5b in der Kepler-Oberschule in Ulm, ab Januar 1944 als Luftwaffenhelfer im 2. Zug der Leichten Heimatflakbatterie 6/VII in Ulm-Söflingen und ab Mitte Oktober 1944 im 1. Zug der Leichten Heimatflakbatterie 13/VII in Wittlensweiler bei Freudenstadt im Schwarzwald

Natürlich gibt es Vieles aus meiner Flakzeit, was ich erzählen und worüber ich schreiben könnte, zum Beispiel die Zeit, die ich zusammen mit meinem Schulkameraden Otto Schwenk verbracht hatte, als wir gemeinsam an unserem Scheinwerfer auf dem Haus Molfenter in der Blaubeurer Straße waren oder die Geschichte, als wir im September 1944 in Gablingen bei Augsburg zu einer neuen, größeren Heimatflak-Batterie zusammengestellt wurden und ich mit anderen Kameraden mitten in der Nacht eines unserer neuen Geschütze auf einen Lastwagen, einen Holzvergaser, schaffen musste. Ich will jedoch die Geschichte erzählen, die nur mich, so wie sie verlaufen ist, betroffen und mein Leben bestimmt hat

Es war bereits ein gutes Vierteljahr vergangen, seitdem ich, wie auch meine Schulkameraden, am 10. Januar 1944 als Luftwaffenhelfer zur Heimatflak eingezogen wurde. An das Leben mit den drei Bezugspunkten „Militär - Schule - Elternhaus" hatte ich mich inzwischen gewöhnt. Wie meine Kameraden glaubte ich wegen der Aufgabe, die uns übertragen wurde, erwachsen zu sein, wollte aber andererseits nicht wahrnehmen, dass ich noch ein Kind war wie die anderen auch und dass wir uns nur zu oft auch als solche verhielten. Dies war auch an jenem Sonntag der Fall, es war der 16. April 1944, an einem herrlichen Frühlingstag mit viel Sonnenschein, der für uns alle so schön begonnen und für mich so verhängnisvoll geendet hat. Nichts von dem, was an diesem Tag passierte, habe ich vergessen. Jede Kleinigkeit hat sich so in mein Gedächtnis eingebrannt, dass ich meine, es sei gestern passiert.

Die Frühlingssonne hatte bereits so viel Kraft, dass wir in kurzer Hose und mit freiem Oberkörper Fußball spielten. Unser verhältnismäßig großes Fußballfeld war das Flachdach einer großen Werkhalle des Magiruswerkes II, draußen in Söflingen in der Blaubeurer Straße, wo unsere Flak-Hochstände des zweiten Zuges der Leichten Heimatflak-Batterie 6/VII innerhalb des Fabrikgeländes und in unmittelbarer Nähe dieser Halle lagen. Einer der Hochstände, ich glaube der vom dritten Geschütz, war unmittelbar an die

Halle angebaut, so dass man von der Plattform, auf der sich das Geschütz befand, auf das Dach hinab springen konnte. Wir waren fröhlich und ausgelassen und hatten viel Spaß bei unserem Spiel und bei unserem Tun kein schlechtes Gewissen, obwohl wir alle wußten, dass es uns verboten war, auf dem Dach der Werkhalle Fußball zu spielen. Und auch unsere Vorgesetzten, also der Zugführer Schmalriede und unsere erwachsenen Geschützführer schritten nicht ein; sie saßen auf der Plattform eines Hochstandes, genossen den schönen Tag, ließen sich von der Sonne bräunen und tolerierten unser Spiel. Irgendwann war Fliegeralarm und rief uns zurück in die Realität. Nein, es war nicht Frieden, auch wenn der Tag noch so schön war. Wir waren mitten im Krieg und das Heulen der Sirenen erinnerte uns daran. Also musste jeder von uns seiner Pflicht nachkommen und an sein Geschütz gehen, aber auch das passierte alles in recht lockerer Stimmung, auch unsere erwachsenen Vorgesetzten ließen sich von Atmosphäre dieses herrlichen Tages anstecken. Und selbst die feindlichen Flugzeuge, die ja irgendwo sein mussten, verschonten uns. - Und weil das Beobachten des Himmels mit der Zeit langweilig wurde, setzten wir irgendwann unser unterbrochenes Fußballspiel fort, ohne dass unsere Vorgesetzten dies unterbunden hätten. Die Fläche unseres Fußballfeldes war begrenzt, im Norden, Westen und Osten hörte das Dach auf und im Süden trennte ein sehr langer Glasreiter, also eine Art Oberlicht, unser Fußballfeld von einer anderen ebenso großen Fläche. Nun passierte es immer wieder mal, dass unser Ball beim Spiel in das andere Feld hinüber geschossen wurde und einer von uns den Ball, der dort drüben irgendwo rollte, zurück holen musste. Derjenige nahm nun einen Anlauf, rannte an der Glasfläche empor und drüben wieder hinunter, holte den Ball und brachte ihn auf die gleiche Weise, nur umgekehrt, wieder zurück, so dass wir unser Spiel fortsetzen konnten.
Nun war es so, dass die Scheiben des Glasreiters allesamt aus Drahtglas und somit verhältnismäßig bruchsicher waren, mit einer Ausnahme! An nur einer einzigen Stelle war das Oberlicht lediglich mit einer normalen Glasscheibe versehen - und das war mein Verhängnis! Wieder war der Ball drüben im anderen Feld gelandet und ich bot mich an, den Ball zu holen und zurück zu bringen. Voller Übermut rief ich: „Passt auf, ich bin e Bröckele!", nahm einen Anlauf und rannte eben an der Stelle, die nur einfach verglast war, hinauf. Ich höre noch heute, wie es krachte als das Glas splitterte und ich voller Schreck und Angst einen lauten Schrei ausstieß. Ich spürte den Schmerz scharfer Messer, die in meinen ungeschützten Körper schnitten und dann den noch stärkeren beim heftigen Aufprall irgendwo unten in der Werkhalle. Ich verlor das Bewusstsein und kam erst in dem Augenblick wieder zu mir, als Sanitäter Minuten danach meine beiden Arme, die an der Schulter ausgekugelt waren, einrenkten. Der Schmerz war so schlimm, dass ich laut aufschrie. Alles andere danach geschah wie im Trance, in rasender Fahrt wurde ich im Krankenwagen in die Elisabethenklinik gebracht, die damals Lazarett für Soldaten war. Ich wurde von Ärzten und Krankenschwestern versorgt, bekam Schmerzmittel und verfiel irgendwann danach in einen sehr unruhigen Schlaf.
Dass eine höhere Macht bei allem, was passiert war, seine schützende Hand über mir gehalten hatte und dass ich ein unbeschreibliches Glück hatte, trotz meiner schweren Verletzungen, und mit dem Leben davon gekommen war, habe ich erst später erfahren. Ganz nahe bei der Stelle, durch die ich in die Tiefe gestürzt war, befand sich eine Metallsäule an die mehrere

Sperrholzplatten angelehnt waren. Durch ihr Eigengewicht waren diese Platten gebogen und bildeten somit eine Fläche, welche die Wucht meines Sturzes abmilderten und mir dadurch das Leben retteten. Überall sonst standen Maschinen oder waren Stapel mit Stahlteilen, die bearbeitet werden sollten. Dass ich ausgerechnet auf die Holzplatten gefallen war, grenzte fast an ein Wunder. Doch bei allem Glück, das ich hatte, war ich schwer verletzt. Wie ich bereits sagte, waren meine beiden Arme ausgekugelt, ich hatte eine schwere Gehirnerschütterung, außerdem am Kopf ein sog. Kefalo-Hämatom und schließlich noch einen Nierenriss.
Zwei Monate lang lag ich im Lazarett und litt dabei ständig unter heftigen Kopfschmerzen. Und selbst heute noch, Jahrzehnte danach, leide ich unter einer Wetterfühligkeit, die sich mit Kopfschmerzen äußert.
Als ich danach wieder zurück war in unserer Geschützstellung und bei meinen Kameraden, konnte ich an manchen Tagen wegen starker Kopfschmerzen nicht zur Schule gehen. Stockes, unser Lateinlehrer Dr. Stöckle, zeigte dafür keinerlei Verständnis und meinte wohl, ich simuliere die Schmerzen, um mir einen schlauen Tag zu machen. Der einzige, der Verständnis für mich zeigte, war unser Chemielehrer und Direktor der Kepler-Oberschule, Professor Dr. Weiger.
Nachdem ich also aus dem Lazarett entlassen war, bat Major Leyendecker, der Kommandeur sämtlicher Heimatflakbatterien im Raum Ulm, meinen Vater zu sich und entschuldigte sich für den Vorfall. Es täte ihm leid, was da mit mir passiert war, nur weil der Zugführer und die Geschützführer ihre Aufsichtspflicht verletzt hatten. Er wolle mir als eine Art Wiedergutmachung einen Gefallen erweisen und mich zu einem Geschützführer-Lehrgang an die Ostsee schicken. Obwohl meine Mutter dagegen war und mich viel lieber in Ulm, also in ihrer Nähe, gesehen hätte, sagte mein Vater zu, und ich fuhr für vierzehn Tage nach Deep an die Ostsee.

Schicksal

Ich will das Rad der Geschichte noch einmal zurück drehen, also bis zu der Zeit, als ich aus dem Lazarett entlassen wurde und in unsere Geschützstellung zurück kam. Das war einige Wochen nach dem 25. Mai 1944 der Fall, also nach dem Tag, an dem unsere Geschütze von den Hochständen herab in sogenannte Erdstellungen geschafft wurden und meine Kameraden gemeinsam Quartier in einer Baracke bezogen, die dicht an der Blau lag. Kurz bevor ich an die Ostsee fuhr, hatte Major Leyendecker unsere neue Stellung besichtigt und bei diesem Besuch angeordnet, dass jeder einzelne von uns ein „Einmannloch" graben sollte, also ein ca. zwei Meter tiefes Loch, ein Unterschlupf, der uns Deckung geben sollte für den Fall, dass wir mit Bomben angegriffen würden.
Nun waren am 2. August fünf neue Luftwaffenhelfer zu uns gekommen, Oberschüler aus Laichingen auf der Schwäbischen Alb. Einer von ihnen hieß Karl Ott und sollte mich für die Zeit meiner Abwesenheit als Richtkanonier an meinem Geschütz ersetzen. Ich bot ihm an: „Du brauchst dir kein neues Einmannloch zu graben. Nimm doch einfach meines, bis ich wieder zurück bin."
Und dann kam jener unheilvolle 13. September 1944, es war mein letzter Tag in Deep an der Ostsee, und es war gleichzeitig der Tag, an dem der Westen Ulms von feindlichen Fliegern angegriffen wurde und nacheinander

drei Bombenteppiche auf unsere Geschützstellung an der Blau fielen, sie total vernichtete und vier junge Menschen dabei den Tod fanden. Einer davon war Karl Ott aus Laichingen, der in dem Einmannloch, das ich gegraben hatte und das ich ihm zur Verfügung gestellt habe, Zuflucht gesucht hat und darin von einer Bombe getroffen wurde und starb. Noch heute kann ich es nicht fassen: Wäre ich auch nur einen Tag früher zurück gekommen, wäre ich es gewesen, der sein Schicksal hätte erleiden müssen. Oder noch umfassender betrachtet: Hätte ich am 16. April nicht diesen Unfall erlitten, wäre ich nicht zu einem Geschützführer-Lehrgang an die Ostsee abkommandiert worden und wäre an seiner Stelle in meinem Einmannloch gewesen, hätte ich mein Leben lassen müssen. War es eine göttliche Macht, ein gütiges Schicksal, das mich vor dem Tod bewahrt hat und einen anderen an meiner Stelle hat sterben lassen? Ich kann darauf keine Antwort geben!

Manfred Eger, Ulm

Manfred Eger auf dem Bild rechts neben Werner Unseld

Schüler der Klasse 5a in der Kepler-Oberschule in Ulm, ab Januar 1944 Luftwaffenhelfer beim 1. Zug der Leichten Heimatflak-Batterie 6/VII in Neu-Ulm am Jahnufer in Neu-Ulm, ab Mitte Oktober 1944 beim 1. Zug der Leichten Heimatflak-Batterie 13/VII in Aach bei Freudenstadt im Nordschwarzwald.

Einige Erinnerungen an meine Zeit als Luftwaffenhelfer bei der Heimatflak. Im Jungvolk - ich war im Fähnlein zehn/Bann 120 - lernten wir schon als vormilitärische Ausbildung Antreten - Stillgestanden/mit der Hand an der Hosennaht - Marschieren - Grüßen/den Hitlergruß - und Aufmarschieren bei allen möglichen Anlässen am Münsterplatz. Selbst in der Schule war der Beginn des Unterrichts militärisch ausgerichtet. Wenn der Lehrer oder die Lehrerin das Klassenzimmer betrat, mussten wir aufstehen - strammstehen - dann der Hitlergruß aller Schüler und des Lehrers - die Meldung eines Schülers an den Lehrer - erst dann konnten wir uns setzen.
Ich erinnere mich noch sehr gut an die Lehrerin Frau Dr. Fuchs, wenn sie mit dem Ruf: „Heil Hitler, Jungs! Wer macht Meldung?" ins Klassenzimmer stürmte. Wir machten uns den Spass daraus, die Wortstellung zu verdrehen „Heil Hitler, Meldung! Wer macht Jungs?"
Zeitungen, Zeitschriften, Filme und Radiosendungen wirkten alle im gleichen Sinn. Das ganze gesellschaftliche Leben wurde auf das Militärische ausgerichtet. Wir wurden in dieser uniformierten Gesellschaft groß - kannten sonst nichts anderes. Im Krieg wurde das noch verstärkt. Militärisches Heldentum wurde uns zum Vorbild - tagtäglich wurden wir dafür begeistert. Meine Einberufung zur Heimatflak empfand ich ganz sicher in diesem Sinne der Erziehung durch Staat, Schule und Gesellschaft.
10. Januar 1944, morgens: Dienstantritt in der Schillerkaserne/ Donaubastion. Auf dem Kasernenhof Begrüßung von uns Noch-Zivilisten

durch den Oberleutnant Jeute. Seine Erklärung: Unsere Einheit heißt „Leichte Heimatflakbatterie 6/VII mit zwei Zügen".
Ich kam zum 1. Zug nach Neu-Ulm. Einkleidung: Jeder erhielt zwei Uniformen - eine Ausgehuniform mit HJ-Armbinde und eine Dienstuniform - beide waren in Fliegerblau. Dazu kamen „Schiffchen" und Mütze und sonstige militärische Ausrüstungsgegenstände. Die Kleiderkammer war auf der Wilhelmshöhe. Die Ausgabe erfolgte durch einen Gefreiten der Luftwaffe.
Untersuchung: Diese war in der Gallwitzkaserne in der Schillerstraße. Ein Militärarzt untersuchte jeden - ganz genau - und ließ dann jeden „kv" (kriegsverwendungsfähig) schreiben. Unser Karle Albrecht fiel gleich in Ohnmacht - ohne Voranmeldung - wurde aber trotzdem kv geschrieben.
Grundausbildung: Nach dem Reglement der Wehrmacht, der Luftwaffe und der Marine war eine militärische Grundausbildung für jeden Soldaten notwendig, also auch für uns. Diese Grundausbildung erhielten wir sogleich auf dem Kasernenhof der Schillerkaserne - es war der erste Drill. Wir haben es damals nicht als Drill, sondern als ganz normalen Militärbetrieb gesehen und auch so angenommen.
Wir übernachteten in den ersten Tagen in der Schillerkaserne. Später ging es in die neue Unterkunft, in die Baracke an der Eisenbahnbrücke auf der Neu-Ulmer Seite. Diese Baracke war eingeteilt in einen Aufenthaltsraum, ausgestattet mit Tischen und Bänken, und in einen Schlafraum mit Stockbetten und Spinden.
Das Essen gab es anfangs, als wir in der Schillerkaserne waren, dort in der Kantine. Nachdem wir in der Baracke an der Donau untergebracht waren, mussten wir unsere Verpflegung in der Schillerkaserne mit einem Leiterwagen abholen. Unser Mittagessen wurde in zwei oder drei Kanistern geholt. Die kalten Speisen für das Abendessen und Frühstück, wie Brot, Marmelade oder Kunsthonig wurden gleich mitgeliefert.
Lecker war das Essen nicht, aber wir hatten immer ungeheuren Hunger und verschlangen fast alles. Ich sage nicht umsonst „fast alles". Warum? Zum Abendessen gab es oft Blutwurst, also zu Wurst verarbeitetes Blut ohne Speck und Fett. Manchmal warfen wir zum Spaß die Wurstscheiben zum Fenster aus der Baracke hinaus auf den Gehweg, und dann hüpften diese in hohem Bogen direkt in die Donau. Von da ab hatte die Blutwurst ihren Namen, wir tauften sie Gummiwurst.
Brotaufstrich war Margarine und oft Kunsthonig. Kommißbrot wurde jedem von uns zugeteilt. Dieses meist frische Brot hatte auch seine Wirkung. Wir furzten abends und nachts um die Wette. Ein ganz besonderer Clou war „Fürze anzünden". Unsere Freude war immer groß, wenn eine Flamme besonders lang war.
Im Winter heizten wir unsere Baracke mit Holz und Kohlen. Die Kohlen organisierten wir von den Zügen. Auf dem Geschützstand des 1. Geschützes war bei Tag immer ein „Fernmelder". Meist mussten die Züge am Signal vor der Brücke stehen bleiben. Meldete unser „Fernmelder" einen Kohlenzug, dann machten sich zwei oder drei von uns den Hang hinauf auf einen der Wagen und warfen die Kohlen herab. Wichtig war immer - die Züge mit E-Loks zogen viel schneller an als die mit Dampfloks.
Unsere Stellungen waren auf der rechten Seite der Donau bei der Eisenbahnbrücke. Die Geschütze eins und zwei auf Holzhochständen, das dritte Geschütz auf dem Dach der MG-Kaserne (Maschinengewehrkaserne) am Eisenbahndamm.

Im Magiruswerk I an der Schillerstraße war auf dem Turm des Werkzeugbaus ein Luftbeobachtungsstand.
Zum Dienst an den Waffen: Ausbilder waren Luftwaffensoldaten, also Wachtmeister, Gefreite oder Obergefreite. Unsere Waffen waren 2cm-Flakgeschütze der Marke Örlikon/Schweiz/Jahrgang 1928. Sie hatten keine Automatik, mussten also jedesmal erst gefechtsbereit gemacht werden, und zwar mit dem immer notwendigen Befehl: „Hebel - Kette - Abzug". Dieser Befehl verfolgte uns noch im Schlaf.
Die Besatzung an den Geschützen bestand jeweils aus einem Richtkanonier, einem Ladekanonier und zwei Munitionskanonieren. Geschützführer war der jeweilige Luftwaffenkanonier. Im Werk I von Magirus an der Schillerstraße war der Kommandeur unserer Batterie untergebracht, Oberleutnant Jeute, und dort war auch die Schreibstube. Zum Kurz- oder sonstigen Urlaub mussten wir uns dort abmelden und unsere Urlaubsscheine in Empfang nehmen.
Nicht immer ging das so einfach: Hingehen und Schein abholen. Je nach Laune des Chefs musste man mit ihm zuerst Tischtennis spielen. Besonderheit: Nur der Chef hatte einen Tischtennisschläger - der Mitspieler musste die Bälle des Chefs mit der flachen Hand parieren. Das machte ihm großen Spaß.
Eine ganz besondere Art war die: Im Hochsommer bei Gluthitze fragte er den Luftwaffenhelfer: „Darf ich Sie berühren?" Wer konnte da schon widersprechen! Und dann griff er ihm an den Oberschenkel und sagte: „Sie haben keine lange Unterhose an!" - und der Urlaub war gestrichen. Und noch eine andere Marotte von ihm: „Zeigen Sie mir Ihr Taschentuch!" War es ein gebrauchtes, dann gab es keinen Urlaub. Das passierte jedem natürlich nur einmal.
Der Schulunterricht lief natürlich weiter. Werktags marschierten wir Morgen für Morgen in Reih und Glied - manchmal auch aufgelöst - zur Kepler-Oberschule in der Olgastraße in Ulm. Der Unterricht konnte beginnen.
Fliegeralarm: Unter dem Codewort „Edelweiß" wurde die Schulleitung informiert. - Für uns war der Unterricht beendet, und ab ging's in die Stellung.
Einmal an einem schönen, sonnigen Tag gingen wir nicht gleich in die Stellung, sondern ruhten uns am Uferweg an der Donau aus und freuten uns über den Sonnenschein und die Ruhe. Das hatte bittere Folgen für uns. Nachmittags Strafexerzieren und Belehrungen über unseren Ungehorsam.
Hin und wieder bekamen wir Besuche von den Eltern oder Geschwistern. So erinnere ich mich noch recht gut an den Besuch von der Mutter unseres Kameraden Gerhard Recknagel. Sie betrat gerade in dem Moment unsere Baracke, als wir Karten spielten. Ganz entsetzt rief sie aus „Was, Binokel spielt ihr!" Worauf wir natürlich schallend lachten.
Kurze Zeit nachdem wir unsere Stellung am Donauufer bezogen hatten, mussten irgendwelche elektrischen Leitungen gezogen werden. Wohin und wofür, daran kann ich mich nicht mehr erinnern, recht gut jedoch an folgende Tatsache: Wir hatten einen Spezialisten unter uns, der solche Leitungen legen konnte, und es gab in Neu-Ulm damals zweierlei Stromstärken, nämlich 110 Volt oder 220 Volt. Der Spezialist war unser Kamerad Gerhard Mühlberger. Stromprüfer, wie sie heute üblich sind, hatten wir keinen. Er prüfte die Stromstärke auf folgende banale Weise: Er machte beide Daumen nass, griff in die Leitung und je nach der Stärke des

Stromstoßes in seinen Daumen gab er an „220 Volt" oder nur „110 Volt". Gasmasken gehörten damals zur Grundausrüstung beim Militär, und auch wir fassten solche in der Kleiderkammer. Diese mussten in regelmäßigen Abständen auf ihre Tauglichkeit überprüft werden. Die Vorschrift war eine zweimalige Überprüfung im Jahr. Nahe dem SSV-Bad in der Friedrichsau standen damals mehrere Baracken. In einer davon war der „Gasübungsraum". An diese Übungen dort erinnere ich mich nur mit Schrecken, sie waren jedesmal mit irgendwelchen „Schleifereien" verknüpft. So kamen wir eines Tages schweißgebadet in jener berüchtigten Baracke an. Ein Feuerwerker zündete einige Gaskerzen an, und wir mussten alle in einem Klettergarten irgendwelche Sprossen hinauf- und hinunterklettern oder hin- und herkriechen. Die größte Schikane war jedoch das Wechseln der Gasmaskenfilter. Wem es nicht gelang, seinen Filter mit angehaltenem Atem so schnell wie nur möglich auszuwechseln, der bekam eine tüchtige Ladung des Reizgases ab. Die Folge davon war, dass die Augen zu tränen begannen und die Nase wie beim schlimmsten Schnupfen lief. Und es gab nur wenige Glückliche, bei denen das nicht der Fall war.
Die telefonische Vermittlung erfolgte aus der Batterie-Vermittlung. Diese Dienststelle war im Clubhaus der Ulmer Paddler untergebracht. Es befand sich direkt unter dem ersten Geschütz. Es waren Luftwaffenhelferinnen, die dort ihren Dienst ausführten!
Die leichte Heimatflak-Batterie 6/VII hatte auch drei Scheinwerfer. Der Durchmesser des Spiegels betrug 60 cm. Einer war auf dem „Schlössle" auf der Wilhelmshöhe aufgestellt, ein anderer auf einem Wohnhaus in der Schützenstraße und ein dritter auf einem Haus bei der neuen Donaubrücke. Zu zweien dieser Scheinwerfer war ich eingeteilt. Zur Stromerzeugung für das Leuchten gab es „Maschinensätze", das waren große Motorgeneratoren, die jeweils hinter den Häusern aufgestellt waren. Bei diesen Motor-Aggregaten musste bei minus 4 Grad Kühlwasser abgelassen werden. Das war eine schwere Schinderei, wenn das mitten in der Nacht zwei oder drei Mal durchgeführt werden musste. Die Bedienungsmannschaft bestand aus drei Luftwaffenhelfern.
Bei einem Übungsleuchten hörten wir per Ohr das Anfliegen von Flugzeugen, konnten aber nicht ausmachen, wo genau sie waren und konnten sie daher - trotz eifrigem Training - auch nicht in unseren Lichtkegel bekommen. Zu einem späteren Zeitpunkt wurden die Scheinwerfer abgebaut.
Die Reichweite unserer 2cm-Geschütze war ungefähr 2000 Meter - die Bomberverbände flogen aber mindestens in 3000 Meter Höhe über uns hinweg.
16. März 1944: Wir waren nach Edelweiß-Alarm in unsere Stellungen gerannt. In der Stadt heulten die Sirenen Fliegeralarm. Schönstes Wetter - strahlend blauer Himmel ohne Wolken. Über uns flog ein kleinerer Verband von USA-Bomberflugzeugen. Oberleutnant Jeute meldete, aus seiner Sicht durch das Flakfernrohr auf dem 1. Geschütz. „Die Bombenschächte sind geöffnet, sie sind leer. Es besteht also keine Gefahr!" Doch urplötzlich krachte und puffte es um uns herum. Einschläge von Bomben auf der Ulmer Uferseite an der Wilhelmshöhe. Feuerblitze und Fontänen durch die Bombeneinschläge. Um uns herum prasselten Stabbrandbomben. Ich sah, wie große Kanister herab fielen. Urplötzlich gab es einen Knall, die Kanister waren geplatzt und Feuer loderte auf. Dann fielen viele Stabbrandbomben

über uns hinweg und trudelten durch die Luft. Ich hatte ungeheure Angst und suchte in meiner Not Schutz unter dem Sitz des Geschützes. Ich war damals auf dem dritten Geschütz, also auf dem Dach der MG-Kaserne. Die Brandbomben schlugen um uns ein, auch in das Dach der MG-Kaserne. Zu unserem Glück gingen sie nicht los. Es waren Blindgänger. Die Häuser des Versorgungsamtes in Neu-Ulm waren getroffen und brannten lichterloh. Gleiche Situation auf der Ulmer Seite: Die Häuser auf der Wilhelmshöhe brannten völlig nieder. Auch unsere Bekleidungskammer dort oben wurde völlig zerstört.
Doch dieser Verlust war für uns Luftwaffenhelfer sogar von Vorteil, denn kurze Zeit später konnten wir nagelneue Schuhe und neue Bekleidung fassen.
Wir waren alle froh, diesen Angriff ohne Schaden überstanden zu haben.
Um unsere militärische Ausbildung zu vervollständigen, fuhren wir zum Schießstand ins Lehrer Tal zum Gewehrschießen. Dazu erhielten wir Gewehre - französische Karabiner - größer als wir selbst waren. Wir schossen auf Scheiben. Jeder hatte drei Schuss. Meine Treffsicherheit war an diesem Tag besonders groß. Jedenfalls fragte mich unser Chef Jeute: „Mit welchem Gewehr haben Sie geschossen?" Ich gab ihm meinen Karabiner. Auch er schoss drei Mal. Die Meldung: „Herr Oberleutnant, es ist gewunken worden." Also drei Fahrkarten![1] Für mich war dieser Tag ein voller Erfolg; er brachte mir einen Tag Urlaub ein.
Scheibenschießen in Ulm auf dem Kuhberg, heute im Bereich Gleiselstetten. - Scharfschießen auf dem Scharfschießplatz in Chieming am Chiemsee. Wir fuhren mit dem Zug über München dort hin. Am Seeufer waren drei Geschütze aufgestellt. Eine Fokker-Wulf-Maschine zog einen Luftsack an einem langen Seil hinter sich her. Vor lauter Aufregung zielten wir alle auf das Flugzeug, konnten aber im letzten Augenblick korrigiert werden. Unsere Trefferquote war sehr gering.
Ein hoher Offizier von der Verwaltungsgruppe im Generalsrang kam zu Besuch in unsere Stellung. Antreten zum Vortrag über die Verpflegung der Truppe. Am Ende die obligatorische Frage: „Wie ist die Verpflegung? Wie schmeckt euch das Essen?" Stillschweigen. - Willi Rehm äußerte sich: „Mir schmeckt es nicht." Warum die Frage? Es gab schon fast 14 Tage lang nur Sauerkraut. Das war nicht gelogen! Der Offizier fuhr mit einer Erklärung über den Nährwert und die Kalorienstärke des Sauerkrauts fort. Am Ende seiner Rede wandte er sich an Rehm: „Alles klar?!" Die Antwort von Willi: „Ich mag kein Sauerkraut, es schmeckt mir nicht." Auf so viel Hartnäckigkeit wusste er keine Antwort und ließ uns darauf in Ruhe.
In Freizeiten, bei relativer Ruhe und schönem Wetter waren Binokel oder Schach auf den Hochständen oder in der Baracke beliebte Spiele. - Baden in der Donau war erlaubt.
Zur Munition: Es gab drei Arten von Flakgeschossen für unsere Geschütze: 1. normale Geschosse aus Stahl, 2. Geschosse mit Aufschlagzünder, 3. Geschosse mit Leuchtspur.
Die Bestückung der Magazine war im allgemeinen folgendermaßen: 5 Geschosse aus Stahl, dann ein Geschoss mit Leuchtspur, wieder 5 Geschosse aus Stahl, dann ein Geschoss mit Aufschlagzünder usw. In ein Magazin waren 20 Granaten eingespannt.
Vielleicht hat irgendwann unserem Chef die viele Freizeit, die wir bekamen, nicht mehr gepasst. Wir waren militärisch ja nicht gefordert. Also hat er sich

etwas einfallen lassen. Auf seinen Befehl sollten wir auf allen Geschützständen die vorhandene Munition zählen und schriftlich die Nummern der Zünder und der Geschoßhülsen registrieren. Was für ein Unsinn! Aber immerhin waren wir tagelang damit beschäftigt.

Am 8. September 1944 erschütterte uns alle ein Unglücksfall auf dem zweiten Geschütz. Unser Kamerad Walter Knoll stand vor dem Geschützrohr und ein anderer Kamerad saß im Geschütz und drückte auf die Feuertaste. Mehrere Schüsse lösten sich aus dem Geschütz und trafen Walter Knoll im Gesicht und Körper. Er starb wenig später. Bei seinem Begräbnis am 11. September in Erbach erwiesen wir ihm die militärische Ehre.

Irgendwann erhielten wir neue Geschütze, vollautomatische Sockelgeschütze. Die alten wurden abtransportiert. Die Vollautomatik ersparte uns das Kommando „Hebel - Kette - Abzug".

Am 13. September 1944 fand ein schwerer Luftangriff auf das Söflinger Magirus Werk II und auf den Güterbahnhof statt. Dieser Angriff traf den 2. Zug unserer Batterie voll. Die Stellung unserer Batterie in den Schrebergärten an der Blau war wie ein umgepflügtes Feld: 4 Tote - 2 Luftwaffenhelfer und zwei Luftwaffensoldaten. - die Geschütze zerstört! Wir fuhren hinaus nach Söflingen und halfen beim Aufräumen.

In meinem Fotoalbum „Erinnerungen" gibt es eine Gruppenaufnahme, die uns unter der Eisenbahnbrücke mit dem Ulmer Münster im Hintergrund zeigt und unter dem geschrieben steht: „Neun Monate lang immer der gleiche Blick auf unser schönes Ulm".

Ja, wir erhielten eine neue Aufgabe und mussten unsere Stellung am Neu-Ulmer Donauufer räumen, um an einen uns „geheim gehaltenen Ort" zu kommen.

Es war Ende September 1944, als wir mit dem Zug nach Gablingen bei Augsburg fuhren und in der Nähe des Flugplatzes untergebracht wurden. Hier wurden wir noch einmal „nach alter Väter Sitte geschliffen" mit allen bei der Grundausbildung üblichen Mätzchen: „Sprung auf -marsch, marsch! Hinliegen - Antreten und so weiter!" Ein alter Zwölfender-Wachtmeister schikanierte uns, achtete darauf, dass wir beim Liegen auf dem Boden die Fersen nach unten gerichtet hatten und ließ uns nicht gut aussehen.

Wir waren froh, dass dieser für uns unangenehme Aufenthalt nach nur zwei Tagen zu Ende war. Geschütze und Material wurden auf den Zug verladen. Wir wussten, dass wir an unserem neuen Einsatzort Schanzzeug brauchten und besorgten uns Schaufeln, Spaten, Pickel und andere Arbeitsgeräte. Wir klauten, was nicht niet- und nagelfest war. Einem Arbeiter stahlen wir seine Säge. Er kam zu uns an den Waggon und fragte: „Habt ihr meine Säge gesehen?" Ganz ungeniert gaben wir ihm zur Antwort: „Wir haben keine Säge." und freuten uns wie Buben über einen gelungenen Streich.

Unsere Geschütze wurden auf offenen Güterwagen festgezurrt, und manche unter uns freuten sich schon darauf, bei Tieffliegerangriffen gefechtsbereit zu sein. Wir selbst nahmen Platz in Personenwagen.

Auf dem Neu-Ulmer Bahnhof gab es nochmals einen großen Halt, ab 18 Uhr zwei Stunden lang, bis die Weiterfahrt genehmigt wurde. Ich rannte in höchster Eile hinüber nach Ulm bis zur Söflinger Straße nahe dem Ulmer Hauptbahnhof, wo unsere Wohnung war und sagte meinen Eltern und meiner Schwester einen guten Tag. Die waren baff vor Erstaunen, mich zu sehen und von mir zu hören, dass unsere Fahrt nach Westen gehen sollte. Ein gutes Vesper zu Hause war ein Glückserlebnis für mich. Doch dann eilte

ich rasch zurück zur Truppe. Kaum angekommen, setzte sich um 20.00 Uhr der Zug in Bewegung, und die Fahrt ging weiter. Keinem von uns war aufgefallen, dass einer von uns fehlte, Alois Wegerer, ein Lehrling aus Unterkirchberg. In Immendingen auf dem Bahnhof standen wir zum Übernachten. In aller Frühe ging dann die Fahrt weiter bis nach Freudenstadt im Schwarzwald. Dort wurden die Geschütze, die Munition, alles Material und natürlich auch unsere persönlichen Sachen ausgeladen.
Der Name unserer neuen Einheit war „Leichte Heimatflakbatterie 13/VII". Der Standort des 1. Zuges lag am Osthang des Aach-Viaduktes, der Standort des zweiten Zuges war am „Forchenkopf", einer Anhöhe östlich des Viaduktes beim Ort Wittlensweiler.
Unsere Schutzobjekte waren die drei Eisenbahnviadukte an der Eisenbahnstrecke Hochdorf/Horb - Freudenstadt. Ich war beim 1. Zug, wie zuvor in Ulm.
Unsere Unterkünfte waren Baracken auf einer Anhöhe im Schutz einiger kleiner Tannenbäume.
Unsere Stellungen: In mühevoller und harter Arbeit bauten wir unsere Gefechtsstände auf der Anhöhe am Osthang von Aach aus, oft bei schlechtem Wetter. Wenige Meter hinter unseren Stellungen gab es eine 10 bis 15 m tiefe Schneise für eine geplante, jedoch nie fertig gestellte Bahnlinie.
Unsere drei Geschützstellungen, ca. 5 Meter im Quadrat mussten 1,50 Meter tief ausgehoben werden. Die Seitenwände waren mit Holzbrettern verschalt. Dazwischen gab es Ausbuchtungen für Munition und Geräte. Außerhalb der Stellungen hatten wir unsere 1,80 bis 2,00 Meter tiefen Einmannlöcher gegraben, die uns bei Angriffen aus großer Höhe Schutz bieten sollten. Unsere Vorgesetzten waren andere Luftwaffensoldaten als wir sie in Ulm hatten.
In unseren Baracken herrschte große Enge. Es gab keine Einzelbetten mehr, sondern Stockbetten für fünf oder sechs Kameraden, die nebeneinander lagen. Weil nicht alle Platz hatten, durften zwei Mann außerhalb schlafen. Bei der Bäuerin Lina Grötzinger gab es eine solche Möglichkeit. Die Frau Grötzinger war wie eine Mutter zu uns, eine ganz liebe Frau.
In ihrem Wohnzimmer stand ein Himmelbett, ein großes, breites Bett mit einem Himmel darüber, so eben wie es in früheren Zeiten einmal üblich war. Hans-Peter Wieland und ich durften da eine ganze Zeitlang schlafen. Als Hans-Peter einmal Urlaub hatte, brachte mir ein Mädchen aus dem Dorf eine Schüssel mit Pudding. Ich kannte das Mädchen bereits, so wie es auch den anderen Kameraden bekannt war. Es war gerade 10 Minuten nach 21.00 Uhr. Ich löffelte gerade von der Speise, als plötzlich die Tür aufging und der Wachtmeister hereintrat. Ich stand auf, schlug die Haken zusammen und meldete: „Luftwaffenhelfer Eger bei der Freizeitgestaltung." Das war dem Wachtmeister dann doch zu viel. Er fragte mich noch: „Wer ist die Dame, und wie heißt sie?" Meine Antwort darauf: „Die Dame heißt Inge und ist hier im Hause bekannt." Das eingeschüchterte Mädchen bejahte. Ich kann mir heute gut vorstellen, was sich der Wachtmeister damals vorstellte, als er mir den Befehl gab: „Sie schlafen ab morgen wieder oben in der Baracke!" Allerdings muß ich zur Ehrenrettung des Aacher Mädchens sagen, dass es keinerlei Intimitäten zwischen uns gab. Wir haben uns nicht einmal geküsst, sondern uns nur unterhalten und „Mensch ärgere dich nicht" miteinander gespielt.

Die Leute in Aach waren freundlich zu uns, und mancher wurde sogar zum Schlachtfest oder zur Metzelsuppe mit Most eingeladen. Die Mädchen erfüllten unsere Wünsche und brachten uns Pudding und andere Naschereien.
In Dornstetten kehrten wir einige Male in einem Gasthaus ein, in dem es Dünnbier und Schnaps zu kaufen gab. Schnaps gab es allerdings nur einen pro Gast. In Dornstetten gab es eine Kistenfabrik, und in unserer Freizeit beschäftigten wir uns dort als Kistennagler, wenn die kleine Fabrik mit ihren Aufträgen nicht nachkam.
Die Küche unserer Batterie war im Schulhaus von Wittlensweiler und etwa 6 Kilometer von unserer Stellung in Aach entfernt. Dort mussten wir täglich mit einem Fahrradanhänger unsere Verpflegung abholen, das Mittagessen in Kanistern und dazu die Kaltverpflegung für den Abend

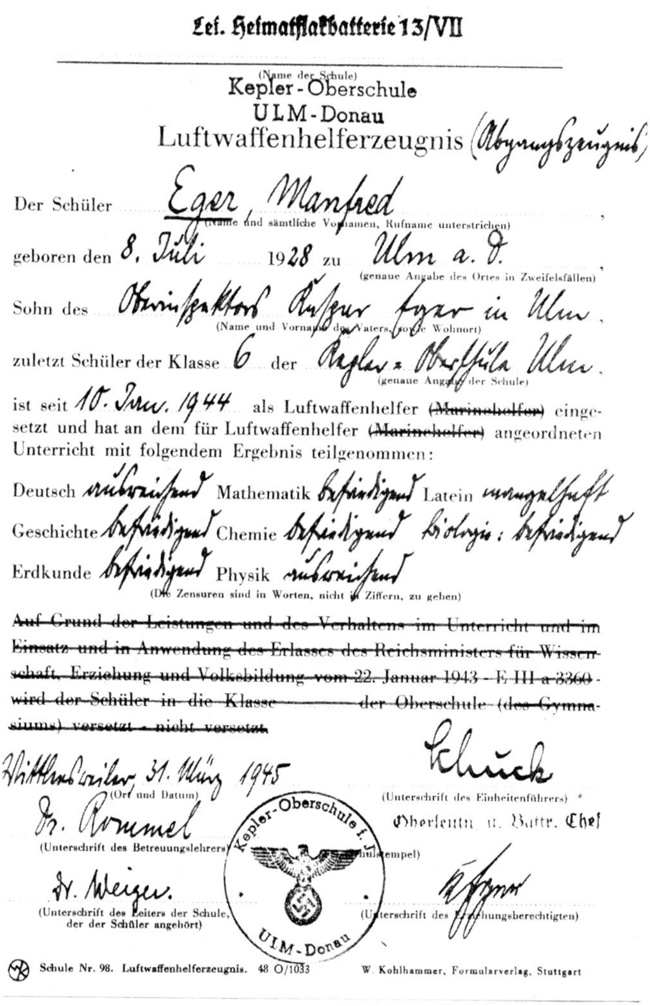

Lei. Heimatflakbatterie 13/VII

(Name der Schule)
Kepler-Oberschule
ULM-Donau
Luftwaffenhelferzeugnis (Abgangszeugnis)

Der Schüler Eger, Manfred,
(Name und sämtliche Vornamen, Rufname unterstrichen)

geboren den 8. Juli 1928 zu Ulm a. D.,
(genaue Angabe des Ortes in Zweifelsfällen)

Sohn des Oberinspektors Kaspar Eger in Ulm,
(Name und Vorname des Vaters, sowie Wohnort)

zuletzt Schüler der Klasse 6 der Kepler-Oberschule Ulm.
(genaue Angabe der Schule)

ist seit 10. Jan. 1944 als Luftwaffenhelfer ~~(Marinehelfer)~~ eingesetzt und hat an dem für Luftwaffenhelfer ~~(Marinehelfer)~~ angeordneten Unterricht mit folgendem Ergebnis teilgenommen:

Deutsch ausreichend Mathematik befriedigend Latein mangelhaft
Geschichte befriedigend Chemie befriedigend Biologie: befriedigend
Erdkunde befriedigend Physik ausreichend
(Die Zensuren sind in Worten, nicht in Ziffern, zu geben)

~~Auf Grund der Leistungen und des Verhaltens im Unterricht und im Einsatz und in Anwendung des Erlasses des Reichsministers für Wissenschaft, Erziehung und Volksbildung vom 22. Januar 1943 - E III a 3360 - wird der Schüler in die Klasse —— der Oberschule (des Gymnasiums) versetzt - nicht versetzt.~~

Wittlensweiler, 31. März 1945
(Ort und Datum)

Schuck
(Unterschrift des Einheitenführers)
Oberleutn. u. Battr. Chef

Dr. Rommel
(Unterschrift des Betreuungslehrers)

(Schulstempel)
Kepler-Oberschule f. J. ULM-Donau

Dr. Weiger.
(Unterschrift des Leiters der Schule, der der Schüler angehört)

(Unterschrift des Erziehungsberechtigten)

Schule Nr. 98. Luftwaffenhelferzeugnis. 48 O/1033 W. Kohlhammer, Formularverlag, Stuttgart

Manfred Eger,
Luftwaffenhelferzeugnis
Ulm

und den nächsten Morgen. Der Weg dorthin führte auf der Landstraße über Grüntal und war natürlich viel weiter als der über das Viadukt, der uns aber wegen der Gefahr durch feindliche Tiefflieger verboten war. Manchmal wurden zwei oder drei Schulkameraden zum Kartoffelschälen dorthin abgeordnet.

Schulunterricht gab es auch, allerdings nicht regelmäßig. Die Lehrer kamen dazu eigens aus Freudenstadt zu uns in unsere Stellungen. Einer von ihnen war Professor Dr. Rommel. Zum Jahresabschluss gab es sogar ein Zeugnis, das außer vom Schulleiter auch von unserem Batteriechef, Oberleutnant Schuck, unterschrieben war.
Die Eisenbahnviadukte, die wir zu sichern hatten, waren oftmals Ziel feindlicher Aufklärung und Angriffe. Lightning-Doppelrumpflugzeuge flogen meist ziemlich tief entlang der Schneise, und wir konnten sie nur selten orten. Das ging immer so schnell, dass wir gar nicht zum Schießen kamen. Manchmal glaubten wir sogar, dass uns die Piloten zuwinkten.
Spitfiremaschinen waren ebenfalls zur Aufklärung unterwegs, sie kamen morgens zwischen 9 Uhr und 10 Uhr.
17. Dezember 1944: Ein Kamerad und ich waren nach einem Heimaturlaub gerade auf der Rückfahrt nach Freudenstadt. Der Zug war um 17.00 von Ulm abgefahren. In Tübingen hielt er an. Fliegeralarm! Wir mussten alle den Luftschutzkeller aufsuchen. Nach der Entwarnung sagten uns die Leute, dass es einen Großangriff auf Ulm gegeben hatte und tatsächlich sahen wir in der Ferne den Lichtschein am Himmel, wollten aber nicht glauben, dass unsere Heimatstadt Ziel eines Luftangriffs geworden war.
28. Dezember 1944 gegen 14.00 Uhr: Alarm! In größter Hektik eilten wir vom Mittagstisch zu unseren Stellungen. Tiefflieger griffen uns plötzlich an. Anfänglich konnten wir sie nicht sehen, denn ihr Angriff erfolgte aus der Sonne und in geringer Höhe. Sie flogen 100 Meter über dem Boden oder sogar noch tiefer und schossen in unsere Stellung hinein. Plötzlich sank neben mir unser Kamerad Hans Häfele nieder. Er war am Hals von einem Geschoss getroffen worden, das bis zum Herz vordrang. Blut floss aus seinem Mund, und auch am Gesäß hatte er eine große Wunde. Er war sofort tot. Wir anderen waren noch einmal davon gekommen. - Der Angriff auf uns ging aber weiter, und der tote Kamerad hinderte uns bei der Gefechtsbereitschaft. Ich fragte einen Kameraden: „Was machen wir mit dem Kameraden Häfele?" Der drehte sich zu mir und entgegnete: „Der isch scho he - den schmeißen wir aus der Stellung naus!" Genau nach der Losung und dem Text im Fahnenlied der Hitlerjugend „Denn die Fahne ist mehr als der Tod" so verfuhren wir mit unserem toten Kameraden.
Wir waren alle traurig über den Tod unseres Kameraden und doch wieder froh, selbst unbeschadet überlebt zu haben. Im Leichenhaus auf dem Friedhof in Aach haben wir unseren Kameraden Hans Häfele aufgebahrt, und mit uns trauerten auch manche der Dorfbewohner.
Am Tag darauf kam seine Mutter nach Aach. Sie wollte ihren Sohn zum Begräbnis nach Ulm/Wiblingen heim holen. Das Luftwaffenkommando in Karlsruhe hatte jedoch angeordnet, dass der Tote in Aach bestattet werden sollte. Frau Häfele und ihre Familie konnten sich schließlich gegen alle Widerstände durchsetzen. Die Führung der NSDAP gab nach, und unser Kamerad fand dort in Wiblingen eine würdige Bestattung.
Irgendwann Anfang 1945: Wir hörten Fluglärm. Alarm! Wir stürzten zu unseren Geschützen. Ein Flugzeug in Sichtweite! Der Wachtmeister, verantwortlich für den Feuerbefehl, rief: „Feindliches Flugzeug in Richtung 12. Feuer frei!" Wir feuerten aus allen Rohren. Als das Flugzeug an uns vorbei flog, erkannten wir das Balkenkreuz an seinem Rumpf. Wir hatten auf ein deutsches Flugzeug, auf eine Me 109 geschossen. Es flog noch eine große Schleife und zog dabei eine große Rauchfahne hinter sich her, bis es

schließlich mit einem großen Knall einige Kilometer von uns entfernt abstürzte.
Das blieb natürlich nicht ohne Folgen für uns. Das Luftwaffenkommando in Karlsruhe schickte einen Schleifer, um uns „fertig" zu machen. „Gasmaske auf! - den Hang hinunter und wieder hinauf." Das war nur eine der Maßnahmen, mit denen sie uns klar machen wollten, dass das Abschießen eigener Flugzeuge bestraft wird.
Im März 1945 wurden wir als Luftwaffenhelfer entlassen. Nur wenige Tage später bekam ich den Einberufungsbefehl zur Wehrmacht und wurde zusammen mit einigen anderen Schulkameraden nach Neu-Ulm in die Reinhardkaserne beordert. Wir wussten, dass die Amerikaner nicht mehr weit weg waren. Den Stellungsbefehl in der Hand ging ich mit einem Schulkameraden zum Stadtkommandanten von Ulm und wir fragten, ob es denn Sinn habe, diesem Befehl Folge zu leisten, da der Krieg doch bald aus sein wird. Die Reaktion war, wie wir sie eigentlich hätten erwarten können: Es geht ums Vaterland, und ihr als Oberschüler gehört doch zur Elite der Nation. Befehl ist Befehl und Befehle müssen ausgeführt werden!
Von der Reinhardkaserne in Neu-Ulm kamen wir in die Nähe von Ichenhausen. Nach kurzer Infanterieausbildung - wir lernten noch einmal „Hinliegen! - Sprung auf, marsch, marsch! und immer wieder dasselbe!" - Ich wurde noch am MG 42 ausgebildet. Bei unserer Ausbildung mussten wir immer vorwärts stürmen, Höhen einnehmen usw. Auf die Frage: „Es geht doch immer zurück an den Fronten. Wann lernen wir eigentlich den Rückzug?" - Seine Antwort: „Den Rückzug braucht man nicht zu lernen, das geht von alleine." Also immer weiter vorwärts! Unsere letzte Stellung war bei Oggenhausen/Heidenheim. Aus einem kleinen Wäldle heraus schossen wir mit unserem MG noch auf US-Panzer. Die US-Kanonen zwangen uns zur Flucht. Wir waren versprengt, ohne Kommando und übernachteten in Bauernhöfen. Doch das war fast unmöglich, die Bauern fürchteten sich vor der deutschen Militärgewalt, weil sie deutsche Soldaten beherbergten, die nicht mehr kämpfen wollten. Genauso fürchteten sie sich kurz danach vor den US-Amerikanern, weil sie nicht bestraft werden wollten, deutsche Soldaten zur Fortsetzung des Krieges zu decken.
Gerhard Kimmel und ich fassen den Entschluss zur Desertation. Wir wollten uns nach Hause durchschlagen. Darauf stand zwar die Todestrafe - ohne Gerichtsurteil. Wir liefen am Wald entlang und konnten dabei verschiedene Hindernisse überwinden. Gerhard Kimmel trennte sich von mir bei Oberstotzingen. Fast orientierungslos lief ich immer weiter Richtung Westen, also Richtung Ulm nach Hause. Allen Widrigkeiten zum Trotz war ich am 30. April nach 5tägigem Umherirren schließlich zu Hause.
Den 8. Mai 1945, den Tag der Befreiuung von Krieg und vom Nationalsozialismus durch die Armeen der Anti-Hitler-Koalition konnte ich gesund und heil erleben.

Günther Engelhart, Ulm

Schüler der Klasse 5a in der Kepler-Oberschule in Ulm, ab Januar 1944 Luftwaffenhelfer beim 1. Zug der Leichten Heimatflak-Batterie 6/VII in Neu-Ulm am Jahnufer, ab Mitte Oktober 1944 bis Januar 1945 beim 1. Zug der Leichten Heimatflak-Batterie 13/VII in Dornstetten/Aach bei Freudenstadt im Nordschwarzwald

Mein Bericht über die Flakzeit vom Januar 1944 bis Januar 1945, RAD-Dienst und amerikanische Gefangenschaft

Den Stellungsbefehl erhielt ich im Dezember 1943, und am 10. Januar 1944 meldete ich mich in der Donaubastion als Flakhelfer. Es erfolgte die Registrierung und danach die Einkleidung. Hierzu fällt mir ein Ausspruch von Herrn Oberstudiendirektor Dietterle ein: „Jetzt holen sie schon Deutschlands letzte Hosenknöpfe", was wir wohlweislich überhört haben. Wir waren bereit, auch unseren Beitrag zum Endsieg zu leisten und unser Vaterland zu verteidigen. Gerade als Jugendliche, Jahrgang 1928, waren wir stolz darauf, gebraucht zu werden. Mahnende und skeptische Worte der vorhergehenden Generation, auch meiner Eltern, wurden in den Wind geschlagen. Die Propaganda und die gezielte Erziehung zeigten nun ihre Wirkung. Es war selbstverständlich, dass man als junger Mensch mitmachen wollte. Hat doch das System im Jungvolk und der Hitlerjugend dazu den Nährboden gelegt.
Die Klasse 5a der Kepler-Oberschule wurde der 1. Zug der Batterie 6/VII mit dem Standort am Neu-Ulmer Donauufer kurz unterhalb der Eisenbahnbrücke. Die Einheit bestand aus drei 2cm-Luftabwehrgeschützen auf hölzernen Hochtürmen, verstärkt durch zwei Scheinwerfer auf der Promenade in Ulm und auf einem Wohnhaus in Neu-Ulm bei der Gänstorbrücke. Unsere Vorgesetzten und Ausbilder waren Oberleutnant Jeute als Batteriechef, ein Oberfeldwebel, an dessen Namen ich mich nicht mehr erinnere, als Zugführer und die Obergefreiten Rehm und Gröders und noch ein weiterer Gefreiter oder Obergefreiter, dessen Namen ich ebenfalls nicht mehr weiß, als Geschützführer. An diesem Standort wurde von uns Dienst gemacht, und hier spielte sich auch unsere Freizeit ab, wenn wir nicht gerade Schule hatten oder im Freigang waren. Neben einer Baracke mit Schlaf- und Unterrichtsräumen am Boden, waren die Geschützbesatzungen in Turmbaracken untergebracht. Alle weiteren Einrichtungen, wie Schreibstube, Kleiderkammer und Küche mit Lager, befanden sich in der Donaubastion, wo wir auch unsere Verpflegung abholten. Das Essen war entsprechend der Zeit einfach. In Erinnerung bleibt mir die Gummiwurst (Plonzen), welche meist in hohem Bogen den Fischen in der Donau zugeworfen wurde.
Neben unserer Tätigkeit als Flakhelfer wurde natürlich der Schulbesuch weitergeführt, allerdings eingeschränkt durch „Edelweiß" und Fliegeralarm. Alles war dem untergeordnet, sodass der Lehrstoff nicht nur zu kurz kam, sondern das Lernen manchmal mangels Schlaf schwer fiel. Ein Trost war,

dass zwischen Schule und Stellung der Weg an der Bäckerei Martin (Brezeln von Mutter) und bei Dall'Asta (Eisbecher) vorbei führte, und beides trotz Essensverbot in Uniform mit Genuss verzehrt wurde. In diesem Zusammenhang fällt mir auch die Tortenlieferung von Karlis[2] Mutter ein als „Bereicherung unseres Speiseplans auf der süßen Seite". Im Gegensatz dazu wurden wir durch Frau Recknagel mit Entsetzen beim Kartenspielen ertappt, und sie war besorgt um unsere schulischen Leistungen, besonders in Mathe und Latein. Dies nicht zu unrecht, hatten wir doch durch die Kriegsereignisse andere Flausen im Kopf.
Ein außergewöhnlicher Tag mit Abwechslung vom eintönigen Dienst ergab sich durch den Besuch von Karl Scholls Vater, der General war. Für uns war er in erster Linie ein Vater, der seinen Sohn besuchte, und auch wir fühlten uns hierbei mit eingebunden. Für unsere Führungskräfte jedoch war es ein militärisches Ereignis mit Strammstehen, Salutieren und Auskunft geben, was bei uns eine gewisse Schadenfreude auslöste. Wir waren demzufolge doch noch mehr Lausbuben als stramme Soldaten.
Zurück zur Wirklichkeit und den Gefahren, welchen wir ausgesetzt waren, kamen wir durch den tödlichen Unglücksfall unseres Kameraden Walter Knoll. Im Alarmzustand lösten sich durch die Unachtsamkeit des K1 mehrere Schüsse, nachdem das Geschütz durch Knoll als K4 nicht gesichert war. Zu diesem Zeitpunkt stand er unglücklicherweise direkt vor dem Rohr. Es gab einen furchtbaren Knall, Blut spritzte und Körperteile lagen neben ihm auf dem Boden. Knoll war schwer verwundet, und obwohl er schnell ärztlich versorgt wurde, starb er kurze Zeit später. Wir waren alle schockiert und tief getroffen. Bei einer späteren Verhandlung durch ein Militärgerichts, wobei ich Zeuge war, wurden sowohl der Verursacher als auch der Geschützführer freigesprochen. Nachdem Knoll, laut Vorschrift, für die Sicherung der Waffe selbst verantwortlich war, lag ein Selbstverschulden vor. Noch heute besuche ich sein Grab, wenn ich auf dem Friedhof in Erbach wegen meiner Verwandtschaft bin. Ein stilles Gedenken und die Erinnerung an einen allzu früh verstorbenen Kameraden bewegt mich dabei.
Der Dienst in Aach und Wittlensweiler an der Bahnlinie Horb - Freudenstadt (Nachschubweg nach Frankreich) mit den beiden großen Viadukten war aufregender und gefährlicher als der in Ulm. Fast täglich hatten wir Alarm und Feuerbereitschaft, vor allem wegen der Jagdbomber. Transportzüge und die Viadukte waren ihr bevorzugtes Angriffsziel. Im Tiefflug, teilweise zwischen den Brückenpfeilern hindurch und oft unterhalb unseres Schusswinkels, wurde angegriffen, und auch unsere Stellung wurde mit Bordkanonen beschossen und mit Bomben belegt. Es gab Verwundete, und unser Kamerad Häfele aus Wiblingen wurde leider an meinem Geschütz tödlich getroffen. Doch nicht zuletzt durch unsere Abwehr blieben die Brücken unzerstört und sind heute noch voll funktionsfähig.
Von den Standorten Aach und Wittlensweiler mussten wir dann auch aus der Ferne den Angriff auf Ulm am 17. Dezember 1944 miterleben. Ein riesiger Feuerschein am Himmel zeigte uns den Weg des Geschehens an. Alle dachten an Zuhause und was sich dort wohl ereignen würde. Bei einem Sonderurlaub kurz vor Weihnachten sah ich dann die Zerstörung der Stadt mit all den Ruinen und Toten. Die Sinnlosigkeit des Krieges kam mir urplötzlich zum Bewusstsein. Nach meiner Rückkehr zur Mannschaft wurde ich im Januar 1944 aus der Heimatflak entlassen. Nach einer Übergangszeit in Ulm kam im Februar die Einberufung zum RAD[3] nach Leutkirch im Allgäu. Der

Aufenthalt dort war kurz, zumal wir beim Rückzug mit anderen Wehrmachtsteilen eine Alpenfront zur letzten Verteidigung aufbauen sollten. In der Gebirgsjägerkaserne in Mittenwald war meine letzte Station. Es herrschte ein totales Chaos nachdem die Amerikaner und Franzosen mit aller Macht vorrückten. Hier fasste ich den Entschluss, gemeinsam mit einem Kameraden, der im Alpenland ortskundig war, uns von der Truppe abzusetzen. Wir waren uns der Gefahren bewusst, hatten aber Glück, auf unserem Rückzug keine Wehrmachtsangehörige zu treffen. Über Seitenwege und Pfade mit Übernachtungen in Scheunen und Ställen, kamen wir bis zur Partnachklamm bei Garmisch. Hier nahm uns ein Stoßtrupp der Amerikaner gefangen. Auf Grund unserer erdfarbenen Uniform und unseres ungepflegten Aussehens wussten sie nicht, wo sie uns zuordnen sollten. Über eine Sammelstelle fuhren wir anschließend mit Trucks zum Flughafen Gablingen bei Augsburg.
Hier begann die organisierte Kriegsgefangenschaft mit Registrierung und PW[4] auf dem Rücken und der Weitertransport nach Heilbronn-Böckingen. Dieses Lager war berüchtigt. Bei minimalster Verpflegung und Aufenthalt unter freiem Himmel lagen wir in Erdlöchern, und so beging ich meinen 17. Geburtstag. Mein Freund und Weggefährte starb leider vier Wochen später, und ich wurde dann im September 1944 entlassen. Mit einem Güterzug erreichte ich Ulm und war endlich zuhause. Durch meine Abmagerung auf 50 kg und den Kahlkopf, den sie mir wegen der Lausgefahr geschnitten hatten, erkannte meine Mutter mich im ersten Moment nicht. Meinen ersten Essenwunsch „Kässpätzle mit Zwiebeln und Kopfsalat" musste ich bitter büßen, da der Magen rebellierte und alles von sich gab. Über Schonkost kam der Appetit wieder zurück, und der Körper erreichte allmählich wieder ohne Nachfolgen sein Normalgewicht. Im Oktober wurde mein Vater wegen Gelbsucht und Wasser in den Beinen aus russischer Gefangenschaft entlassen. Die Familie war wieder vereint und konnte gemeinsam die nachfolgende schwierige Zeit bewältigen.

Wolfgang Finkbeiner, Neu-Ulm

Schüler der Klasse 5b in der Kepler-Oberschule in Ulm, ab Januar 1944 Luftwaffenhelfer beim 2. Zug der Leichten Heimatflak-Batterie 6/VII in Ulm-Söflingen, ab Anfang Oktober 1944 bis Anfang März 1945 beim 3. Zug der Leichten Heimatflak-Batterie in Wittlensweiler bei Freudenstadt im Nordschwarzwald. Ab März 1944 beim RAD in Burtenbach, Lkr. Günzburg.

Sonntag, der 16. April 1944:
Für uns alle vom 2. Zug war dies ein Tag, den wohl keiner von uns je vergessen hat. Es war herrlichstes Frühlingswetter mit viel Sonnenschein, es war warm fast wie an einem Frühsommertag. Und weil es Sonntag war, waren wir frei von allen Pflichten. Wir mussten weder zur Schule gehen und den Unterricht besuchen noch mussten wir exerzieren, irgend einer

Schulung nachgehen oder sonst einer anderen Verpflichtung. Dies alles hob unsere Stimmung und wir waren fröhlich und ausgelassen. Dies schien sich sogar auf unsere erwachsenen Vorgesetzten zu übertragen. Der Flugmelder war der einzige, der davon ausgenommen war. Er musste jeweils für die Zeit, die er dazu eingeteilt war, in voller Uniform, mit aufgesetztem Stahlhelm und umgehängter Gasmaske oben beim Geschütz Wache stehen und den Himmel beobachten, ob es da nicht doch irgendwelche Flugzeuge gab, die unbemerkt in unser Gebiet eingedrungen waren. Es lohnt sich heute nicht mehr, über den Sinn bzw. Unsinn einer solchen Anordnung nachzudenken. Wir waren sehr jung und zudem so erzogen, dass wir Befehle und Anordnungen gehorchten und lediglich „maulten", wenn wir sie als Schikane oder Ungerechtigkeit empfanden. An diesem Vormittag war ich zum Flugmeldedienst eingeteilt und stand oben auf der Plattform über unserer Wohnbaracke
Meine Kameraden hatten sich währenddessen darauf geeinigt, Fußball zu spielen, hatten wir doch einen dazu geeigneten Platz quasi vor unserer Haustür. Wir brauchten nur über die Brüstung unserer Galerie zu klettern, dann waren wir bereits auf einer großen, ebenen Fläche des Daches der Fabrikhalle neben unserem Flakhochstand. Mehrere gläserne Dachreiter grenzten gleich große Felder voneinander ab. Von oben, wo ich stand, hatte ich einen schönen Überblick über das Spiel und mit Zurufen konnte ich sogar in das Geschehen mit eingreifen. Doch während ich dort oben in voller Uniform schwitzte, waren meine Kameraden fast alle nur mit Sport- oder Badehose bekleidet. Ich überlegte, dass es von unten doch unmöglich sein musste, festzustellen, wenn auch ich mir eine Erleichterung erlaubte und mich meiner langen Uniformhose entledigte und so nur mit Badehose, Uniformrock und Stahlhelm bekleidet war.
Unter mir auf dem „Fußballfeld" hatte einer versehentlich den Ball über das Feld hinaus geschossen, so dass der Ball irgendwo auf dem nächsten Feld jenseits des Glasreiters rollte. Noch heute habe ich im Ohr, wie unser Schulkamerad Wolfgang Dietz rief: „Ich bin a ‚Bröckele', den Ball hole ich!" - Heute würden Jugendliche vielleicht sagen: „Ich bin Spitze" oder „Ich bin der Megastar, also hole ich den Ball!" Er nahm einen langen Anlauf und sprang. Ich hörte den gellenden Schrei und das Geräusch von splitterndem Glas. Wolfgang Dietz hatte es nicht geschafft, über das Glasreiterdach hinweg zu springen und war durch das Glas vier Meter tief in die Fabrikhalle gefallen. Später erfuhren wir, dass er großes Glück im Unglück hatte. Er war auf einen Stapel Bretter gefallen, die dort neben Eisenstangen und Maschinen lagen.
Es gab einen gewaltigen Aufruhr. Unsere Ausbilder kamen und sahen sich die Unglücksstelle an. Irgend einer musste es ihnen gemeldet haben. Kurze Zeit später kam ein Rettungswagen des Roten Kreuzes und Wolfgang Dietz wurde, nachdem sie ihn auf einer Trage aus der Fabrik gebracht hatten, in das Fahrzeug gehoben. In der Zwischenzeit war unser Oberleutnant Jeute angekommen. Er sprach noch mit den Sanitätern, ehe sie mit Blaulicht abfuhren. Die Schulkameraden kamen zurück, einer nach dem anderen schwang sich über die Brüstung, und dann ging jeder zu seinem Flak-Hochstand, um sich die Uniform anzuziehen. Es war ruhig geworden, und so konnte ich wahrnehmen, dass jemand die Treppe herauf zu mir kam. Es war der Oberleutnant Jeute. Der sah mich nur kurz und sehr verwundert an, so als ob er nicht glauben könne, was er vor sich sah. „Sie haben wohl nicht

alle Tassen im Schrank, Finkbeiner! Ziehen Sie sofort Ihre lange Hose an! Wissen Sie nicht, dass ein Flugmelder seinen Dienst in voller Uniform auszuüben hat?" Ich stotterte etwas, schlüpfte in die Uniformhose, schlug die Haken zusammen und meldete: „Luftwaffenhelfer Finkbeiner meldet sich in voller Uniform." Nun muß ich sagen, dass unser Oberleutnant ein Mann war, der großes Verständnis für uns junge Burschen hatte, und so lief die Sache diesmal für mich ohne weitere Konsequenzen ab.

Aber der Tag war noch nicht zu Ende. Der Oberleutnant hatte unsere Stellung längst verlassen, und einige von uns gingen ihrer Lieblingsbeschäftigung nach, dem RSO-Fahren. RSO ist die Abkürzung für „Raupenschlepper Ost". Diese Fahrzeuge wurden hier im Werk II der Magirus-Werke in Söflingen gebaut. Sie hatten Kettenraupen, mit denen sie angetrieben wurden, und vorne zwei Räder mit denen sie gelenkt werden konnten. Überall auf dem Firmengelände standen damals fertiggestellte Fahrzeuge herum und warteten darauf, nach Russland abtransportiert zu werden. Wir hatten bald heraus gefunden, dass sich in den Tanks der Fahrzeuge nur wenig Benzin befand. Also haben mit einem Schlauch bei mehreren Fahrzeugen das Benzin angesaugt, in einem Eimer gesammelt und dann in den Tank eines einzigen Fahrzeuges geleert. Mit diesem sind wir auf dem Gelände umhergefahren. Das ging allerdings für das Fahrzeug, das gerade von uns gefahren wurde, nicht ohne Blessuren ab. Einmal hat einer von uns mit einem RSO einen Flak-Hochstand geschrammt, und unser Obergefreiter Schneck, der sich gerade oben in der Baracke aufhielt, hat darauf hin eine Schimpftirade losgelassen. Allerdings erinnere ich mich, dass unsere Ausbilder sehr wohl wußten, was wir da unten auf dem Firmengelände trieben. Jedenfalls griffen sie nicht ein, sondern duldeten unser RSO-Fahren an den Abenden nach Feierabend, wenn alle Arbeiter die Fabrik verlassen hatten. Da gab es allerdings noch den „Werkschutz", Wachen die den Auftrag hatten, das gesamte Firmengelände zu beaufsichtigen. Bis zu diesem Sonntag war es uns immer gelungen, diesen Werkschutz auszutricksen und unsere Fahrkünste da auszuprobieren, wo die zwei Mann vom Werkschutz gerade nicht waren.

An diesem Sonntag jedoch flog unser Treiben auf. Unser Kamerad Hübner wurde von den beiden Wachleuten des Werkschutzes ertappt. Beim Versuch davon zu rennen, wurde er von einem der Wachleute mit gezogener Pistole angerufen: „Stehen bleiben oder ich schieße!" Hübner tat das einzig Richtige und folgte dieser Aufforderung. Wir haben später zwar lange darüber diskutiert und einige von uns waren der Meinung, er hätte weiter rennen sollen, der Wachmann hätte bestimmt nicht geschossen. Jedenfalls kam es so, wie es einmal kommen musste. Der Wachmann ging mit dem Pechvogel zu unserem Unteroffizier Schmalriede und informierte ihn darüber, dass er diesen Vorfall der Firmenleitung melden müsse. An mehreren Fahrzeugen seien Schäden festgestellt worden und in der Betriebsleitung hatten sie sogar den Verdacht, dass irgendwelche Saboteure am Werk seien.

In der darauf folgenden Woche kam unser Oberleutnant mehrere Male zu uns heraus in unsere Stellung. Einer nach dem anderen von uns wurde vernommen, und kleinlaut „beichtete" jeder seine Sünden. Wir bekamen zwei Wochen lang Urlaubssperre und ich erhielt, wie die anderen auch, einen Verweis.

Verschüttet

Er begann ganz friedlich., dieser spätsommerliche Mittwoch am 13. September 1944 und verwöhnte uns schon früh am Morgen mit durchaus kraftvollen Sonnenstrahlen. Und alles war für uns wie immer: Wir frühstückten, „bauten" unser Bett, packten unsere Schultasche und machten uns auf den Weg zur Schule. In der dritten Stunde hatten wir gerade Latein bei „Tschon". Herrn Koch hatte es nach jenem Abkommen zwischen Deutschland und der Sowjetunion vom 5. September 1940 zur Umsiedlung der Volksdeutschen aus Bessarabien ins Schwabenländle nach Ulm verschlagen, und er unterrichtete uns in Erdkunde und Latein. Wusste einer von uns keine richtige Antwort auf eine seiner Fragen, zeigte er lächelnd seine vielen Goldzähne und sagte zu demjenigen: „Tschon, tschon, geh' in die Fabrik und trete Räder!" So hatte er ganz schnell seinen Spitznamen weg. Was wir an diesem Mittwoch gerade durchnahmen, daran kann ich mich beim besten Willen nicht mehr erinnern, doch weiß ich noch sehr gut, dass unser Lateinunterricht früher als dies sonst der Fall war, unterbrochen wurde. Ohne anzuklopfen, riss „Didi", unser Mathematikprofessor Dietterle die Tür auf und rief mit näselnder Stimme: „Luftwaffenhelfer - Edelweiß!"
Edelweiß war das Codewort für Luftwarnung, also eine Art Voralarm, der für uns Luftwaffenhelfer bestimmt war. Wir sollten uns danach so schnell wie möglich auf den Weg zu unseren Geschützstellungen machen, doch wie wir es meistens taten, ließen wir uns auf dem Weg dort hin viel Zeit. Außerdem dauerte es an diesem Tag länger als es sonst der Fall war, bis die Sirenen heulten und für die Ulmer Zivilbevölkerung Fliegeralarm gegeben wurde. Das war genau um 10.14 Uhr, wie ich in der Ulmer Statistik über den Zweiten Weltkrieg nachlesen konnte. Die letzte Strecke ab dem Blaubeurer Tor bis hinaus zu unserer Erdstellung inmitten einer Kleingartensiedlung an der Blau, knapp außerhalb des Werkgeländes der Fabrik Magirus, beschleunigten wir unsere Schritte. Dort wurden wir von unserem Unteroffizier Schmalriede und den Geschützführern schon erwartet. Alles lief von da ab ganz automatisch nach einem immer gleichen Schema: Wie wir es bei vielen Übungen gelernt hatten, setzten wir die Munitionsmagazine ein und machten unser Geschütz gefechtsbereit.
Jedes unserer Geschütze befand sich innerhalb einer quadratischen Fläche, umgeben von etwa 1,20 Meter hohen Erdwällen, in die liegende truhenähnliche Kasten eingebaut waren. In denen befanden sich ein Ersatzrohr, andere Ersatzteile, unsere Stahlhelme und Gasmasken und viele Kisten mit Munition, also einfach alles, was für ein mögliches Gefecht benötigt wurde. Mitten zwischen den drei Geschützen befand sich der Gefechtsstand, von dem aus Unteroffizier Schmalriede seine Befehle an uns richtete und dicht neben ihm stand ein Flakfernrohr. Außerhalb der Erdwälle befanden sich unsere „Einmannlöcher", die wir zu unserem Schutz nur wenige Tage zuvor gegraben hatten.
Es war ein Sonntag, den genauen Tag habe ich nicht aufgeschrieben, als der Kommandeur aller Ulmer Flak-Batterien, Major Leyendecker, unsere Stellung besichtigte und dabei unserem Batterieführer, Oberleutnant Jeute, den Auftrag gab: „Sorgen Sie dafür, dass jeder von den Buben ein Einmannloch gräbt!" - Und schon am Tag darauf wurde dieser Befehl von uns in die Tat umgesetzt. Wir kannten uns im Magirus-Werkgelände sehr gut aus und wussten, dass an jedem RSO-Fahrzeug außen ein kleiner und sehr kurzer

Spaten angebracht war. Wir wateten durch das Bachbett der Blau, die durch das Werkgelände floss. So konnten wir in die Fabrik eindringen und eine ausreichend große Anzahl solcher Spaten klauen, die sich dann bei unserer Arbeit als das geeignetste Werkzeug erwiesen haben, mit dem nun jeder von uns ein zirka zwei Meter tiefes Loch graben konnte. Und weil wir eben noch Buben waren, stattete jeder sein Loch mit irgend einer Besonderheit aus. Ich verschalte meines mit Brettern und stabilisierte es auf diese Weise, eine Maßnahme, der ich wahrscheinlich mein Leben verdankte. Einem Deckel, mit dem ich es verschließen konnte, gab ich einen Rand und füllte Erde darauf. So hatte also jeder von uns, auch die Geschützführer, sein Einmannloch, außer unserem Unteroffizier Schmalriede. Noch heute verstehe ich nicht, weshalb er nicht wenigstens einem von uns den Befehl gab, ihm ein solches zu graben, wenn er es schon nicht selbst tun wollte.
Doch zurück zum 13. September: Der Himmel war, wie bereits gesagt, wolkenlos, es war ein wunderschöner Tag und die spätsommerliche Sonne hatte noch genügend Kraft, uns zu wärmen. Nichts tat sich, einige von uns setzten den Stahlhelm ab, schlossen die Augen, träumten vor sich hin und ließen sich von den Sonnenstrahlen bräunen. Kurz vor 11 Uhr erhielt unser Zugführer eine Meldung aus Laupheim, dass die dortige Heimatflak-Batterie von einem größeren Bomberverband überflogen werde, und zwar in Richtung Ulm. Und irgendwann hörten wir - erst leise - ein gleichmäßiges dumpfes Brummen oder Dröhnen des Bombergeschwaders, das langsam aber stetig lauter wurde. Inzwischen war unser Unteroffizier Schmalriede ans Flakfernrohr gegangen und suchte den Himmel ab. Und noch ehe er die feindlichen Flugzeuge erblickte, sah ich sie mit bloßem Auge und rief: „Dort kommen sie!" und wies in die Richtung Südwesten, wo viele noch winzige Punkte am Himmel silbern glänzten. Nun sahen wir sie alle und wir begannen zu zählen „Drei - Sechs - Neun - Achtzehn - Sechsunddreißig - das sind mindestens hundert Flugzeuge!" In der Zwischenzeit waren sie sehr deutlich zu sehen, wie sie in einer Formation wie die Wildgänse flogen, allen voran ein Leitflugzeug. Unteroffizier Schmalriede war wieder beim Gefechtsstand, einer der Geschützführer beobachtete nun an seiner Stelle den Bomberverband, der von vielen Jagdflugzeugen begleitet wurde, ich glaube mich zu erinnern, daß es der Obergefreite Schneck war. Ich höre noch, wie er rief: „Die Leitmaschine hat eine Rauchbombe abgeworfen!" Gleich darauf sahen wir, wie von dieser ersten Maschine eine Rauchfahne in einer parabelähnlichen Linie direkt auf uns zukam. „Sie haben die Bombenschächte geöffnet!" Und nur wenige Sekunden später hörten wir hoch oben ein seltsames Rauschen in der Luft „Schschsch!" „Alle Mann, außer K1 und K4 in die Einmannlöcher!" „Schschsch!" Das galt auch mir als K2. Mit einem Satz war ich in meinem Loch und zog den Deckel über mir zu. Von draußen hörte ich Schmalriede rufen: „K1 und K4, ab in eure Einmannlöcher!" Es waren die letzten Worte unseres Zugführers, die wir hörten. Schschschschsch! Das Dröhnen in der Luft steigerte sich zu einem unheilvollen, Unheil bringenden, Angst einflößendem Rauschen - fast unmöglich zu beschreiben! - Es war der schlimmste Orkan und war inzwischen so laut angeschwollen, dass es als Vibrieren körperlich zu spüren war. Und dann begann das reine Inferno! Das darauf folgende und nicht enden wollende, ohrenbetäubende Krachen explodierender Bomben rings um mich herum tat weh! Ich spürte, wie die Erde von apokalyptischen Kräften umgepflügt wurde. Da draußen wütete der Tod und suchte sich seine Opfer. Und ich armer Wurm krümmte mich in

meinem Loch und versuchte mich so klein wie nur möglich zu machen. Um mich war nur Finsternis und unsäglich lautes Detonieren. Jetzt! Eine der Bomben mußte dicht bei mir eingeschlagen sein: die quadratische Verschalung meines Loches verschob sich zu einer Raute. Mein rechter Fuß war eingeklemmt und schmerzte. Und dann war es plötzlich still. Nichts, aber auch gar nichts mehr war zu hören! War es nun vorbei? Ich versuchte mit der rechten Hand, den Deckel meines Loches anzuheben. Unmöglich! - Die Stille wurde unterbrochen: Weitere Bomben explodierten - nicht mehr so laut, weiter entfernt. Nein, jetzt eine oder mehrere wieder ganz dicht bei mir! Alle Fasern meines Körpers waren bis aufs äußerste angespannt. Ich kam nicht einmal dazu. ein Stoßgebet zum Himmel zu schicken Erst als es auf Neue still wurde und nichts, aber auch gar nichts mehr zu hören war und ich zu spüren bekam, wie ich da unten eingeklemmt war und ich nun nicht einmal mehr meine rechte Hand rühren konnte, rief ich um Hilfe, laut und voller Verzweiflung: „Mutter! Mutter! Hilf mir!" Und sie kam, die Hilfe, um die ich gebeten hatte, sie kam als „Filmriss", als ein Geschenk des Himmels, als tiefe beruhigende Ohnmacht.

Wie lange er wohl gedauert hat, dieser Schlaf? Ich weiß es bis heute nicht. Einer meiner Schulkameraden hatte sich daran erinnert, dass ich mein Einmannloch neben Johannisbeersträuchern gegraben hatte. Und er sagte zu den wahrscheinlich russischen Zwangsarbeitern oder den Luftwaffenhelfer-Kameraden, die vom Eselsberg mit Schaufeln und Spaten herbeigeeilt kamen:„Grabt an dieser Stelle, da ungefähr muß der „Spatz" (das war mein Spitzname) liegen!" Ja, ich hatte Glück, sie fanden mich und konnten mich ausgraben.

Genau in dem Moment, als ich auf einer Trage liegend auf die Ladefläche eines Lastwagens gehoben wurde, kam ich zu mir und erkannte den Oberleutnant Jeute, der neben mir stand. „Nun wird alles jut, mein Jung!" hörte ich ihn noch sagen, dann fuhr der Lastwagen an. Bald darauf fand ich mich im Söflinger Krankenhaus wieder, in einem Zweibettzimmer zusammen mit meinem Schul- und Flakkameraden Hans Schirmer, der wie ich von den Bomben verschüttet wurde. Doch ehe ich mich mit ihm unterhalten konnte, forderte die Natur ihr Recht. Der Schock und die übermäßige psychische Anspannung lösten bei mir einen so heftigen Schüttelfrost aus, dass ich kaum bemerkte, dass inzwischen mein Vater und mein Bruder gekommen waren, um mich zu besuchen. Verstärkt wurde dieser Schüttelfrost durch erneuten Fliegeralarm. Schreie, Laufen und Rennen. Irgendwelche Pfleger oder Schwestern trugen mich auf einer Bahre hinunter in den Schutzraum, stellten mich dort ab und kümmerten sich um andere Kranke oder Verletzte. Entwarnung. Wieder zurück in das Zimmer. Eine Schwester schiebt mir eine Wärmeflasche unter die Füße. Langsam spüre ich das Erwachen meiner Lebensgeister. Vom Vater erfahre ich, dass es Tote gegeben hat, aber er konnte mir keine Namen nennen. Ich spürte, wie er mir über die Haare strich: „Schlaf jetzt, mein Bub'! Das wir dir gut tun. Ich schaue morgen wieder bei dir vorbei!"

Was ist noch zu sagen? Zwei meiner Schulkameraden haben den Tag nicht überlebt: Anton Ruedel aus meiner Klasse und Karl Ott aus dem Laichinger Gymnasium. Außerdem unser junger Unteroffizier Schmalriede und der Gefreite Bargehr aus Kärnten, den wir so sehr mochten. Unsere Geschütze waren nur noch Schrott.

Nach einer Woche im Söflinger Krankenhaus bekam ich zwei Wochen Heimurlaub. Während dieser Zeit wurde unsere Heimatflak-Batterie 6/VII aufgelöst und wir wurden bei Augsburg gemeinsam mit Flakkameraden aus Ingolstadt zu einer neuen Heimatflak-Batterie zusammen gestellt. Als ich davon erfuhr, verzichtete ich auf den Rest meines Urlaubs. Ich wollte bei meinen Kameraden sein, wenn es darum ging, in einer neuen Einheit irgendwo anders feindliche Fliegerangriffe abzuwehren. Von der elterlichen Wohnung aus waren es nur wenige Schritte bis zum Neu-Ulmer Bahnhof, wo der Zug wartete und die Kameraden mich mit lautem Geschrei empfingen.
In der neuen „leichten Heimatflak-Batterie 13/VII" mit dem Batterieführer Oberleutnant Schuck bekamen wir im Schwarzwald bei den Orten Aach und Wittlensweiler den Auftrag, die dortigen Eisenbahnviadukte gegen feindliche Tiefflieger zu schützen.

Das Ende des Krieges

Wie ich an anderer Stelle schon dargelegt habe, empfanden nur wenige von uns die Zeit bei der Heimatflak als Einengung oder als unangenehme Pflicht. Wir waren stolz darauf, wie Erwachsene behandelt zu werden und Aufgaben übernehmen zu dürfen, die vorher von Erwachsenen wahrgenommen wurden. Wie sie waren wir im Kriegseinsatz und waren stolz darauf, unsere Heimat gegen feindliche Flieger verteidigen zu dürfen. Dass wir in Ulm gegen diese nicht viel ausrichten konnten, verdrängten wir durch die Hoffnung, dass wir uns irgendwann mit Tieffliegern messen könnten. So war die Zeit in Ulm erfüllt von - immer weniger - Schulunterricht, von Grund- und Geschützausbildung, von Feuerbereitschaft und Fliegeralarmen, von militärischer und politischer Schulung und wenig persönlicher Freizeit, die wir häufig genug nur im Kreis unserer Kameraden verbrachten. Und als wir Luftwaffenhelfer aus Ulm im Spätherbst dann im Schwarzwald waren, um dort die Eisenbahnviadukte der Bahnlinie Stuttgart - Freudenstadt in Aach und Wittlensweiler gegen die Angriffe feindlicher Jagdbomber zu schützen, waren wir so gut wie völlig abgeschnitten von nahezu allen sozialen Kontakten außerhalb unserer Luftwaffenhelfer-Gemeinschaft. Auf Tiefflieger zu schießen, dazu hatten wir dort fast täglich Gelegenheit. Allerdings immer ohne Erfolg. Der amerikanische schwere Jäger Republic P 47 Thunderbolt war unten so stark gepanzert, dass wir zusehen konnten, wie unsere Treffer mit den Sprenggranaten abplatzten ohne am Flugzeug großen Schaden anzurichten. Dass es uns dennoch gelang die Viadukte zu sichern und den Zugverkehr auf der Linie Stuttgart - Freudenstadt bis zum Kriegsende aufrecht zu erhalten, darauf waren wir mit Recht stolz. Alle drei Brücken haben die vielen Tieffliegerangriffe ohne wesentliche Schäden überdauert bis zu dem Tag, als sie noch kurz vor Kriegsende von deutschen Truppen gesprengt wurden. Ein Teil der Luftwaffenhelfer wurde im März 1945 entlassen, eine kleine Gruppe blieb bei den 2cm-Geschützen zurück und musste mit ansehen, wie Freudenstadt niederbrannte.
Zwar hatte von da an jeder von uns seinen ganz individuellen Lebensweg, je nachdem ob er in den letzten Kriegsmonaten noch zum Arbeitsdienst oder gleich als Soldat zu irgend einer Wehrmachtsabteilung eingezogen wurde, ob er nach Kriegsende ins Elternhaus zurück kehren konnte oder ob er noch viele Monate lang in Kriegsgefangenschaft war. Doch irgendwie waren

unsere Einzelschicksale einander ähnlich und so kann sich mein ganz persönliches Schicksal verallgemeinern lassen. Im März 1945 kam ich nach meiner Entlassung als Luftwaffenhelfer zurück zu den Eltern, doch nicht in unsere Wohnung nach Neu-Ulm. Beim Fliegerangriff am 4. März 1945 wurden wir „ausgebombt", d.h. das Wohnhaus in der Bahnhofstraße 22 brannte aus und wir verloren alles, bis auf die wenigen Dinge, die im Keller waren und gerettet werden konnten. Nun waren wir draußen im Blautal in Arnegg bei einem Arbeitskollegen meines Vaters evakuiert und hausten dort zu viert in einem einzigen Zimmer. Ich war allerdings nur zwei Wochen dort bis zu dem Tag als der Postbote ein Einschreiben mit meiner Einberufung zum Arbeitsdienst in ein Lager ins schwäbische Burtenbach im Landkreis Günzburg brachte. Kaum war ich dort angekommen, zogen wir uns schon zurück nach Süden ins Allgäu. Nachts marschierten wir, und bei Tag schliefen wir in irgendwelchen Wäldern. Das ging etwa eine halbe Woche so, bis zu jenem Morgen an dem wir aufwachten und allein gelassen waren von unseren Arbeitsdienstführern und ohne Essen, denn den Verpflegungswagen hatten die Herren mitgenommen. Mit drei oder vier Kameraden aus der Gegend von Illertissen und Dietenheim wollten wir uns nach Hause durchschlagen. In Marktoberdorf wurden wir von den Amerikanern aufgegriffen, und von da an begann dann meine Odyssee in den Kriegsgefangenenlagern in Kempten, auf dem Flugplatz in Kaufbeuren, in Neu-Ulm und in Heilbronn-Böckingen, wo ich mit Tausenden anderer Soldaten zwei Monate verbrachte. Was sich vor allem in meinem Gedächtnis einprägte, war der furchtbare Hunger, den wir erleiden mussten. Nachdem eines Tages die Ausländer unter den Kriegsgefangenen das Lager verlassen durften, wurden bei einem Aufruf durch die Lautsprecher Landwirte aufgerufen, sich bei der Lagerleitung zu melden. Schnell verbreitete sich das Gerücht in unserem „Cage", dass draußen in Deutschland Bauern gebraucht würden, um die im Spätsommer bevorstehende Ernte einzubringen. Und natürlich meldete auch ich mich als Landwirt, hatte ich doch bei meinen Verwandten im Schwarzwald „Erfahrung" gesammelt. Im „Cage 1b" mussten wir vor einem deutsch sprechenden amerikanischen Offizier Angaben zu unserem bisherigen Leben machen. Und wahrheitsgemäß gab ich an, dass ich sowohl im Jungvolk als auch in der Hitlerjugend, bei der Heimatflak und zuletzt beim Reichsarbeitsdienst war. Mit Hunderten anderer musste ich mich beim „großen Haufen" anstellen, und nur wenige, die angeblich nie in der HJ oder anderen nationalsozialistischen Organisationen waren, standen abseits und wurden, wie wir später erfuhren, tatsächlich aus der Kriegsgefangenschaft entlassen. Wir „Landwirte" mussten uns am nächsten Tag in Marschformation aufstellen und wurden von amerikanischen GI's mit „Mak snell! und Let's go!" zum Heilbronner Güterbahnhof getrieben.
Abzählen! 50 Mann in einen Waggon! Die Tür wird zugeschoben und verriegelt und ab geht die Fahrt ins Ungewisse; längerer Aufenthalt in Ludwigsburg, die Zivilbevölkerung bringt Lebensmittel: frische Kirschen, Kartoffelsalat, eine Flasche Most, ein Glas Eingemachtes, ein Stück Brot, hartgekochte Eier, einfach alles, was sie sich vom Mund absparen konnten! Am späten Abend setzte sich der Zug in Bewegung, und am nächsten Morgen wachten wir bei Straßburg auf. In unserem Waggon stank es bestialisch! Das für unsere ausgehungerten Mägen ungewohnte Essen hatte bei nahezu jedem von uns seine Wirkung getan. Die beiden Zigaretten aus der amerikanischen C-Ration - es war unsere Verpflegung für zwei Tage

Zugfahrt - hatte ich bei einem Kameraden gegen eine nagelneue Unterhose eingetauscht. Jeder versuchte sich zu reinigen, so gut es unter diesen Umständen möglich war. Am Abend hatten wir unser Ziel erreicht, der Zug fuhr ganz langsam. Riesige Gebäude erschienen, der Zug hielt an. Wir hatten das Lager La Fleche unweit von Le Mans erreicht und wieder einmal lernten wir ein neues Kriegsgefangenenlager kennen. Neu für uns war die Bewachung durch französische Soldaten, die wir allerdings nur von ferne sahen. Obwohl ich dort nur wenige Tage verbrachte, erinnere ich mich heute noch recht genau an verschiedene Einzelheiten. Mit vielen anderen Kriegsgefangenen hielt ich mich in einem der großen Gebäude auf. Zum Frühstück gab es täglich starken Bohnenkaffee, ohne Milch und ungezuckert, kein Brot dazu! Dafür schwammen eingeweichte Rosinen in der dunklen Brühe. Mittags und abends bekamen wir eine Tomatensuppe, so jedenfalls nannte sie sich. Es war eine klare Brühe mit zerquetschten Tomaten darin, sie war ungesalzen, dafür scharf gepfeffert. Beim Essen dieser beiden Mahlzeiten brach jedes Mal der Schweiß aus.

Außerhalb des Gebäudes, im Freien befand sich eine große Latrine. Um dort seine Notdurft verrichten zu können, musste man einige hölzerne Stufen emporsteigen. Eines Tages wurde ich mit einigen Dutzend anderer Soldaten eingeteilt, um die hohen Latrineneimer aus dem Lager zu bringen und sie an einer dafür vorgesehenen Stelle zu entleeren. Jeder dieser Eimer hing an zwei langen Stangen, die von vier Mann auf ihren Schultern getragen wurden. So lange wir innerhalb des Lagers waren, ließ sich diese Arbeit ganz gut an. Als wir in die Nähe des Tores kamen, das aus dem Lager hinaus führte, begannen die vor uns plötzlich zu rennen. Dort am Tor standen französische Soldaten, die mit Prügeln auf uns einschlugen. Es war entsetzlich, obwohl ich keinen Schlag abbekam. Die unappetitliche, fürchterlich stinkende Brühe begann zu spritzen und jeder einzelne von uns bekam davon ab. Dies alles geschah zum Gaudium der französischen Sieger, die sich amüsierten, ihre ehemaligen Kriegsgegner so demütigen zu können.

Nach einer knappen Woche wurden Verwundete, Alte und Jugendliche aussortiert. Wieder ging es mit dem Zug weiter, diesmal in die Normandie ins Kriegsgefangenenlager St. Meré Eglise bei Cherbourg. Wie es uns dort erging, hat mein früherer Schulkamerad Horst Kustermann ausführlich geschildert, ich brauche es nicht zu wiederholen. Wie er fuhr ich in offenen Güterwaggons aus Frankreich zurück nach Deutschland. Als Siebzehnjähriger wurde ich dann in Heilbronn im Spätherbst 1945 aus der Kriegsgefangenschaft entlassen. Wir bekamen unsere Papiere und waren dann auf uns allein gestellt. Jeder sollte schauen, wie er zurück kam. Ich schloss mich einer Gruppe an, die wie ich erst nach Stuttgart und dann weiter nach Ulm wollte. Auf „Schusters Rappen" machten wir uns auf den langen Weg. Nach Weinsberg waren Arbeiter dabei, Straßenschäden zu reparieren. Als sie uns sahen, rief einer: „Schaut! Jetzt kommen die Hitlerbuben zurück!" Irgendwie gab mir das einen Stich! Denn noch war ich in der neuen Realität nicht angekommen, noch konnte ich nicht begreifen, dass der Krieg zu Ende war und eine neue Zeit begann, die ich mir nicht vorstellen konnte. Auf Lastwagen kamen wir schneller voran, und noch am späten Nachmittag hatte ich Ulm erreicht. Von Verwandten in der König-Wilhelm-Straße erfuhr ich, dass es meinem Vater gelungen war, in Neu-Ulm eine neue Wohnung für unsere Familie zu finden. Nur kurze Zeit danach konnte ich meine Eltern umarmen und meinen Bruder begrüßen.

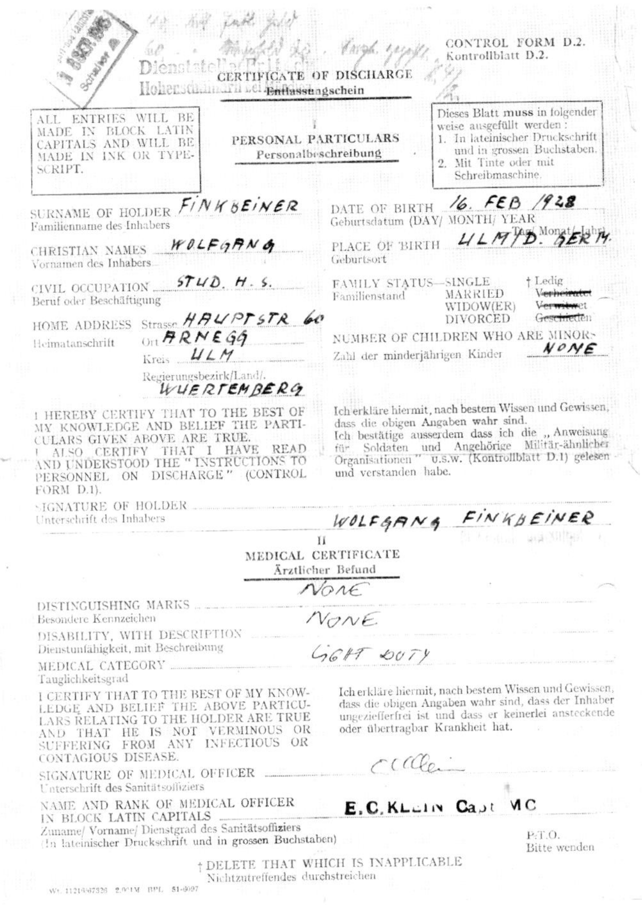

CONTROL FORM D.2.
Kontrollblatt D.2.

CERTIFICATE OF DISCHARGE
Entlassungschein

ALL ENTRIES WILL BE MADE IN BLOCK LATIN CAPITALS AND WILL BE MADE IN INK OR TYPE-SCRIPT.

PERSONAL PARTICULARS
Personalbeschreibung

Dieses Blatt muss in folgender weise ausgefüllt werden:
1. In lateinischer Druckschrift und in grossen Buchstaben.
2. Mit Tinte oder mit Schreibmaschine.

SURNAME OF HOLDER FINKBEINER
Familienname des Inhabers

DATE OF BIRTH 16. FEB 1928
Geburtsdatum (DAY/ MONTH/ YEAR Tag/ Monat/ Jahr)

CHRISTIAN NAMES WOLFGANG
Vornamen des Inhabers

PLACE OF BIRTH ULM/D. GERM.
Geburtsort

CIVIL OCCUPATION STUD. H. S.
Beruf oder Beschäftigung

FAMILY STATUS—SINGLE † Ledig
Familienstand MARRIED ~~Verheiratet~~
WIDOW(ER) ~~Verwitwet~~
DIVORCED ~~Geschieden~~

HOME ADDRESS Strasse HAUPTSTR. 60
Heimatanschrift Ort ARNEGG
Kreis ULM
Regierungsbezirk/Land/. WUERTEMBERG

NUMBER OF CHILDREN WHO ARE MINORS NONE
Zahl der minderjährigen Kinder

I HEREBY CERTIFY THAT TO THE BEST OF MY KNOWLEDGE AND BELIEF THE PARTICULARS GIVEN ABOVE ARE TRUE.
I ALSO CERTIFY THAT I HAVE READ AND UNDERSTOOD THE "INSTRUCTIONS TO PERSONNEL ON DISCHARGE" (CONTROL FORM D.1).

Ich erkläre hiermit, nach bestem Wissen und Gewissen, dass die obigen Angaben wahr sind.
Ich bestätige ausserdem dass ich die „Anweisung für Soldaten und Angehörige Militär-ähnlicher Organisationen" u.s.w. (Kontrollblatt D.1) gelesen und verstanden habe.

SIGNATURE OF HOLDER WOLFGANG FINKBEINER
Unterschrift des Inhabers

II
MEDICAL CERTIFICATE
Ärztlicher Befund

DISTINGUISHING MARKS NONE
Besondere Kennzeichen

DISABILITY, WITH DESCRIPTION NONE
Dienstunfähigkeit, mit Beschreibung

MEDICAL CATEGORY LIGHT DUTY
Tauglichkeitsgrad

I CERTIFY THAT TO THE BEST OF MY KNOWLEDGE AND BELIEF THE ABOVE PARTICULARS RELATING TO THE HOLDER ARE TRUE AND THAT HE IS NOT VERMINOUS OR SUFFERING FROM ANY INFECTIOUS OR CONTAGIOUS DISEASE.

Ich erkläre hiermit, nach bestem Wissen und Gewissen, dass die obigen Angaben wahr sind, dass der Inhaber ungezieferfrei ist und dass er keinerlei ansteckende oder übertragbar Krankheit hat.

SIGNATURE OF MEDICAL OFFICER
Unterschrift des Sanitätsoffiziers

NAME AND RANK OF MEDICAL OFFICER IN BLOCK LATIN CAPITALS E.C. KLEIN Capt MC
Zuname/ Vorname/ Dienstgrad des Sanitätsoffiziers
(In lateinischer Druckschrift und in grossen Buchstaben)

P.T.O.
Bitte wenden

† DELETE THAT WHICH IS INAPPLICABLE
Nichtzutreffendes durchstreichen

Mein Entlassungsschein, wie er den Kriegsgefangenen von den damaligen Siegermächten ausgestellt wurde

Irgendwann im Frühjahr 1946 traf ich mich wieder mit meinen alten Schulkameraden. Die Kepler-Oberschule hatte den Unterricht wieder aufgenommen, provisorisch in Räumen des nur teilweise zerstörten Justizgebäudes in Ulm. 1947 bot sich mir die Gelegenheit, meine Schulausbildung in Lauingen fortzusetzen, die Reifeprüfung abzulegen und dort das Studium zum Lehramt für Volksschulen aufzunehmen.

Ganz allmählich begann sich die Situation für uns junge Menschen zu normalisieren. Inzwischen war ich erwachsen geworden und meine Jugendzeit war vorbei, endgültig und unwiederbringlich. Ich vermute, dass ich für alle ehemaligen Luftwaffenhelfer das ausspreche, wovon wir uns in unserem späteren Leben leiten ließen: Niemals sollte unseren Kinder und Enkeln das widerfahren, was ein verbrecherisches Regime mit uns getan hatte, unsere Begeisterungsfähigkeit, unser Pflichtgefühl und unseren Idealismus für seine Zwecke zu missbrauchen.

Gerhard Gänßlen, Ulm

Schüler der Klasse 5b in der Kepler-Oberschule in Ulm, ab Januar 1944 Luftwaffenhelfer beim 2. Zug der Leichten Heimatflak-Batterie 6/VII in Ulm-Söflingen, ab Mitte Oktober 1944 bis Anfang März 1945 beim 3. Zug der Leichten Heimatflak-Batterie 13/VII in Wittlensweiler bei Freudenstadt im Nordschwarzwald.

Meine „Schule des Lebens"...

Seit dem Ende des 2. Weltkriegs sind mehr als 60 Jahre vergangen. Eine lange Zeit, um unvergessene Kriegserlebnisse zu verarbeiten durch diejenigen, die intensiv in die Geschehnisse eingebunden waren. Die Zeitzeugen werden weniger, und es ist daher notwendig, wichtige Ereignisse für Nachkommen und Nachwelt zu sichern, subjektiv nachhaltige Ereignisse, die sich eingegraben haben und die einer jugendlichen Lebensform widersprechen.

Anfang Januar 1944 wurde ich, 15 Jahre alt und Sohn aus einer bürgerlichen Familie, mit meinen Klassenkameraden der Kepler-Oberschule in Ulm zur Heimatverteidigung einberufen, d.h. wir mussten in unserer Heimatstadt Ulm den Dienst im Flugabwehrbereich antreten. Dies war für mich kein Schock, hatte ich doch schon mehrere Jahre in der Kameradengemeinschaft der Hitlerjugend, und hier bei der Reiter-HJ, Gewöhnungsdrill durchlebt und Leistungsdruck (für Jugendreitabzeichen und Fahrprüfung mit Pferdegespann) erlebt. Dies war, im Nachhinein betrachtet, letztlich schon vormilitärische Ausbildung. Der Einsatz für die Heimatverteidigung vor Ort mit anderen Kameraden zusammen war eigentlich selbstverständlich, war eine Pflichtaufgabe und benötigte keine Überwindung einer Hemmschwelle oder die Beantwortung großer Fragenkomplexe, was ohnehin sinnlos gewesen wäre.

Es gibt viele Veröffentlichungen über Einsätze von Schülern bei der Heimatflak, die ein subjektives Gesamtbild ihrer Dienstzeit zum Inhalt haben (z.B. Einkleidung, Ausbildungsteile, Ersteinsätze gegen Angriffe, Freizeitgestaltung, Ersatzschulunterricht usw.). Ich möchte mich hier auf wenige, besondere Ereignisse beschränken, weil sie sich bei mir bis heute tief in meinem Bewusstsein verankert haben und dort hängen geblieben sind.

Der erste befohlene Appell-Treff nach unserer Einberufung lief im Innenhof der oberen Donaubastion ab. Harmlos standen wir unerfahrenen Jünglinge herum und unterhielten uns mit den ebenfalls anwesenden älteren Schulkameraden unserer Vorklasse, die jetzt vor der Entlassung standen und vor dem Diktat, ob Schulfortgang (Notabitur), evtl. Studium, Arbeitsdienst oder Wehrdienst. Fragen und Antworten schwirrten durch die Luft: „Bei den Geschützen seid ihr vorwiegend Heimschläfer, bei den Scheinwerfern habt ihr tagsüber mehr frei, habt ihr es schöner." Es wurde „Antreten!" befohlen, und eine Befehlsstimme tönte laut: „Freiwillige für Scheinwerfer links heraus!"

Es entstand eine Unruhe, und die Mehrzahl der neu Einberufenen drängte nach links. Ich wollte zu den 2cm-Geschützen und blieb stehen.

Das überraschende Ergebnis: Wer stehen geblieben war, wurde den Scheinwerfern zugewiesen. Nun denn, so war es eben, so war mein Einstieg: Das „Abenteuer" Heimatflak begann für mich mit einer bewussten Täuschung durch einen militärischen Vorgesetzten.
Für mich war das nicht heiter. Die Entscheidung, zu den Scheinwerfern abgeordnet zu werden, ließ ich über mich ergehen. Ein Schaf hätte es nicht besser gemacht. Aber der Stachel blieb und der Ärger über eine menschenverachtende Manipulation.
Unsere praktische Ausbildung an den Geschützen erfolgte auf hohen Holzgeschütztürmen am Neu-Ulmer Donauufer beim jetzigen Ulmer Ruderclub und in Söflingen, für Scheinwerfer in der Blaubeurer Straße auf dem Hausdach der Firma Holz-Molfenter. An den Standorten waren auch Schlafräume. Essen gab es in der Kantine der Donaubastion oder auf dem Führungsgeschützturm. Letzteres lief so ab, dass unser Abendessen in Tragwärmebehältern von der Kantine auf den Führungsturm getragen wurde. Dort erfolgte im Quartierraum durch einen Stabsgefreiten die Ausgabe in unser Essgeschirr; gegessen wurde unten im Freien auf der Wiese am Fuß des Turmes. Auf der schmalen Holztreppe bewegte sich eine einzige Schlange von aufsteigenden und absteigenden hungrigen Essensfassern .
Des öfteren gab es für uns Schüler Brei, der einmal total angebrannt und ungenießbar war. Der erste Essensempfänger signalisierte sofort laut: „Der Brei ist verbrannt!" und kippte ihn über die Brüstung. Der zweite verweigerte die Annahme. Nun trat der Herr Stabsgefreite an die Brüstung und brüllte: „Nixa, B'fehl ischt B'fehl ond Brei wird gessa!" Eine lächerliche, skurrile, fast beleidigende Machtdemonstration.
Der Aufschrei des Stabsgefreiten wurde künftig bei unsinnigen Anordnungen für uns zum geflügelten Wort, insbesondere auch innerhalb der eigenen Familie.
Mein Scheinwerfer, an dem ich Dienst tat, war also auf dem Dach der Firma Holz-Molfenter. Er hatte nur 45 cm (?) Durchmesser und war bei hoch fliegenden Fliegerverbänden nutzlos, er verriet sogar den eigenen Standort. Mit Strom gespeist wurde der Scheinwerfer von einem für mich riesigen Generator-Block mit den ungefähren Ausmaßen: Höhe 1,70 Meter, Breite 1,50 Meter und Tiefe 0,60 Meter. Ich war als Maschinist auserkoren und hielt mich bei Fliegeralarm in einem Erdbunker auf, in dem der Generator montiert war. Einmal erhielt ich während eines Nachtalarms von oben das unübersehbare Leuchtzeichen „Start!". Man brauchte also oben Lichtstrom. Sofort warf ich den Generator an, betätigte alle Hebel und Drucktasten und war mächtig stolz: Der laute Generator lief wie geschmiert, er gehorchte mir und lief und lief und lief ... Auch der Auspuff ins Freie war nicht verstopft.
Nach wenigen Minuten gab ich auch die Stromzufuhr nach oben zum Scheinwerfer frei. Mit stark geschwellter Brust stand ich als Lenker in meinem Mikrokosmos, den ich voll beherrschte!
Plötzlich ging die Holztür ins Freie auf, und der Scheinwerfer-Unteroffizier stürmte wutentbrannt und lauthals fluchend herein, stellte sofort den Generator ab und schrie mich an, was mir einfalle, wie ich dazu komme, den Generator laufen zu lassen. Ich nehme an, sie rochen oben die Auspuffgase. Der Unteroffizier „verseckelte" mich nach Strich und Faden und machte mich, die kleine, harmlose, brave Schülerfigur und stolzen 15-jährigen Maschinisten vollkommen „zur Schnecke". Er ließ mich nicht zu einer

Verteidigung vordringen. Den fundamentalen Rechtssatz „Audiatur et altera pars", den anderen auch anzuhören, existierte für ihn in den ersten Minuten nicht. Als ich endlich verbal reagieren konnte, schrie ich ihn, verzweifelt wie ich war, an, ich hätte von oben das Kommando „Start" bekommen und wiederholte dies oft und beharrlich. Er leugnete dies rundweg ab, schaltete aber langsam einen Gang zurück. Er glaubte mir nicht, ich blieb bei meiner Rechtfertigung. Sein Unmut gipfelte schließlich in der angsterfüllten Frage, wie er den verbrauchten Dieselkraftstoff buchhalterisch und praktisch einsparen und den Verbrauch nach „oben" kaschieren könne. Mein einmaliges Erlebnis, eine gewaltige Maschinerie zu beherrschen, währte nur ca. 5 Minuten - eine herrliche, hochfahrende Zeit bis zum Absturz!
Der Herr Unteroffizier bestrafte mich damit, dass ich hinfort kein Maschinist mehr war. Für mich eine persönliche Niederlage und Erniedrigung!
Ob dieser Vorgang wohl ein weiteres unbewusstes Mosaiksteinchen auf meinem Weg zum Rechtsanwalt war? Mit Beginn des Studiums stand für mich schon fest, dass ich Verteidiger werden wollte, niemals Richter, der über andere urteilen muß.
Zurück zum abgelaufenen Vorfall: Ich war also fortan gewöhnliches Mannschaftsmitglied, wurde aber nicht schikaniert. Der Vorfall wurde nie erörtert, eine Gegenüberstellung hat nie stattgefunden, auch keine Entschuldigung. Ich hatte meine Ruhe, der Unteroffizier wahrte sein Gesicht und vertuschte die Angelegenheit..
Einen Bedienungsfehler gab es auch bei einem Geschütz auf der Neu-Ulmer Seite. Während eines Fliegeralarms reinigte ein Mannschaftsmitglied das Mündungsteil der Kanone, der Kanonier spielte mit dem Abzug und erschoss den Mitschüler, der vergessen hatte, den Abzug zu sichern.
Wochen später wurde ich zu den Geschützen versetzt, zu den Erdwallstellungen an der Blau in Söflingen. Hier musste jeder von uns zum eigenen Schutz für Notfälle ein „Einmannloch" graben. Im September 1944 erhielt ich als Geschützführer den Befehl, zusammen mit Flak-V-Soldaten5, die als letztes Aufgebot noch einberufen wurden, an den Chiemsee zu fahren, um dort Scharfschießen zu trainieren. Dort wurde ich nach ein paar Tagen nachmittags von meiner Ausbildungsabteilung abberufen und zum Lagerleiter einbestellt. Der eröffnete mir ohne Umschweife und ohne Rührung, dass mein Bruder Walter für das Vaterland gefallen sei. Als mir die Tränen übers Gesicht liefen, befreite er mich vom Dienst und erlaubte mir, in die Schlafbaracke zu gehen. Ich stieg in mein Stockbett und weinte weiter. Schließlich raffte ich mich auf und bat um Bewilligung, nach Ulm, nach Hause fahren zu dürfen. Dies wurde mir erlaubt. Daheim angekommen, fand ich meine Eltern aufgelöst, und zum ersten Mal sah ich meinen Vater weinen. Als ich am Tag darauf meine Dienststellung in Söflingen aufsuchen wollte, erfuhr ich, dass während meiner Abwesenheit am 13. September bei einem Fliegerangriff mit Sprengbomben unsere Geschützstellung teilweise vernichtet worden war. Es gab vier Tote, einer von ihnen hatte mein Einmannloch benützt.
Als Flakhelfer bekam man auch Urlaub. Wie ich mich erinnere, bekam jedes Mannschaftsmitglied eines Geschützes einen halben Nachmittag und die darauf folgende Nacht frei. Ich glaube, das war jede Woche einmal. Man durfte nach Hause gehen und musste sich am anderen Tag zurück melden. Den Urlaubsschein musste man im Büro unseres Batteriechefs im alten Söflinger Bahnhof unterschreiben lassen.

Mit einem Kameraden betrat ich einmal, unmittelbar nach dem Mittagessen, den Bürovorraum. Hier warteten wir ca. eine halbe bis eine Dreiviertelstunde, bis wir ins Büro gerufen wurden: Aber unsere Erwartung wurde enttäuscht. Es gab noch keine Unterschrift unter den Urlaubsschein. Der Herr Batteriechef bat uns höflich, uns zu setzen. Dann öffnete er eine Schranktür und holte eine Geige heraus. Diese setzte er an sein Kinn und spielte, kratzte und fiedelte uns beinahe eine Stunde lang die Ohren voll. Wir konnten uns nur in Geduld üben und demütig warten, bis er uns endlich den Urlaubsschein unterschrieben überreichte. Kurz vor 17.00 Uhr begann endlich unser ersehnter Urlaubsnachmittag.
Über diesen Vorgesetzten konnten wir nur den Kopf schütteln. Der Mann war ein Fall für die Medizin. Solche Charaktere waren zwar nicht fronttauglich, aber bei der Erziehung und zur Ausbildung der Jugend setzte man ihn ein. Im Grunde genommen war er einsam und harmlos, aber er wurde sogar für tauglich befunden, am Sonntagmorgen die politische Schulung durchzuführen.
Mitte Oktober 1944 wurde unsere neu zusammengestellte Batterie nach Wittlensweiler, nahe Freudenstaadt, verlegt zum Schutz eines sehr großen Eisenbahnviadukts gegen Tieffliegerangriffe. Dort wehrten wir zahlreiche Angriffe durch Thunderbolt-Jagdbomber ab. Diese Maschinen waren gegen unsere 2cm-Geschosse viel zu stark gepanzert. Trotzdem hatten die Piloten Respekt vor unseren Schnellfeuerkanonen. Wir konnten Bombenvolltreffer auf die Metall-Brückenkonstruktion und die steinernen Stützpfeiler verhindern, waren aber selbst erheblich gefährdet. Einmal hielten wir mit dem Feuerstoß frontal auf ein auf unsere Stellung zusteuerndes Flugzeug. Der Pilot, der die Leuchtspur unserer Granaten sah, riss in einem Ausweichmanöver die Maschine hoch und klinkte gleichzeitig zwei auf uns gemünzte 10-Zentner-Bomben verspätet aus. Diese schaukelten und wackelten ca. 10 Meter über unsere Stellung hinweg und bohrten sich als Blindgänger ungefähr 30 Meter von uns entfernt zwei bis drei Meter tief ins Erdreich. Ein Volltreffer hätte uns alle umgebracht. Wir hatten Glück!
Bei einem anderen Angriff auf unsere Stellung markierten Bodeneinschläge von Bordgeschossen talaufwärts den Versuch, uns auszuschalten. Unsere gezielte Abwehr stoppte den Salvenbeschuss unmittelbar vor unseren Erdwällen.
Ich zitiere wörtlich aus einem sehr lückenhaft geführten Tagebuch, das ich immer bei mir trug: „28. 12 .(44), Angriff von 10 Jägern (Thunderbolt) gleichzeitig von allen Seiten und von der Sonne, schossen wie verrückt. Rohre dampfen. Ich als Geschützführer gebe dem K1 (Kanonier) Korrekturen und reiße ihn bei einem neuen Angriff herum. Den 1. Zug haben sie mit Bordwaffen beschossen. Häfele Herzschuss, gleich tot. Scholl Telefonhörer aus der Hand geschossen. Bei Engelhart Geschoß durch Sitz. Uns haben die Jäger auch beschossen, aber nichts bewirkt. Mit Bordwaffen auf Freudenstadt. Haben 2 notlanden müssen. Verschossen hat unser Zug (3 Geschütze) am meisten, 570 Schuss. Mein Geschütz 245.
30. 12. (44) Treiben das Jahr aus mit 40 Schuss wieder auf Thunderbolt. Diesmal ziemlich hoch und Zugführer Seeger gibt kaum Feuer frei.
8. Februar (45) Angriff 12 Thunderbolt 10.00 (Uhr) mit Bomben
Angriff 8 Thunderbolt 1.00 (Uhr) mit Bomben
Zusammen 40 Bomben mit je 10 Zentnern. Schwere Schießerei. Aber Brücke ist ganz. Fast alle Häuser von Wittlensweiler abgedeckt. Nachts darauf reg-

net es ununterbrochen. So 3 Tage. Haben deshalb Ruhe." Als die Franzosen nur noch 10 Kilometer vor Freudenstadt waren, fassten wir Panzerfäuste, Handgranaten, Gewehre und Panzergranaten. Wir erhielten den Befehl, die Geschützstellung 100 Meter bergauf zu verlegen und diese Stellung zu halten. Am 16. April 1945 wird Freudenstadt ab 14,30 Uhr mit Artilleriefeuer belegt, eine Stunde später brennt die Stadt. Nach einem neuen Befehlsempfang kurz vor Mitternacht fuhren wir auf Bauernwagen unsere Geschütze mit Zubehör zum Hauptbahnhof und luden während des Stadtbeschusses unsere Ladung auf offene Güterwagen. Um 3.00 morgens war Abfahrt. Wir waren hundemüde. Hinter uns wurde das Stellwerk gesprengt. Eine Zick-Zack-Irrfahrt begann. Die Flucht ging nach Triberg, St. Georgen, Immendingen, Radolfzell, Fischbach, Friedrichshafen. Bei Tag stand der Zug. Wir suchten Schutz vor Angriffen hinter Bäumen, bei Nacht fuhren wir, sofern die Strecke nicht gestaut war. Waschen, Schlafen war das Wichtigste: Wir waren rußüberzogen von den Dampfloks. Es regnete zeitweise, auf den offenen Güterwagen war es zudem unbequem, kalt und eng. Verpflegung gab es keine mehr. Wir plünderten unter „Überwindung unseres inneren Schweinehundes" bei Nacht stehende Versorgungszüge mit Dosen von Ölsardinen, Wurst, Fleisch, Himbeeren, Pflaumen, Johannisbeeren. Dies alles fanden wir im Überfluss.
In Friedrichshafen kommen wir nicht weiter. Eine Rangierlok wird kassiert: Weiterfahrt nach Durlesbach. Dort geraten wir in einen schweren Jabo-Angriff: Ein Toter und mehrere Verletzte, trotz einer mobilen Eisenbahnflak. Mein ganzes Gepäck verbrennt.
Am 23. April sind wir in Wolfegg. Auf den Straßen ist dichter Rückzugsverkehr. Sechs Eisenbahntransporte stehen vor uns, ein Zug ist entgleist. Von dort aus landen wir letztendlich in Seeg bei Füssen. Auf welche Weise, weiß ich nicht mehr, weil hier meine Tagebuchaufzeichnungen abbrechen. Hier löste sich alles auf. Wir hatten keine Führung mehr und waren ganz auf uns allein gestellt. Die Führungsstrukturen waren zusammengebrochen. Militärisches Gerät jeder Art, z.B. Fahrzeuge, Geschütze, Kleinwaffen, Munition, Pferdewagen, Pferde, Büromaterial u.a.. lag und stand massenhaft im freien Gelände, weggeworfen, verloren und verlassen herum. In dem Berggutshof des damaligen Schriftstellers und Dichters Edwin Erwin Dwinger in Mittelsulzberg bei Seeg fand ich ein Scheunenquartier.
In Zivilkleidung, geschenkt vom dortigen Schweizer, und mit einem Pferde-Panjewagen machte ich mich auf den Heimweg zusammen mit dem Kameraden Hans Wupperfeld und mit einem „landverschickten" Jungen aus Düsseldorf. Ziel war mein Onkel in der Nähe von Weißenhorn, wo meine Eltern evakuiert waren, nachdem im März 1945 bei einem Luftangriff auf Ulm unser Wohn- und Geschäftshaus in der Donaustraße abgebrannt und völlig zerstört wurde. Damals war ich zufällig in Ulm, weil ich von der Batterie abgestellt war, in Ulm Marketenderware (Versorgungsgüter) abzuholen. Als meine Eltern und ich aus dem Luftschutzkeller des Engel'schen Patrizierhauses auf dem Grünen Hof stiegen, brannten in unserem Haus im Dachgeschoß Brandbomben. Diesen Brandherd löschten wir, konnten aber eine Brandausdehnung vom Nachbarhaus her nicht verhindern. Verzweifelt versuchte ich, wichtige persönliche Dinge, Einrichtungsgegenstände zu retten. Als man das Haus nicht mehr betreten konnte, verfolgten wir von der Straße aus, wie es total abbrannte.

Zurück zur obigen Heimreise mit Pferd und Wagen: Eine aufgefundene militärische Generalstabskarte wies uns befahrbare Moore und Nebenwege aus, da wir Hauptstraßen natürlich mieden. Unsere Reise dauerte drei Tage mit zwei Übernachtungen bei Bauern in Scheunen. Die gesamte Strecke betrug etwa 120 Kilometer und war ein Abenteuer. Meine Ausbildung an Pferd und Wagen machte diese Reise erst möglich und war für uns ein Glücksfall.
Bei meinen Eltern gesund angekommen, waren diese natürlich überglücklich. Ich begab mich ins amerikanische Internierungslager nach Neu-Ulm/Ludwigsfeld, das auch der jetzige Papst durchlaufen hat, und wurde nach wenigen Tagen mit einem „Persilschein" entlassen, war also reingewaschen. Der Entlassungsschein trägt das Datum vom 3. August 1945.
In Ulm wurde unser künftiges Leben in einer Einfachstwohnung wieder in Gang gebracht. Mein Bruder Reinhold stieß als ehemaliges Mitglied des Reichsarbeitsdienstes, Gott sei es gedankt, wieder zur Familie, nachdem er die Elbe durchschwommen hatte, um so den Russen zu entkommen und in das von den US-Amerikanern besetzte Gebiet zu gelangen. Er war 18 Jahre alt. Er schlug sich bis Ulm durch und traf auf dem Ruinengrundstück auf unseren Vater, der in den Trümmern gerade nach brauchbarem Werkzeug suchte.
Dies ist in kurzen Worten die Geschichte meiner Zeit bei der Heimatflak. Diese kriegsbedingten Erlebnisse haben mich ohne Zweifel reifer, schneller erwachsen gemacht, geformt, meinen Lebensweg mitbestimmt, mich geprägt und um wichtige Erfahrungen fürs Leben bereichert.. Schwierige vergangene Lebensmonate waren nicht ganz nutzlos. Wichtige Abnabelungsphasen von Eltern entfielen, das Spannungsfeld Generationenkonflikt löste sich von selbst. Eltern waren wertvoll geworden. Die ganzen Ereignisse und Erlebnisse haben mich gegen Unrecht und Ungerechtigkeit sensibilisiert, geimpft. Ich hasse Einengung, ungerechte Macht und Willkür.
Es gibt aber auch weitere Gründe für meine spätere Entscheidung, Jurist zu werden. Während des Krieges erhielt mein Bruder Walter von der Universität Tübingen als eingeschriebener Jurastudent sogenannte Feldpostbriefe. Nach dem Abitur las ich diese aufmerksam durch, insbesondere die geschilderten abgehandelten juristischen Einzelfälle. Einer davon hatte die Problematik, dass Zwillinge von zwei Vätern stammten, was für mich aufzeigte, wie die Juristerei in andere Wissenschaften und Lebensabläufe eingebunden ist.
Ich durchlief also die juristische Laufbahn und habe mich 37 1/2 Jahre lang bemüht, erfolgreich anderen zu helfen. Zu der Vergangenheit sage ich nicht „Es war einmal", es war kein Märchen, sondern brutale Realität. Nur wer Krieg tatsächlich mitgemacht hat, weiß, was Krieg bedeutet, und daher sollte es selbstverständlich sein, dass keinem Schreibtischtäter erlaubt ist, über Krieg und den Tod von Menschen zu entscheiden.
Ein Erlebnis will ich Ihnen nicht vorenthalten: In Tübingen saß ich einmal beim Mittagessen im Schlatterhaus (evangelisches Zentrum). Vom Nachbartisch aus fragte mich ein Theologiestudent, ob ich Gänßlen heiße und einen Bruder hätte. Auf meine Bejahung und auf den Hinweis auf seinen Tod, eröffnete er mir, er sei dabei gewesen, als dieser in Frankreich gefallen ist. Ich besuchte ihn abends, und er stellte die Auskunft der Ulmer Ortsverwaltung gegenüber meinen Eltern, Walter sei schmerzlos und schnell gestorben, in Abrede. Als Augenzeuge schilderte er mir, dass mein Bruder durch eine Granate eine schwere Brustverletzung erlitten hat und unter größten

Schmerzen langsam verstorben war. Walter war 19 1/2 Jahre alt. Er war ein Überflieger, sprach 4 Sprachen und wollte in den Diplomatischen Dienst.
Damit bin ich am Ende und schließe mit der Erkenntnis: Ein Leben in Freiheit und Frieden ist unbezahlbar.

Eduard Gaugler, Ulm

Ab September 1943 Schüler der Klasse 5b in der Kepler-Oberschule in Ulm, ab Januar 1944 Luftwaffenhelfer im 2. Zug der Leichten Heimatflak-Batterie in Ulm-Söflingen und ab Anfang Oktober 1944 bis zum Kriegsende im 3. Zug der Leichten Heimatflakbatterie 13/VII in Wittlensweiler bei Freudenstadt im Nordschwarzwald.

Luftwaffenhelfer Eduard Gaugler
Wegen der zunehmenden Luftangriffe durch die Alliierten wurde die Schuljugend nach den Sommerferien im September 1943 aus meiner Heimatstadt Stuttgart evakuiert. Für meine Klasse in der Zeppelin-Oberschule für Jungen (früher Reformrealgymnasium) war die Aufnahme in ein Sammelquartier in Schwenningen vorgesehen. Meine Mutter befürchtete dort eine verstärkte Einflussnahme des Nationalsozialismus auf meine Erziehung; sie suchte deshalb eine Alternative für die Evakuierung ihrer beiden Kinder, die sie ohnedies nach dem Tod ihres Mannes, der im Juni 1938 an den Folgen eines Leidens aus dem Ersten Weltkrieg verstorben war, trotz der wachsenden Gefährdungen durch den Luftkrieg nur sehr ungern weggeben wollte. Eine Großtante, die in Ulm/Donau als Hausdame das Pfarrhaus der Wengenkirche bei Dekan Gageur betreute, war trotz ihres Alters bereit, meinen Bruder und mich aufzunehmen. Mein Bruder lebte dort bis zur totalen Zerstörung der Wengenkirche und des Pfarrhauses im Dezember 1944. Ich selbst konnte zunächst den Schulbesuch in der dortigen Kepler-Oberschule fortsetzen; so kam ich in die Klasse, die im Januar 1944 zu einer Leichten Flakbatterie in Ulm eingezogen wurde. Bis zum Ende des Zweiten Weltkriegs im Mai 1945 habe ich das Schicksal dieser Klasse und ihren Einsatz an der sog. Heimatfront geteilt.
Einige Erinnerungen an diesen Lebensabschnitt im Alter von sechzehn/siebzehn Jahren skizziere ich mit den folgenden Notizen.

Donaubastion
Unsere Grundausbildung als Luftwaffenhelfer fand in der Donaubastion statt, einem massiven Festungswerk aus dem 19. Jahrhundert. Zwei Dinge sind mir aus den ersten Wochen unserer Dienstverpflichtung in Erinnerung geblieben.
Obwohl wir für den Einsatz an Flugabwehrkanonen („Flak") eingezogen worden waren, wurden wir im Hof der Donaubastion zuerst im Umgang mit Karabinern gedrillt. Ich hatte dabei zum ersten Mal in meinem Leben eine

scharfe Waffe in der Hand; im Umgang mit ihr hatte ich ein gewisses Unbehagen. Ob es sich bei den relativ langen Gewehren um Beutewaffen aus einem Land, das die deutsche Wehrmacht in den ersten Kriegsjahren besetzt hatte, handelte oder um Stücke aus einem Militärmuseum, konnte ich nicht erkennen. Keine Zweifel hatte ich, dass es sich bei diesen Karabinern kaum um moderne Waffen handelte - was im übrigen auch für den Ernstfall ziemlich belanglos erschien, da wir die feindlichen Flugzeuge wohl nicht mit Gewehren zu bekämpfen hatten.
Als wir im Januar 1944 in der Donaubastion zu Flakhelfern ausgebildet wurden, befand sich der Zweite Weltkrieg bereits im fünften Jahr. Dennoch war die Bevölkerung in Deutschland im Allgemeinen nicht von Hunger bedroht; ihre Versorgung mit Nahrungsmitteln war zwar durch die Lebensmittelkarten eingegrenzt, aber verhältnismäßig akzeptabel. In der Donaubastion erlebten wir davon eine erhebliche Ausnahme, wenn wir mit Steckrübengemüse und mit Kartoffeln versorgt wurden, deren Zustand vermuten ließ, dass sie sich als Saatgut untauglich erwiesen haben mussten. Diesen Ernährungsschock meisterten die Luftwaffenhelfer zumeist dadurch, dass sie ihren jugendlichen Riesenhunger mit einer tüchtigen Ersatz- bzw. Zusatzverpflegung im nahen Elternhaus stillten.

Barackenleben

Bei der Aufteilung unserer Schulklasse nach der Grundausbildung in der Donaubastion auf zwei Flak-Züge kam ich zu einem der drei Geschütze, die im Westen Ulms im Magirus-Werk II auf Hochständen stationiert waren. Unmittelbar unter der Plattform für die 2cm-Flak-Geschütze, die eine Reichweite von knapp 1800 Metern besaßen, lag der Wohnraum für den Geschützführer (Soldat der Luftwaffe) und für die Luftwaffenhelfer, die dem einzelnen Geschütz zugeteilt waren. Der Geschützstand in ca. 15 bis 20 Meter Höhe bot einen weiten Überblick über das Magirus-Werk, über die Weststadt Ulms und über angrenzende Orte. Außerdem führte diese Art der Unterbringung von fünf, sechs Menschen zu einem sehr persönlichen Kontakt der Flakhelfer untereinander und mit dem jeweiligen Vorgesetzten, der hin und wieder auch in eigenartige Scherze ausartete, etwa, wenn die Flakhelfer ihren tief schlafenden Geschützführer in einer Wolldecke auf die Plattform trugen und ihn dort seine Nachtruhe fortsetzen ließen.
In der Woche vor Pfingsten 1944 wurden die Hochstände aufgegeben. Die drei Geschütze des zweiten Flakzuges kamen außerhalb des Werkgeländes in nahe gelegene Erdstellungen. Am Ufer des Flüßchens Blau erhielten die Luftwaffenhelfer eine Baracke als gemeinsame Unterkunft für die drei Geschützmannschaften und in unmittelbarer Nähe zu den Waffen. Bei diesem Umzug bemerkte ich, dass die meisten meiner Kameraden Zigaretten rauchten. Diese Beobachtung veranlasste mich, das Rauchen sofort aufzugeben, was mir damals vielleicht auch nicht besonders schwer gefallen ist. In den dann folgenden 62 Jahren hat mich bis heute nie mehr der Tabakgenuß verführt.
In den Zweistockbetten der Gemeinschaftsbaracke erhielt jeder Flakhelfer seine Liegestätte, davor die Hälfte eines Spinds für seine persönlichen Utensilien zugewiesen. Diese Unterbringung unserer ca. 15 bis 18 Kameraden bot nun verschiedene Gelegenheiten für einen militärischen Drill seitens des sog. Batteriekommandos (Zugführer, Geschützführer). So fanden hin und wieder die vom Schulunterricht zurückkehrenden Luftwaffenhelfer den

Inhalt ihrer Spinde verstreut in der Baracke vor, weil der in ihrer Abwesenheit kontrollierende Vorgesetzte bei der Durchsicht der Spinde eine abweichende Vorstellung von deren Ordnung und von der Sauberkeit der darin verwahrten Gegenstände besaß. - Auch der „Bettenbau", also die Anordnung von Kissen und Wolldecken auf den Liegestätten, unterlag strengen Normen; sie verführten die Flakhelfer dazu, sich für die exakte Ausrichtung der Bettenkomponenten Spanplatten zu beschaffen. Ihre Verwendung ermöglichte einen absolut richtigen „Bettenbau" nach den Vorgaben der Vorgesetzten wenigstens solange, bis die Kontrolleure eines Tages die Spanplatten im Bettzeug entdeckten und die weitere Verwendung solcher Hilfsmittel als unerlaubt erklärten.

Das einzige Feldtelefon in dieser Baracke stand an meinem Bett; daher hatte ich die Aufgabe, bei Tag und Nacht die Alarmmeldungen („Edelweiß", „Feuerbereitschaft") entgegen zu nehmen, um die Kameraden aus dem Schlaf zu reißen und an die Geschütze zu schicken. In einigen Fällen habe ich erst im Nachhinein bemerkt, dass ich solche Anrufe selbst verschlafen hatte, was dann ohne Folgen blieb, wenn eine Alarmmeldung bald wieder aufgehoben und die fehlende Einsatzbereitschaft unseres Flakzuges bei der zentralen Kommandostelle nicht registriert worden war.

Das Barackendasein änderte sich wesentlich ab Herbst 1944 bei unserem Einsatz in Wittlensweiler. Dort verbrachten wir die ersten Nächte zunächst auf Stroh auf dem Steinboden eines Schafstalls in einem Bahnwärterhäuschen. Mit der Aufstellung der Geschütze an einem Abhang, der sich unserem Schutzobjekt, einem Viadukt der Reichsbahn, zuneigte, bekamen wir auch hier wieder eine gemeinsame Baracke für alle Luftwaffenhelfer der drei Geschütze zugewiesen. Hier reichte aber der Platz nicht für Einzelbetten. Je sechs bis sieben Kameraden schliefen auf zwei übereinander angebrachten Bretterebenen auf Stroh nebeneinander in ihren Wolldecken, was eine gewisse Verbesserung gegenüber der Unterkunft im Schafstall bedeutete. Die Schläfer störten sich aber immer wieder, wenn in der Nacht die Bewachungen der Geschütze im zweistündigen Turnus wechselten.

Im strengen Winter 1944/45 benötigten wir für unsere Baracke Heizmaterial. Dies beschafften wir uns mit Papierholz, das am nahen Waldrand zur Abholung für die Papierindustrie vorbereitet war, und mit Kohle, die wir von den Kohlewaggons der Züge, die vor dem Viadukt langsamer fahren mussten, auf den Bahnkörper warfen. Die vorgesetzten Soldaten, insbesondere der Zugführer, bekamen mit diesen Arten unserer Beschaffung des nötigen Heizmaterials manchen Ärger; sie schritten aber nicht energisch ein; auch sie empfanden den Winter in der Baracke reichlich kalt.

Batteriekommando

Das Verhältnis zwischen den wenigen Soldaten (Batteriechef, Zugführer, Geschützführer) und den jungen Flakhelfern war individuell verschieden; es änderte sich im Zeitablauf unserer Einsatzbedingungen und variierte bei den Inhalten der Kommunikation. Den Waffenunterricht und die Unterweisungen in Dienstangelegenheiten respektierten wir mehr oder weniger. Bei den politischen Schulungen traf dies nicht immer zu. Einmal stellte mich der Vortragende in scharfem Ton zur Rede: „Gaugler, warum lachen Sie?" Meine Antwort in strammer Haltung, spontan formuliert, lautete: „Weil mich das Leben freut, Herr Obergefreiter!" Diese Behauptung überstieg seine Reaktionsfähigkeit und löste ein schallendes Gelächter meiner Kameraden aus.

Als in Ulm im September 1944 unser Flakzug mit seinen drei Geschützen im Bombenhagel der alliierten Flugzeuge unterging, haben zwei Kameraden und zwei vorgesetzte Soldaten ihr Leben verloren. Wir waren über den plötzlichen Tod der beiden Schul-/Flakkameraden, die unmittelbar neben uns starben, zutiefst erschüttert; aber auch der jähe Tod von Unteroffizier Schmalriede, den ein Volltreffer zerrissen hat, und insbesondere jener von dem aus Voralberg stammenden Gefreiten Bargehr, der mit uns Jungen einen kameradschaftlichen Umgang pflegte und der bei diesem Luftangriff in seinem Einmann-Loch verschüttet wurde und erstickte, waren für uns fürchterliche Erlebnisse, die zu unserer totalen Demoralisierung führten. Der Standort unserer Einheit an der Blau und das von ihr zu schützende Magirus-Werk waren vernichtet. An einen weiteren Einsatz der Überlebenden im Ulmer Raum war nicht zu denken. So kamen wir Luftwaffenhelfer nach einem kurzen Zwischenaufenthalt auf dem Flugplatz Gablingen bei Augsburg in den Nordschwarzwald ins Dorf Wittlensweiler in der Nähe von Freudenstadt.

Kriegsende

In den knapp neun Monaten unserer Flakhelferzeit erfolgten die Luftangriffe der Alliierten regelmäßig aus Flughöhen, die unsere 2cm-Geschütze nicht erreichten. So fiel auch bei dem uns vernichtenden Angriff im September 1944 von unserer Seite kein einziger Schuss. Die Wehrlosigkeit gegen die in mehreren Wellen vorgetragenen Bombardements hat vermutlich unsere seelische Erschütterung vertieft.

In Wittlensweiler begegneten wir einer völlig anderen Situation. Hier lagen wir nicht hilflos in Bombenteppichen. Das Viadukt, das wir schützen sollten, überspannte ein kleines Tal; am oberen Teil des Talhanges lagen unsere leichten Flakgeschütze in Erdstellungen. Zunächst beobachteten wir die Versuche der alliierten Tiefflieger, das Viadukt mit Bombenabwürfen zu zerstören. Eines Tages gingen sie dazu über, unsere Geschützstellungen mit Bordwaffen anzugreifen. Bei einem dieser Angriffe, vermutlich im Februar 1945, hatte einer der feindlichen Tiefflieger unser Geschütz im Visier. Seine Geschoßeinschläge im gefrorenen Erdreich spritzten vor uns auf und liefen rasend schnell direkt auf uns zu, um buchstäblich am Rand des Erdwalls, der uns umgab, zu enden. Hätte der Pilot seine Bordwaffe auch nur eine Sekunde länger betätigt, hätten wir kaum eine Chance gehabt zu überleben. Weniger bedrohlich erschien uns ein anderer Tieffliegerangriff im April 1945 auf dem Rückzug unserer Flakeinheit vor der immer näher kommenden Westfront. Auf Kommando hatten wir unsere Geschütze auf Güterwaggons der Bahn verladen und den Schwarzwald am brennenden Freudenstadt vorbei in Richtung Bodensee und zum Schwäbischen Oberland verlassen. Als sich der Güterzug mit unseren Flakgeschützen auf der Strecke nördlich von Friedrichshafen befand, die durch das Volkslied „Auf de Schwäbsche Eisebahne" bekannt ist, erlebten wir zum letzten Mal die Attacke von Tieffliegern. Die Geschütze waren demontiert verladen, also nicht einsatzbereit. Wir konnten noch die Waggons verlassen und in den nahen Wald flüchten. Damit war das Ende unseres Kriegseinsatzes eingeleitet.

In einem günstig erscheinenden Moment setzte auch ich mich von unserer Einheit ab, um in einer abenteuerlichen Flucht mit nordwestlicher Richtung in meine Heimatstadt zu gelangen, was erst mit erheblichen Verzögerungen und Gefahren gelang. Einige Stichworte erinnern an das dabei Erlebte:

mehrtägiges Versteck im regennassen Dickicht eines Waldes im Oberland - Beschuss bei der Flucht über eine Waldlichtung durch bewaffnete Ausländer - Gefangenenlager bei Biberach - Wechsel in die amerikanisch besetzte Zone - erneute Gefangennahme durch eine französische Einheit auf der Schwäbischen Alb in Bremelau bei Münsingen.
Noch vor meinem 17. Geburtstag erreichte ich mein Elternhaus in Stuttgart, das ich zwanzig Monate zuvor im Zuge der Evakuierung hatte verlassen müssen. Im Herbst 1945 konnte ich den Schulbesuch, den mein Einsatz bei der Flak zunächst in Ulm reduziert und dann in Wittlensweiler fast völlig unterbrochen hatte, fortsetzen und mit dem Erwerb des Abiturs beenden.

Gerhard Kimmel, Ulm

Schüler der Klasse 5b in der Kepler-Oberschule in Ulm, ab Januar 1944 als Luftwaffenhelfer im 2. Zug der Leichten Heimatflakbatterie 6/VII in Ulm-Söflingen und ab Mitte Oktober 1944 bis Anfang März 1945 im 3. Zug der Leichten Heimatflak-Batterie 13/VII in Wittlensweiler bei Freudenstadt im Schwarzwald

Wie ich meine Zeit bei der Heimatflak erlebt habe

Bevor ich damit beginne, meine Erinnerungen an die Zeit bei der Heimatflak in Ulm und Wittlensweiler zu erzählen, möchte ich betonen, dass ich, als wir im Januar 1944 eingezogen wurden, einer der Kleinsten war und ganz sicher in meiner Entwicklung nicht so weit war wie manch anderer meiner Klassenkameraden. Um es auf den Punkt zu bringen, ich war ein Bub mit gerade 15 Jahren, und vieles, was wir damals erlebt haben, habe ich gar nicht so bewusst wahrgenommen. Vor allem die erste Zeit bei der Heimatflak war für mich wie „Karl May-Spielen". Dass ich im Kriegseinsatz war, der mit vielen Gefahren für Leib und Leben verbunden war, ist mir eigentlich erst nach jenem 13. September 1944 aufgegangen, als wir Luftwaffenhelfer vom 2. Zug unserer leichten Heimatflakbatterie 6/VII mitten in einem Bombenteppich lagen. Aber darauf werde ich später ausführlich eingehen. Ich sage dies, um die Tatsache zu erklären, dass die Flakzeit während der Ausbildung in Neu-Ulm und danach in Söflingen bei mir mit nur wenigen genauen Erinnerungen verbunden ist.
Beim Lesen der Tagebuchnotizen von Wolfgang Finkbeiner erinnere ich mich zuerst an unsere Schulzeit, genauer gesagt, an den Musikunterricht bei „Henza" wie wir unseren Musiklehrer Henzler nannten. Mein ganzes Leben habe ich gerne gesungen und tue es auch heute noch. So habe ich schon als Fünfzehnjähriger sehr gut gesungen, konnte aber die Noten nicht lesen, was meine Note 4 in Musik erklärt: Singen 1 und Musiktheorie 6 ergab die Note ausreichend. Im Musiksaal stand ein schwarzer Flügel auf einem Podest, und zwar so dass „Henza", wenn er dort oben spielte, zu uns herab schauen konnte. Allerdings gab es da für ihn einen toten Winkel, den ich ausnutzte, um unter seinen Flügel zu schleichen und dort zum Gaudium aller meiner

Schulkameraden Faxen zu machen. Und natürlich kam es so, wie es kommen musste: Henza entdeckte mich, befahl mich zu sich, um mir mit ausgestreckter rechter Hand eine Ohrfeige zu geben. Allerdings ballte er im Zuschlagen seine Hand zur Faust und schlug mich damit so hart, dass ich beinahe zu Boden gefallen bin. Nein, an ihn habe ich keine guten Erinnerungen - und sicher bin ich nicht der einzige, dem es auch heute noch so geht.
Tief eingeprägt in mein Gedächtnis hat sich der Mittwoch, der 13. September 1944, der Tag also, an dem ich, wie die anderen Kameraden auch, in meinem „Einmannloch" steckte, als beim Magirus Werk II die Bomben fielen und ich dort unter der Erde von den explodierenden Bomben hin und her geschüttelt wurde. Irgendwann hörte das Krachen auf, und ich brauchte eine ganze Weile, bis ich zu mir kam und begriffen habe, was passiert war. Ich glaube, ich war fast der einzige, der es geschafft hat, sich aus eigener Kraft zu befreien, also den Deckel über meinem Loch beiseite zu schieben und heraus zu klettern. Es war furchtbar! Wo vorher noch unsere drei Geschützstellungen inmitten einer Kleingartensiedlung lagen, erblickte ich nur noch eine Mondlandschaft mit tiefen Kratern. Irgendwo steckte eines unserer Geschütze mit den Rohr nach unten in der Erde. Kein Mensch war zu sehen, nicht einen meiner Flak-Kameraden konnte ich erblicken. Und über der ganzen gespenstisch anmutenden Szene lag dichter schwarzer Rauch. Der scheußliche Pulverdampf ätzte meine Lungen beim Einatmen. Von irgendwo her hörte ich leises Wimmern und Hilferufe. Ich ging dem nach und konnte die Stelle, aus der die Rufe aus der Erde nach oben drangen, lokalisieren und begann mit den bloßen Händen die lockere Erde beiseite zu schaffen, so lange, bis ich einen Deckel freilegen konnte. Als ich diesen weg geschoben hatte, sah ich den Kopf meines Schulkameraden Otto Schwenk, der dort unter der Erde nur einen kleinen, freien Luftraum um seinen Kopf hatte, der ihm für eine Weile das Atmen ermöglichte. Mehr konnte ich zu der Zeit nicht für ihn tun. Er musste warten, bis Helfer mit Schaufeln und Spaten kamen und ihn dann ausgruben. Für uns beide hat dies eine Ewigkeit gedauert. Mit Otto Schwenk, der wußte, dass er mir sein Leben zu verdanken hatte, verband mich ab diesem Tag eine Freundschaft für das ganze Leben.
Noch heute, Jahrzehnte nach diesem schrecklichen Tag, höre ich seine Hilferufe und sein Wimmern.
Bei diesem Fliegerangriff sind zwei Ausbilder und zwei Luftwaffenhelfer ums Leben gekommen. An zwei von ihnen erinnere ich mich sehr gerne. Das war einmal unser Zugführer, Unteroffizier Schmalriede, ein junger Mann, nicht viel älter als wir. Er war ein wirkliches Vorbild, zu dem wir Flakhelfer aufschauen konnten, ein prima Vorgesetzter, der mich damals sehr beeindruckt hat, eine Führerfigur ohne „Heil-Hitler", mit menschlichen Qualitäten, die ihn aus der Gruppe der anderen erwachsenen militärischen Vorgesetzten, die wir hatten, heraushoben.
Und da war mein Klassenkamerad und Nebensitzer Anton Ruedel. Er war Fahrschüler, musste also täglich mit dem Zug nach Ulm und nach dem Unterricht zu seinem Dorf auf dem Hochsträß fahren. Wir beide haben uns immer sehr gut verstanden und ich denke noch heute mit großer Trauer an ihn zurück. Bei seiner Beerdigung in Ermingen wurde mir die Ehre zuteil, zusammen mit einem anderen Schulkameraden, den Kranz unserer Heimatflakbatterie zu tragen und an seinem Grab niederzulegen. Das Bild der trauernden Mutter, die herzzerreißend geweint hat, hat sich tief in mein Gedächtnis eingegraben.

Was in mir nach diesem Fliegerangriff blieb, war ein tiefer Schock. Wenn in den Tagen danach Fliegeralarm gegeben wurde und die Sirenen heulten, rannte ich mit meinen Kameraden um unser Leben, um so schnell wie nur möglich in den nächst gelegenen Luftschutzkeller zu kommen.
Zu unserer Flakzeit in Wittlensweiler im Schwarzwald kann ich keine Zeitangaben machen. In Erinnerung ist mir noch, dass das nächtliche zwei Stunden dauernde Wacheschieben für uns Jugendliche sehr anstrengend war. Und ich weiß auch noch, dass es uns da nie langweilig wurde. Nur kurze Zeit nachdem wir unsere Erdstellungen fertig gebaut hatten und unsere Baracken auf der Anhöhe des „Forchenkopfes" bezogen hatten, bekamen wir fast täglich „Besuch" von unseren Feinden. Und ebenfalls fast täglich haben wir auf die Tiefflieger geschossen, die entweder das Eisenbahnviadukt über das Tal von Wittlensweiler oder uns direkt angriffen. Ich sehe noch die Spitfires, Mustangs und Thunderbolts, wenn sie am Vormittag in Pulks vom Westen her an- und an uns vorbeiflogen, um dann im Angriff von Osten her zurück zu kommen, so dass wir dabei immer von der Sonne geblendet wurden. Dicht über uns, fast waagrecht jagten sie über uns hinweg. Und ich sehe noch, wie die Einschläge ihrer Bordkanonen in den Boden spritzten und bedrohlich nahe zu uns heran kamen. Wir jedenfalls haben geschossen, was die Rohre hergaben, konnten deutlich die Treffer an ihren Flugzeugen sehen und erkennen, wie unsere Geschosse an deren starker Panzerung spritzten und abprallten. So ist auch zu erklären, dass wir trotz der vielen Treffer, die wir erzielten, nicht eine einzige Maschine abschießen konnten. Unsere obersten militärischen Vorgesetzten in Freudenstadt reagierten dementsprechend zornig und bläfften uns an: „Wenn ihr sie mit euren Kanonen nicht abschießen könnt, dann nehmt doch eure Stahlhelme und werft sie damit ab!"
Nach solchen Fliegerangriffen haben wir die in der Erde steckenden Messing-Vollmantelgeschosse eingesammelt und zur vorgesehenen späteren Verwertung abgeliefert.
Einige Bomben, die von Thunderbolts abgeworfen wurden, explodierten nicht, sondern blieben als Blindgänger waagrecht in der Erde stecken. Unbekümmert wie wir damals waren, setzten wir uns darauf, als ob es Pferde wären oder wir schlugen an den aufgeplatzten Stellen der Bomben mit Hämmern das gelbe Pulver heraus und zündeten es an.
Der Winter 1944/45 war sehr streng. Wir bekamen zum Heizen unserer Baracken weder Holz noch Kohle zugeteilt. Also sind wir frei nach dem Motto „Hilf dir selbst, so hilft dir Gott!" in den nahen Wald gegangen und haben dort in Raummetern gestapeltes Holz gestohlen und zu Brennholz gesägt. Das ging so lange gut, bis sich das Staatliche Forstamt einschaltete und Bäume markierte, die wir für unseren Bedarf fällen und zu Kleinholz machen durften. Aber wir rannten auch zur nahen Eisenbahnlinie, wenn dort ein Zug stand oder langsam fuhr und erbettelten vom Heizer der Dampflok Kohlen.
Ja, und da sind dann noch einige negative Erinnerungen: Öfters hat mich Wachtmeister Stahl kurz vor den Fliegerangriffen zu sich in seinen Feuerleitstand beordert und mich gefragt: „Kimmel, wie viele Flugzeuge sind das?" und „Was für Maschinen sind es? Wo sind sie und in welche Richtung fliegen sie?" Mit meinen guten Augen habe ich sie immer als erster am Himmel entdeckt. Gewundert habe ich mich allerdings über den Wachtmeister, der ein riesiges Fernglas umhängen hatte, es aber niemals

benützte. Und während ich an unseren gefallenen Unteroffizier Schmalriede nur mit großer Hochachtung zurück denke, war mir der Wachtmeister Stahl manchmal peinlich, weil er seine Angst bei den Fliegerangriffen nicht beherrschen konnte und er sich einmal auf den Boden kauerte und dabei meine Beine umklammerte.
Irgendwann wurde er nach Dornstetten versetzt, und wir bekamen einen anderen Zugführer, an dessen Namen ich mich nicht mehr erinnere, von dem ich aber noch weiß, dass er in seinem Zivilberuf Küfer war und dass er ein äußerst unangenehmer „Schleifertyp" war, der uns bei jeder Gelegenheit „strafexerzieren" ließ, und das noch mit aufgesetzter Gasmaske.
Unsere Stimmung gegenüber unseren unmittelbaren militärischen Vorgesetzten wurde immer schlechter, nicht nur wegen der Schikanen, sondern vor allem, weil einige von ihnen die uns Jugendlichen zustehenden Rationen an Schokolade und Zigaretten nicht an uns weiter gaben, sondern sich dafür Liebschaften erkauften.
Weihnachten 1944 feierte unsere ganze Batterie gemeinsam in der Turnhalle in Wittlensweiler. Reden wurden gehalten, unser Oberleutnant Schuck überreichte jedem von uns ein Buch mit einer Widmungskarte und ich sang das Lied „Schlafe, mein Prinzchen, schlaf ein!" Warum ich das hier eigens anführe. Obwohl wir durch die Ereignisse des Krieges abgehärtet waren und sich ein Panzer um unsere Seele gelegt hatte, weckte mein Lied bei den Kameraden Emotionen und mehr als nur einer hatte Tränen in den Augen.
Der Rest ist schnell erzählt: Mitte März 1945 wurde ich als Luftwaffenhelfer entlassen und bin mit dem Zug von Wittlensweiler nach Ulm heimgefahren. Zwei oder drei Tage war ich zu Hause, bis ich wieder einberufen wurde, diesmal nach Deubach bei Günzburg an der Donau zur 161. Infanteriedivision. Es war bereits April, als wir durch das Donauried in Richtung Niederstotzingen marschierten. In Nattheim kam ein Kübelwagen angefahren, ein Offizier sprang heraus und hielt eine flammende Rede an uns, etwa mit dem Tenor: „Verteidigt unser Vaterland!", stieg wieder ein und fuhr mit hoher Geschwindigkeit davon. Das einzige, was von ihm blieb, war eine dicke Staubwolke. Wir hielten uns gerade in einem Wald auf, als wir das Rasseln amerikanischer Panzer hörten, die wir kurz danach auch sahen. Als sie vorbei waren, kamen Trucks mit GI's, einer nach dem anderen. Ich weiß nicht mehr, wer zu uns sagte „Jetzt verwickeln wir sie in ein Gefecht". Jedenfalls schossen wir mit unseren MGs42 auf die Trucks und sahen, wie etliche amerikanische Soldaten tot oder verwundet auf die Straße fielen. Der amerikanische Konvoi hielt an und zog sich zurück. Es dauerte nur wenige Minuten, bis die Panzer schossen und die Granaten zwischen den Bäumen explodierten. Ich machte mich so klein wie nur möglich. um nicht von einem Querschläger getroffen zu werden. Als es wieder ruhig wurde, kam ein Jeep angefahren. Jetzt nichts wie ab
Wir sammelten uns und ich durfte den ganzen Trupp in der Nacht nach Lonetal führen, weil ich mich in dem Gebiet von früheren Wanderungen her bestens auskannte. Wir haben kurz in Ställen geschlafen und sind frühmorgens durch die Lone gewatet und weiter über Äcker und Felder, bis wir wieder einen Wald erreichten! Gemeinsam mit meinem Schulkameraden Manfred Eger wollte ich zurück nach Hause, zurück nach Ulm. Wir haben uns jedoch hier getrennt, und ich schlug mich abends nach Oberstotzingen durch, wo ich einen Bauern kannte. Ich war zwei Tage dort und bin dann

heim gegangen entlang der Bahnlinie Heidenheim - Ulm. Ich kam durch Langenau und Unterelchingen nach Thalfingen. Inzwischen war es Abend geworden, der Ort schien wie ausgestorben. Ich konnte natürlich noch nichts von der von den Besatzern angeordneten Sperrstunde wissen. Irgendwann öffnete sich ein Fenster. „Bist du lebensmüde? Es ist doch Sperrstunde. Mach', dass du in ein Haus kommst!" Von da ab schlich ich mich abseits der Straßen durch Gärten und Felder und erreichte endlich meine Heimatstadt Ulm. Auch hier waren die Straßen menschenleer. Noch ein letzter Schrecken, als mir ein Amerikaner entgegenkam und wie ich auf mein Elternhaus zuging. Ich läutete Sturm, und es dauerte ewig, bis irgendwann meine Mutter öffnete. Sie bekam einen Riesenschreck, als sie mich neben dem Ami stehen sah. „Red' nichts, Mutter, sondern laß mich schnell herein!" Der Amerikaner grinste bis zu den Ohren und ging die Treppe hinauf zu seinem Fräulein, wie ich später erfahren habe. Und ich wurde drinnen in der Wohnung von meiner überglücklichen Mutter umarmt.
Endlich konnte ich mein langes Kapitel „Flakzeit" abschließen. Der Krieg war für mich zu Ende.

August Wilhelm Kappus, Wullensteten

Schüler der Klasse 5b in der Kepler-Oberschule in Ulm. Als Luftwaffenhelfer von Januar bis September 1944 im 1. Zug der Leichten Heimatflakbatterie 6/VII in Neu-Ulm am Jahnufer und ab Oktober bis November 1944 beim RAD. Ab Dezember 1944 Offiziersausbildung und ab 31.März 1945 Fronteinsatz in Württemberg und Bayern

Erinnerungen an meine Luftwaffenhelferzeit

Zugehörig zum 1. Zug der Batterie 6/VI mit Ausbildung am 2cm-Flakgeschütz und später am Scheinwerfer. Variabler Einsatz am Geschütz 1, in der Batterie-Telefonvermittlung und an den Scheinwerfern auf der Wilhelmshöhe und an der Gänstorbrücke.
An Batterieführer Oberleutnant Jeute aus Jütebog habe ich positive Erinnerungen. In seiner sachlichen, distanzierten norddeutschen Art war er trotzdem recht zugänglich für persönliche Belange. Unser Zugführer Wachtmeister Sauer und unser Geschützführer 1, Stabsgefreiter Rehm, hatten schon eher einen Drillton an sich. Lebhaft kann ich mich noch an einen Vorfall erinnern bei dem ich Wache auf dem Turm 1 hatte. Von Norden kam langsam und niedrig eine Fortress II angeflogen. Ich löste Alarm aus, machte das Geschütz gefechtsklar und hatte die Maschine im Leitringvisier. Der Stabsgefreite Rehm (Bild Zug 1 re. neben Zugführer) konnte sich aber trotz eindeutigen Erkennungsmerkmalen als amerikanische Feindmaschine nicht zur Feuerfreigabe entschließen, obwohl sie im optimalen Distanzbereich an uns vorüberflog. Es wäre unser erster

Gefechtseinsatz gewesen und ich war sehr enttäuscht über seine Unentschlossenheit.
Zum Einsatz an den Scheinwerfern erinnere ich mich besonders an die Wilhelmshöhe auf dem Turm der Villa Eckardt. Unsere Mannschaft war natürlich für die Hausbewohner ein unerwünschter Störfaktor in der Privatsphäre. Wir bemühten uns sehr, so wenig wie möglich Lärm und Schmutz zu erzeugen, was auch mit Toleranz und Freundlichkeit honoriert wurde. Während meiner dortigen Dienstzeit wurden wir nur übungsweise aktiv und nicht in Gefechtseinsätzen, weil die feindlichen Flugzeuge in Höhen von 4000 m und darüber angriffen. Damit waren sie weder für die 2cm- noch für die 3,7cm-Flak erreichbar.
Besonders genossen haben wir den herrlichen Ausblick von unserer ausgesetzten Position auf die damals noch erhaltene Altstadt von Ulm mit der Stadtmauer und Donau.
Am Invasionstag, dem 06. Juni 1944, war ich abkommandiert, um in einem Luftwaffendepot in Göppingen ein Ersatzteil abzuholen. Unterwegs hörte ich dann die Nachricht über eine Sondermeldung aus einem Lautsprecher.
Anfang September bekam ich die Einberufung zum RAD auf Anfang Oktober. An dem Unfalltag 06.09.44 von Walter Knoll hatte ich Urlaub, so daß ich das tragische Geschehen nicht unmittelbar mitbekam. Ich erinnere mich gerne an ihn, er war ein guter, begeisterter Kamerad, unser bester K1-Schütze im Zug und voller Idealismus für „die gute Sache".

Horst Kustermann, Ulm

Schüler der Klasse 5b in der Kepler-Oberschule in Ulm. Als Luftwaffenhelfer im 2. Zug der Leichten Heimatflakbatterie 6/VII in Ulm-Söflingen und ab Mitte Oktober 1944 im 3. Zug der Leichten Heimatflakbatterie 13/VII in Wittlensweiler bei Freudenstadt im Schwarzwald

Meine Kinder beklagten sich früher „Papa, du erzählst nie etwas vom Krieg!" Ich glaube, wir haben eine Bringschuld unserer nachfolgenden Generation gegenüber. Deswegen raffe ich mich auf und komme der Bitte von Wolfgang Finkbeiner und Manfred Eger nach.
Zeitzeuge? Ich bin misstrauisch. Viel Zeit ist vergangen, Vieles vergessen, Manches verdrängt. Vielleicht Gewünschtes dazugekommen - neue „Wahrheiten" nisten sich ein.
Meinen Beitrag denke ich mir als Schilderung von Ereignissen und Erlebnissen wie ich glaube sie damals erlebt zu haben. So etwas wie ein Lebenslauf - ein Lauf des Lebens durch die Zeit. Flakhelfer - Soldat! - zu werden war für mich selbstverständlich. Es war sicherlich nicht nur das hehre Begehren „dem Vaterland zu dienen" als vielmehr der Wunsch eines Jungen von 15 Jahren, erwachsen zu sein, ein vollwertiges Mitglied der Gemeinschaft.

Ich war im 2. Zug der „Leichten Heimatflakbatterie 6/VII" in Söflingen, zuerst auf den Dächern des Magiruswerkes II (Flakhochstände), dann in der Erdstellung in den Schrebergärten ca. 300 m westlich vom Magiruswerk. Später bei Wittlensweiler bei Freudenstadt.
Unseren Tagesablauf hat Wolfgang Finkbeiner ja genau festgehalten. Ich bewundere ihn. Für Sonntag, 16. April lautet sein Eintrag ins Tagebuch: „Heute war ein schlimmer Tag. Das „RSO-fahren" ist aufgeflogen und unser Schulkamerad Wolfgang Dietz ist beim Kicken durchs Dach gefallen."
Zum ersten Vorfall: RSO, d.h. „Reichsschlepper Ost", mittelgroße Raupenfahrzeuge für den russischen Schlamm, hergestellt bei Magirus. Ein paar Kameraden „liehen" sich einige Fahrzeuge aus und fuhren dabei „ohne gültige Fahrerlaubnis" auf dem Werkgelände. Angeblich rammte dabei ein Fahrzeug einen Geschützturm und ein Flakhelfer fiel oben vom Stuhl. Erhebliche Schäden an den Fahrzeugen. Zuerst wurde Sabotage durch die Zwangsarbeiter vermutet. Vernehmung der Flakhelfer durch Oberleutnant Jeute und Bestrafung.
Zum zweiten Vorfall: Auf dem Dach der Werkshallen waren ca. 40 m lange Dachreiter aus Glas (Oberlichter). Wir spielten zwischen zwei Reihen Fußball. Wenn der Ball über die Dachreiter ins Aus ging, liefen wir über die metallenen Verbindungsstücke der Glasplatten hoch auf die andere Seite, um den Ball zu holen. Wolfgangs Aufmerksamkeit ist wohl entgangen, dass wir immer auf den Verbindungsstegen liefen - er versuchte es über die Glasplatten. Sein Sturz wurde etwas „abgefedert" durch einen Warenstapel. Wolfgang erlitt schwere Schnittwunden. Wir haben aber nicht nur Fußball mit dem Ball gespielt. Neben unserem Geschützturm war der Entlüftungsschornstein einer Spritzanlage. An der Unterseite der Abdeckhaube sammelte sich eine Masse des Lackspritznebels an. Die brannte wunderbar. Ein gefährliches Fußballspiel auf dem Fabrikdach. 15 Jahre alt waren wir.
Wir hatten einen ganz kameradschaftlichen Geschützführer: Gefreiter oder Obergefreiter Bargehr aus Vorarlberg. Er war handwerklich sehr geschickt und wollte in dieser schlimmen Kriegszeit etwas Vernünftiges tun: Kofferfabrikation. Die Preßspanplatten und Sperrholz gab es unten in den Werkhallen, ebenso Schlösser, Scharniere, Handgriffe und Lack. Wir mussten täglich durch die Hallen gehen und nachts auf die Toiletten. In der Landessprache hieß unser Tun: „organisieren".
In den letzten Apriltagen war wieder einmal nachts, wie so oft, Feueralarm weit über Mitternacht hinaus. Das bedeutete normalerweise: Zwei Stunden später in die Schule. Angeblich wurden wir zur normalen Zeit über Feldtelefon geweckt. Niemand rührte sich und niemand von unserem Geschütz ging zur Schule. Anordnung vom Batteriechef: 2 (oder 4?) Stunden Arrest. Ich protestierte: „Ich habe das Weckläuten nicht gehört!" (Was auch stimmte), die anderen hatten es „überhört". Kollektivstrafe. - Das war ungerecht - und außerdem hatte ich mich im blühenden Alter von 14 Jahren als „Aktiver Offiziersbewerber" gemeldet. (Dies tat ich nach einem Vortrag eines Jugendoffiziers in der Schule oder bei der HJ. „Jeder junge Soldat hat den Marschallstab im Tornister" hieß es damals so schön.) Ich sah also durch einen möglichen Eintrag in meine Personalakte meine Karriere als aktiver Offizier bei der Infanterie, der „Königin der Waffen", gefährdet, nahm einen Tag Urlaub, ging in den „Grünen Hof", dem Befehlsstand der Flakbatterien in Ulm und wollte zum Chef, zum Major Leyendecker. Ich kam bis zum Ordo-

nanzoffizier und trug mein Anliegen vor. Er verschwand im Zimmer des Majors und kam kurz danach wieder zurück. „Sie müssen ihre Beschwerde auf dem Dienstweg schriftlich einreichen." Der Dienstweg führte über den Batteriechef, der den Arrest verhängt hatte! Zu Hause, d.h. auf dem Geschützturm, nagte ich lange auf meinem Bleistift herum. Wie macht man so etwas? Der Mut sank - ich ließ es bleiben. Im Arrest (im Aufenthaltsraum unseres Geschützturms, während die anderen exerzierten) musste ich einen Aufsatz schreiben über den „Befehl". „Ein Befehl ist ein Befehl, und ein Befehl muss ausgeführt werden." Dieser Aufsatz (das war alles) entsprach vollinhaltlich dem Zeug, das wir bei politischen Schulungen uns anhören mussten. „Etwas dünn", war der Kommentar, als ich meinen „Aufsatz" ablieferte. Das stimmte, war aber ohne Risiko.
Mitte Mai bezogen wir die Erdstellungen neben dem Fabrikgelände: 12 Russen arbeiteten eine Zeit lang beim Ausbau der Stellung. Sie erbaten sich von uns eine Bibel. Wir konnten helfen, aber die Gefangenen konnten nicht lesen. Das war kein Problem, denn das Papier der Bibel eignete sich hervorragend zum Drehen von Zigaretten. Tabak? Irgendwelche Kräuter aus den Schrebergärten, die uns umgaben. Die Gefangenen hofften, Hitler gewinnt den Krieg - in Russland würden sie erschossen werden. Ich glaube, sie waren froh, dass sie bei uns waren. Von unserem Essen blieb auch immer etwas übrig. Als die Russen noch nicht bei uns waren, mussten wir die Essenreste in den Kanistern zu einer benachbarten Schweinezucht bringen. Als ich einmal Dienst hatte, wurde ich vom Obergefreiten zur Rede gestellt, ob ich die Essenreste weggebracht hätte? Ich bejahte dies - und wurde kurze Zeit später zum Unteroffizier Schmalriede befohlen. „Was haben Sie mit den Essenresten gemacht, Kustermann?" „In die Blau geschüttet, Herr Unteroffizier." Unseren sehr geschätzten Unteroffizier Schmalriede konnte ich nicht belügen - und außerdem hatte ich schlechte Karten. Ein fast unmerkliches Augenzwinkern. „Sie haben heute Nachmittag Arbeitsdienst." Die anderen hatten Geschützexerzieren. Uffz. Schmalriede und ich bohrten einen Brunnen, so einen mit Pumpenschwengel, um Trinkwasser zu haben.
20. Juli: Ein Attentat auf den Führer! „Eine Clique ehrloser Offiziere..." Als wir das hörten, herrschte Stille. Es war keine Stille der Trauer. Betroffenheit, Nachdenken. Ehrlose Offizier? Widerstand? Gibt es das? Sind die Dinge doch anders als man uns glauben gemacht hat?
Und dann kam der 13. September. 12 Uhr mittags. Ca. 60 viermotorige Maschinen kommen im Anflug von Süden. „Liberator"-Maschinen, 3000 - 4000 m hoch, zu hoch für unser 2cm-Spielzeug. Unteroffizier Schmalriede befiehlt uns in unsere Einmannlöcher. Anton Ruedel und ich stehen uns auf dem Geschützwall auf gegenüberliegenden Seiten gegenüber und suchen unsere Deckungslöcher auf. Blick nach oben: drei Staffeln von Bombern. Eine Rauchbombe (Zielmarkierung) fällt und stürzt in unsere Stellung. Dann sieht man die Bomben fallen. Schmalriede steht immer noch auf seinem Geschützwall - der Kapitän eines sinkenden Schiffes, der Verantwortung trägt, bis alle in „Sicherheit" sind. Ich ducke mich nach unten. Einen Deckel für das Einmannloch habe ich nicht. Dann kommen die Bomben. Ich kann dieses Hin- und Hergeworfenwerden als die drei Bombenteppiche über uns geworfen wurden, kaum beschreiben. Wie lange dauert es noch? Wie ist der Tod? Wann? Nach dem ersten Teppich der zweite. Vorbei? Der dritte - der letzte? Dann Stille. Wirklich? Warten. Dann Versuch, aus dem Loch zu kommen. Der Körper eingeklemmt im Loch. Kopf und Hals sind frei. Unsere 2 cm-

Flak steckt mit dem Rohr vor mir im Boden. Wo bin ich? Keine Gärten mehr, kein Grün - alles braun. Staub in der Luft. Mondlandschaft - lauter Bombentrichter. Keine Orientierung möglich. Vor mir der Bombentrichter wo unser Geschütz stand. Und auf der anderen Seite des Bombentrichters liegt oben - Anton Ruedel, tot. Ich bin hilflos. Was tun? Dann sehe ich Eduard Gaugler. Was können wir tun? Wo sind die anderen? Kein Werkzeug, keine Schaufeln. Wir sprechen uns ab. Ich werde versuchen, dem Batteriegefechtsstand Meldung zu machen, um Hilfe zu holen. In einiger Entfernung sehe ich, wie sich Zwangsarbeiter vom Türmle her nähern. Ich winke und zeige zu unserer ehemaligen Stellung. Dann renne ich los. Ich war schon mit 14 Jahren ein guter Langstreckenläufer (20 km). Durch die Weststadt zur Donau, zum 1. Zug auf der anderen Donauseite. Den Hochstand hoch. Oberleutnant Jeute am Feldtelefon kurbelt, die Verbindung zum 2. Zug suchend. Ich mache Meldung. „Wie viele Geschütze sind ausgefallen?" „Alle!" „Tote?" „Ich habe nur einen lebenden Luftwaffenhelfer gesehen." Dann ist der Groschen gefallen. Wir kommen nach rasender Fahrt, durchgeschüttelt, in unserer Stellung an. Die Rettungsarbeiten sind noch im Gang. Mir wird gesagt, die ersten Helfer seien die Zwangsarbeiter gewesen. In größerer Entfernung sehe ich vier Helfer mit einer Zeltplane. Man sagt mir „Unteroffizier Schmalriede". Auch Geschützführer Bargehr, Anton Ruedel und Kamerad Ott sind tot, die meisten anderen Kameraden verschüttet und gerettet. Was sollte unsere 2cm-Flak gegen Hochangriffe tun? Unsinn! Wie so vieles.
Einige Zeit später wurden wir in den Schwarzwald verlegt zum Schutz von Eisenbahnviadukten. Unser Zug kam nach Wittlensweiler bei Freudenstadt. Unterbringung zunächst im ehemaligen Schweinestall des Bahnwärterhauses, weil es noch keine Baracken für uns gab. Jetzt hatten wir es mit anderen Feinden zu tun, mit Jagdbombern, mit Tieffliegern. Aber an den gepanzerten Thunderbolts prallten unsere 2cm-Geschosse ab. Nachts mussten wir zu zweit jeweils zwei Stunden Wache schieben. Wir waren meistens hundemüde. Ich ließ mich einmal wecken, um dann weiter schlafen zu dürfen, die Nacht verlängern. Beim Wacheschieben war es oft bitterkalt. Die Wachen suchten dann auch mal Unterschlupf in den Baracken, obwohl dies streng verboten war. Eines Morgens: „Alarm!" Man musste dem Gefechtsstand „Feuerbereitschaft" melden. An unserem Geschütz fehlte der Sitz des Richtkanoniers. Wir meldeten trotzdem „Feuerbereit". Auch die anderen Stellungen waren „feuerbereit" - ohne Geschützrohre. In der Nacht hatte ein Beauftragter des Batteriechefs die Stellungen „besucht". Unseren Richtkanoniersitz sollten wir auf dem „Forchenkopf" (eine Baumgruppe auf dem nahe gelegenen Hügel) suchen. Wachtmeister Stahl war nicht entzückt. Wir bekamen es zu spüren.
Zu spüren bekamen wir auch die Kälte. Kein Brennmaterial. Bei der Anfahrt auf den Viadukt mussten die Loks langsam fahren. Die Heizer auf den Dampfloks hatten ein Herz für uns (Kinder) und warfen große Brocken Steinkohle herunter, bis es ihnen untersagt wurde. Eine andere Möglichkeit, Brennmaterial zu „organisieren", bot der nahe Wald. Mit einem geborgten Hörnerschlitten brachten wir gestapeltes „Papierholz" nachts in unsere Baracken. Das ging gut, so lange es schneite. Aber eines Nachts blieb der Neuschnee aus, und wir hinterließen Spuren. Tags darauf bekamen wir einen Höflichkeitsbesuch vom Förster. Er interessierte sich für das Wasser, das unter unseren „Fallen" hervor sickerte und entdeckte sein Holz.

Selbsthilfe! Vom Batteriechef bekamen wir den notwendigen „Anschiss", aber der Vorgang wurde möglichst tief gehängt. War ja auch blamabel.
Ich wurde zu einem Flugzeugerkennungslehrgang nach Offenburg geschickt. In der Stellung zurück, musste ich bei Alarm zu Wachtmeister Stahl in den Gefechtsstand. Es tut mir heute leid, dass ich mich manchmal nicht fair gegen den alten Mann und Familienvater verhalten habe, aber er hatte uns so oft gereizt. Wenn ich ihm melden musste, was oben geschieht beim Angriff, musste ich mich hinab beugen, und da habe ich manchmal etwas übertrieben.
An beiden Daumennägeln hatte ich eines Tages „Blutvergiftung". Ich musste nach Freudenstadt zur Operation, wobei die Nägel entfernt wurden. Zwei oder drei Tage im Lazarett. Beim Ausgang begegnete mir in der Stadt ein Stammführer der HJ. Als Soldat grüßte ich natürlich nicht. Ich wurde von ihm zur Rede gestellt, ob ich nicht grüßen könne. Doch, kann ich. Also zurück und noch einmal! ich ging zurück bis zur Straßenecke. Halt! Um einer Grundsatzdiskussion auszuweichen, machte ich mir meine gute Laufleistung zunutze, verschwand in der Seitenstraße und in einem Hauseingang.
Zurück in der Stellung - „Innendienstkrank", d.h. kein Geschützdienst. Stahl ärgerte sich. Nun war es so, dass unser Essen unten bei der Schreibstube im Dorf geholt werden musste. Bei dem vielen Schnee war es verlockend, auf dem Bahngleis bis zur Brücke zu gehen und von dort aus auf dem Essenskanister die Stufen hinunter ins Dorf zu rodeln. Wachtmeister Stahl befahl nun, einen Weg hinunter ins Dorf durch den tiefen Schnee zu trampeln. Und zum Spuren an der Spitze hat er mich befohlen, obwohl ich krank geschrieben war. „Dazu brauchen Sie keine Hände!"
Um die Weihnachtszeit mussten wir einen Vortrag eines Polit-Offiziers über uns ergehen lassen, vom „Durchhalten" und so! Am Ende „Noch Fragen?" Zuerst Stille, dann Aufmunterung zum Fragen. Ich meldete mich. „Ich habe gehört, zu Weihnachten würden uns Sonderrationen, auch Süßwaren, zustehen." Verwunderung - dann: Eigentlich hätte er andere Fragen erwartet, er würde aber die Anfrage weiterleiten. Stahl war verärgert, aber die Sonderrationen kamen.
Am 17. Dezember, wie so oft Fliegeralarm. Bombergeschwader über uns Richtung Osten. Nach einer Stunde etwa Feuerschein im Osten! Landkarte, Kompass - es könnte Ulm sein, unsere Heimat! Es war Ulm. Kurzurlaub für Ausgebombte, auch für mich.
Im Februar 1945 kam für mich das Ende meiner Luftwaffenhelferzeit. Ich wurde entlassen und Tage später zur Infanterie eingezogen - ich war ja „Aktiver Offiziersbewerber". Das hatte ich ganz vergessen - es war nicht mehr wichtig. Vielleicht hatte es womöglich auch mit dem 20. Juli 1944 zu tun.
Ausbildung in Neu-Ulm. Dann Wechsel von Ort zu Ort, d.h. von Scheune zu Scheune mit Nahkampfausbildung. Dabei habe ich einen Karabiner zerschlagen. Der Baumstumpf gab beim Kolbenschlag nicht nach. Verhör durch den Kompaniechef. Kritische Situation: Die Beschädigung oder der Verlust von Waffen wurde als Sabotage streng bestraft. Man glaubte mir, dass ich gestolpert war. Dann Fronteinsatz bei Nattheim. Wo ist die Front? Wir müssen durch den Ort marschieren und dabei singen „Es zittern die morschen Knochen der Welt vor dem großen Krieg. Wir werden weiter marschieren, wenn alles in Scherben fällt, denn heute da hört uns Deutschland und morgen die ganze Welt." Das ist kein Witz!!! Soldaten und

Waffen-SS-Leute kamen uns entgegen und lachten über uns. Draußen vor dem Ort gingen wir am Waldrand in Stellung. Wir waren die Front! Dann kam von Westen her die amerikanische Panzerkolonne auf der Landstraße. Endlos. Unser Kompaniechef robbte mit einer Panzerfaust in Richtung Straße und schoss. Der Idiot! Die Kolonne hielt, die Geschützrohre schwenkten in Richtung Waldrand - und dann war der Teufel los, und wir ganz klein. Artilleriefeuer, Maschinengewehrfeuer. Es war die Hölle. Kein Schuss von uns. Mit MG und Karabiner gegen Panzer? Nach ungefähr einer Viertelstunde - die kann lang sein - fuhr die Kolonne weiter, ca. 200 m entfernt von uns. Unser Zugführer löste unsere Gruppe auf. Er war im Norden zu Hause und wolle versuchen, sich durchzuschlagen und ließ uns allein. Ich machte mich auf in südwestlicher Richtung nach Ulm. Nach etwa einer Stunde traf ich im Wald auf eine Gruppe von Offizieren, Unteroffizieren und Mannschaften. Sie nahmen mich auf. Leider! Es ging weiter durch den Wald. Ich war am Ende der Gruppe und warf Ballast ab, meinen Karabiner. Beim nächsten Halt kam der führende Offizier auf mich zu. Wo ich mein Gewehr hätte. Ich stritt ab. Er befahl mir, mich auf einen Baumstumpf zu setzen und beriet sich mit den anderen Offizieren. Sie schauten immer wieder zu mir her. Gott sei Dank war kein „Marinerichter" dabei. Ich war gerade 16 Jahre alt. Ich wurde neu „ausgestattet".
In der Nacht wollte man „durchbrechen" und über die Donau. Ich saß oben auf einem Planwagen. Es war kalt und feucht. Als ich aus meinem Dämmerschlaf aufwachte, sah ich rechts der Straße eine Figur oben auf der Böschung. Sie stand nicht auf der Böschung. Sie drehte sich. Der Soldat hing am Baum mit einem beschrifteten Schild an der Brust.
Der „Durchbruch" gelang. An der Günz bezogen wir wieder Stellung. Ich lag an der Uferböschung. Plötzlich bemerkte ich, wie sich seitlich von mir der Boden hob. Unter einem Holzdeckel kam ein Kopf zum Vorschein - erschrocken wie ich. „Brot?" - Danach verschwand er Dank nickend. Es war ein zum Teil unterirdischer Splitterschutzgraben, zur nahe gelegenen Fabrik gehörend.
Unser kleiner gewordener Haufen zog weiter bis nördlich von Krumbach. Rast in einem Wäldchen. Die Offiziere ließen uns dort zurück. - Sie wollten „erkunden". Wir warteten. Dann übernahmen die nächsten Dienstgrade die „verantwortungsvolle" Aufgabe. Wir waren jetzt zu zweit oder zu dritt und warteten. Dann nahm ich meinen Karabiner und wanderte auf der Landstraße in südwestlicher Richtung, wo ich Dettingen an der Iller vermutete. Dort waren meine Mutter und mein jüngerer Bruder evakuiert. Wichtig war, dass ich einen Karabiner hatte - ich war ja ein „Versprengter" und kein Deserteur (ich war lernfähig!). Eine Staubwolke von Westen her näherte sich rasch. Ein Kübelwagen? Hoffentlich keine Feldjäger (Militärpolizei)! Es war kein Kübelwagen, es war ein Jeep. Drei Schwarze und ein Weißer. Mit einem montierten MG und drei Maschinenpistolen. „Hands up!" Ich spürte eine der Maschinenpistolen auf der Brust. „Do you speak English?" „Yes, a weng." Ob Soldaten in der Umgebung seien? „No!" In diesem Moment fielen am fernen Waldrand Schüsse. Der Mann wurde unfreundlich. Ich stotterte: „They are shooting hares." Ich wurde auf die Motorhaube gesetzt. Dann ging es los in rasender Fahrt einen steilen Waldweg hinunter. Ich musste mich festkrallen, um nicht herunter zu stürzen. Die Soldaten schossen links und rechts mit ihren Maschinenpistolen in den Wald. Ein „lebender Schutzschild" auf der Motorhaube? Aber was

hätten sie machen sollen? Den Karabiner abnehmen und den Buben nach Hause schicken! In Krumbach waren schon mehrere meinesgleichen. Am nächsten Morgen brachten Frauen etwas zu essen. Ich bekam zwei Eier, ganz frisch, roh. Das war mein Geburtstagsgeschenk zum 17. Geburtstag am 19. April 1945.
Der Hunger begann. Fußmärsche in Richtung Kaufbeuren. „Im nächsten Lager werden die Jugendlichen unter 18 Jahren entlassen", hieß es immer wieder. In den Ortschaften Menschen, die am Straßenrand Eimer mit Wasser zum Trinken bereitstellten und uns Brot zuwarfen. Ich fing einen Backsteinkäse auf. Ohne Brot. Dann kam der Durst - aber lange Zeit kein Dorf mit Wassereimern. In Kaufbeuren auf dem Flugfeld, auf dem Boden - wie immer - aber diesmal Beton, keine Decken. Die Entlassung der Jugendlichen würde im nächsten Lager erfolgen. Beim „Filzen", d.h. Durchsuchen der Gefangenen nahm sich ein GI meine Konfirmationsuhr als Souvernir.
Fahrt auf Sattelschleppern nach Norden. In der Nacht kamen wir durch Neu-Ulm. Vom offenen Sattelschlepper aus in die Dunkelheit, in die Donau springen - oder auf der Pontonbrücke aufschlagen? Auf jedem Führerhaus war ein MG montiert, und jedes Fahrzeug wurde von den Scheinwerfern des nachfolgenden Fahrzeugs beleuchtet. Die Jugendlichen sollten doch im nächsten Lager entlassen werden, also „Nein!" - und Angst hatte ich auch.
Heilbronn: Regen, Hunger, kein Platz zum Liegen, keine Entlassung. „Später". Dann Transport nach Ludwigshafen auf die Rheinwiesen. Riesiges Lager. Für 100 000 Gefangene, abgeteilt in Abschnitte für jeweils 2 000 Gefangene . Ein Wasserhahn, für 33 Mann ein Brotlaib. Keine Zelte, keine Decken. Nach einigen Tagen dann etwas dünne Suppe. Schlägereien - die Stärksten „schleckten" die Suppenbehälter aus. Nicht wir Jungen. Regen! Wir lagen im Schlamm, bauten mit dem lehmigen Boden ca. 10 cm hohe Mäuerchen, um das Wasser von uns wegzuleiten. Ein junger Soldat bot mir an, unter seine Decke zu kriechen. Da wärmten wir uns gegenseitig - und seine Läuse! Dann kam die Hitze, und wir hatten für 2 000 Mann nur einen Wasserhahn. Stundenlanges Schlange sitzen. Auf den Rheinwiesen ist kein Hiob aus mir geworden.
Nach Wochen: Verladung in vergitterte Viehwaggons. Ab nach Frankreich! Stop in Nancy oder Metz. Ich weiß es nicht. Auf dem Gleis gegenüber stand ein Zug mit DP's (Displaced Persons), Zwangsarbeiter auf dem Rücktransport in den Osten, nach Polen oder Russland. Keine gute Begegnung. Der Inhalt einiger Latrinenkübel landete im Nachbarwaggon. Am Sonntagmorgen verließen wir den Bahnhof. Kirchenglocken läuteten. Neben dem Gleis war die Auffahrt zu einer Brücke. Ein kleiner Junge sammelte Steine und warf sie in unsere Fensterluken. Ein amerikanischer Soldat (oder ein Franzose?) verabreichte dem Jungen zwei kräftige Ohrfeigen. Ein schöner Augenblick!
Was war die Ursache für die Behandlung, die wir auf den Rheinwiesen erdulden mussten? War es Rache an den Deutschen, nachdem die Konzentrationslager befreit worden waren? Waren die Amerikaner logistisch überfordert bei diesen Hunderttausenden von Kriegsgefangenen? Ich nehme es an.
La Fléche bei Le Mans. Verwaltung amerikanisch, Bewachung französisch. Zusammengeknüpfte Dreieckszeltplanen (Länge ca. 20 m) boten Unterschlupf und Schutz vor vom Zaun her geworfenen Steinen. Verpflegung dürftig. Bevor das Lager den Franzosen übergeben wurde, wurden die Jugendlichen unter 18 Jahren und die Offiziere aussortiert. Wir kamen in

Viehwaggons nach Cherbourg, die anderen Gefangenen z.T. ins Bergwerk und nach Jahren nach Hause.
In Fourcarville bei Cherbourg hatten wir richtige Zeltpaläste! Große Lazarettzelte für ca. 40 Mann. Man konnte aufrecht stehen und bequem nebeneinander liegen. Jeder hatte eine Decke, und die Zelte waren wasserdicht. Die Verpflegung war ordentlich, aber viel zu wenig. Nach der Ankunft kam ein deutsch sprechender Soldat ins Zelt zur Aufnahme der Personalien. „Kustermann?" Das hatte ich heute schon einmal. Er blätterte zurück. „Kustermann, Dankmar." Mein Vetter aus Posen (im heutigen Polen). Auch Luftwaffenhelfer. Wir ließen uns in das gleiche Zelt legen.
Deutsche Offiziere hielten Vorträge. Lehrer, Juristen, Pfarrer. Bei einem solchen Vortrag sah ich auf der Wiese neben dem Lager einen wunderschönen Vogel. Groß, schwarz-weiß, mit dem langen Schwanz wippend. Ich hatte noch nie eine Elster gesehen.
Im Herbst: Rücktransport nach Deutschland ohne Probleme in offenen Güterwagen. In Deutschland wurden wir wieder beworfen - mit Brot und Obst. Ich habe nie etwas Köstlicheres gegessen als die erste Goldparmäne. Entlassung in Heilbronn nach einer ärztlichen Untersuchung. 46 kg bei einer Körpergröße von 175 cm. Ein bißchen wenig. Dann die Entlassung, hinaus durchs Tor in die Freiheit. Was ist das? Was muß ich jetzt tun? Keiner befiehlt mehr. Das war schon recht gewöhnungsbedürftig. Dann im Oktober „Einschulung". Ich kam in die Klasse, in die ich gekommen wäre, wenn ich nicht hätte Flakhelfer sein müssen. Es galt also Lücken aufzufüllen. Dr. Stöckle, unser Schulleiter und Lateinlehrer, ein ehrenwerter Mann im geistlichen Stand, ermahnte uns: „Mea culpa, mea maxima culpa." Ich war irritiert. Welche Schuld? 1933 bei der Machtergreifung der Nazis war ich fünf Jahre alt, 1939 bei Kriegsbeginn 11 Jahre, mit 15 Jahren Flakhelfer. Getötet oder verletzt hatte ich niemand.
Wir hatten meist gute, verständnisvolle Lehrer, und sie hatten nie so interessierte Schüler, sagten sie.
An die Wand unseres Klassenzimmers hatte ein Mitschüler kunstvoll den Kategorischen Imperativ Kants geschrieben (etwas verkürzt): „Handle so, dass die Maxime deines Willens als Prinzip einer allgemeinen Gesetzgebung dienen kann."
Ich kann nicht ausschließen, dass ich mich in manchen Dingen irre. Ereignisse und Erlebnisse deren ich mir nicht sicher bin, habe ich weggelassen.
Wolfgang Finkbeiner und Manfred Eger möchte ich herzlich danken dafür, dass sie die Initiative ergriffen und die Bürde der so wichtigen Dokumentation auf sich genommen haben.

Gerhard Mühlberger, Ulm

Schüler der Klasse 5a in der Kepler-Oberschule in Ulm, ab Januar 1944 Luftwaffenhelfer beim 1. Zug der Leichten Heimatflak-Batterie 6/VII in Neu-Ulm am Jahnufer, ab Mitte Oktober 1944 beim 3. Zug der Leichten Heimatflak-Batterie 13/VII in Wittlensweiler bei Freudenstadt im Nordschwarzwald.

Dieses Bild zeigt mich in unserer militärischen Arbeitsuniform vor dem Heim der „Ulmer Paddler" am Jahnufer in Neu-Ulm. Im Hintergrund ist ein Teil eines Flakhochstandes zu erkennen. Das Foto wurde also noch zu der Zeit gemacht, als ich dem 1. Zug angehörte und zuerst bei einem unserer Scheinwerfer auf dem Turm der Villa Eckhardt bei der Wilhelmshöhe in Ulm und danach in der Fernsprechvermittlung unserer Batterie Dienst tat.
Ende Mai 1944 wurde ich zum 2. Zug nach Söflingen versetzt. Die Kameraden dort waren kurz zuvor von ihren Hochständen innerhalb des Fabrikgeländes von Magirus Werk II in Erdstellungen außerhalb der Fabrik neben dem kleinen Fluss Blau, verlegt worden. Diese Erdstellungen wurden von jungen russischen Kriegsgefangenen ausgehoben. Ein Vierteljahr später, am 6. September, wurden acht von ihnen unserem Zug als Arbeitskommando zugeteilt. Abends schliefen sie in einer Baracke, die sich unmittelbar neben der befand, in der wir Luftwaffenhelfer untergebracht waren. Im Unterschied zur unseren wurde ihre Baracke nachts zugesperrt, sie konnten sie also nicht verlassen. Als ich wieder einmal in der Nacht auf Wache an den Geschützen war, hörte ich das laute Rufen und Poltern in der Russen-Baracke, es musste wohl einer heraus. Ich ging hin und schloss auf, es kam ein Kriegsgefangener der leidlich unsere Sprache beherrschte. Als er zurückkam, sagte er zu mir, „Du nix zuschließen, wir nix weg, wohin sollen wir auch gehen?" Ich hatte den Eindruck, er wollte mir noch etwas sagen, habe ihm dann an den Oberarm gegriffen und ermuntert. Dann brach es aus ihm heraus, weinend schluchzte er, sie hätten immer so schlimmen Hunger. Ich schickte ihn wieder in sein Bett zurück, schloss ab, und ging wieder auf Wache bei den Geschützen, dort begann ich zu grübeln. Wir hatten noch zu Essen genug, so dass sogar weggeworfen wurde, und dort sind junge Burschen, kaum zwei Jahre älter als wir, die Tag für Tag schlimmen Hunger leiden müssen. Sie waren, wie wir auch, durch ein verbrecherisches Regime in einen Krieg gezwungen worden. Es war mir bekannt, dass ihre Verpflegung nicht nur schlecht, sondern auch sehr knapp bemessen war, sie bekamen fast immer nur eine Wassersuppe in der etwas Kartoffel und Pferdefleisch herum schwamm, dazu ein paar Kanten Brot. Andererseits wusste ich aber auch, dass es uns strengstens verboten war, den Kriegsgefangenen von unserer Verpflegung etwas abzugeben, und dass bei Zuwiderhandlung hohe Strafen angedroht waren. Wir waren dagegen zu dieser Zeit noch gut und reichlich versorgt, so dass wir z.B. die Suppe, die wir nur selten aßen, in die Blau schütteten. In unserer Baracke gab es einen Spind, in dem die sog. Kaltverpflegung aufbewahrt wurde. Und da unsere Brotration zu dem Zeitpunkt noch so ausreichend war, dass wohl keiner von uns alles

aufaß, was ihm zugeteilt wurde, stapelten sich im unteren Teil des Schrankes die Kommissbrote. Wenn neue Reste dazu kamen, wurden sie wieder oben drauf gestapelt.
Nachdem ich meine Wachablösung geweckt hatte, und der dann auf Posten stand, schoss es mir in den Kopf, jetzt ist die Gelegenheit günstig, der Kamerad ist draußen bei den Geschützen, alle anderen schlafen. Am Spind packte ich mir die Arme voll mit Brot und ging so beladen zweimal zu den Iwans. Ich glaube, der geneigte Leser kann sich vorstellen, was ich dort für einen Jubel ausgelöst habe. Ich bedeutete ihnen noch „essen und dann alles weg". Ich musste dies heimlich tun und durfte dabei nicht ertappt werden, auch nicht von einem meiner Kameraden, von denen mich ja einer bei unseren Vorgesetzten hätte melden können. Meine Flak- und Klassenkameraden beim 1. Zug in Neu-Ulm kannte ich sehr genau, im Gegensatz zu den Neuen des 2. Zuges bei denen ich ja erst seit einem Vierteljahr Dienst tat und die ich erst im Laufe der Zeit näher kennen lernte. Ihre Einstellung zum Nationalsozialismus lernte ich erst später richtig einzuschätzen. Es gab unter ihnen einige, die zu dieser Zeit noch an den Endsieg glaubten.
Ich spürte, wie die Russen mir dankbar waren und mir vertrauten. Besonders der, der Deutsch sprach. Irgend wann habe ich ihn bei einem Gespräch nach seinem Name gefragt "Wladimir" hieß er. Bei diesen heimlichen Unterhaltungen erfuhr ich so manches von ihm, wovon wir in den Nachrichten nichts hörten. Er war gut informiert über den Frontverlauf im Osten und davon überzeugt, dass Deutschland den Krieg verlieren würde. Ich war überrascht über die genauen Kenntnisse und fragte mich woher er die wohl hatte. Unserer Meinung nach waren die Iwans doch von der Außenwelt völlig abgeschnitten.
Nebenbei bemerkt: Keiner meiner Kameraden hat über das fehlende Brot ein Wort verloren.
Später traute ich mich, ihnen so oft es möglich war, unsere Essenskanister „nur zum Ausspülen" zu geben, natürlich mit dem Essen, das wir nicht aufgegessen hatten. Auch dazu gab es aus unseren Reihen keinen Widerspruch. Jeder war wohl froh, dass er die verhasste Spülarbeit nicht tun musste. Meiner Feststellung nach waren die Behälter meistens sauberer gereinigt, als wenn wir dies getan hätten. Auch erinnere ich mich noch an einen Vorfall, der mich damals sehr nachdenklich machte. Es war mitten in der Nacht, ich schlief tief und fest. Da spürte ich eine Berührung an meinen Haaren. Ich schreckte zusammen. Wladimir stand vor meinem Bett und flüsterte: „Hunger! Wir haben großen Hunger." Ich darauf legte den Finger auf den Mund, es sollte doch keiner meiner Kameraden aufwachen: „Psst! Geh schnell zurück, ich bringe euch Brot!" Als ich ihm draußen vor der Baracke ein paar Kommisbrote übergab, klopfte er mir auf die Schulter, schaute mich an und sagte: „Du gudde Wachmann. Wenn ich deine Wachmann, ich auch gudde Wachmann!"
Ich erzähle dies deswegen so ausführlich, weil ich weiß, dass „meine Russen" mir an jenem 13. September vergalten, was ich ihnen Gutes getan hatte. Wie einige meiner Schulkameraden war auch ich nach jenem furchtbaren Bombenangriff verschüttet. Wolfgang Finkbeiner hat diesen Tag ausführlich geschildert. Eine Wiederholung ist daher überflüssig. Auf eine Sache muß ich aber dennoch näher eingehen: Auch ich habe mein Einmannloch besonders ausgestattet. Da ich neben meiner Funktion als Kanonier auch als Fernmelder eingesetzt war, hatte ich in meinem Einmannloch einen Feldfernsprechapparat, ein etwa Schuhkartongroßer Kasten. Kurz vor dem Angriff habe ich

noch von unserer Telefonzentrale die Luftlagemeldung erhalten: „Größere Bomberverbände im Anflug auf Ulm" und diese unserem Zugführer weiter gegeben. Darauf ordnete Uffz. Schmalriede an: „Alles in die Einmannlöcher!" Wie die anderen Kameraden habe ich Schlimmstes in meinem Loch durchgemacht. Als ich die Bomben auf mich zufliegen sah, und das grässliche Zischen immer lauter wurde, bin ich immer kleiner geworden. Dann ging das Inferno los. Eine Fünfzentner-Bombe schlug knapp neben unserem Geschütz ein. Dabei wurde auch unser Zugführer Uffz. Schmalriede getötet, er war auf dem Geschützwall stehen geblieben. Die Kanone wurde durch die Wucht der Detonation hochgehoben und aus dem Geschützwall hinausgeschleudert. Da ich mein Einmannloch nicht weit vom Wall entfernt gegraben hatte, wurde dieser über mich geschoben. Bei allem Glück im Unglück war vorher der Fernsprechkasten aus dem Regal, und mir ins Genick gefallen, und hat mir so einen Luftraum gelassen. Als es nach all den schrecklichen Detonationen plötzlich unheimlich still wurde, schossen mir die Gedanken durch den Kopf: „Hast du noch eine Chance hier lebend rauszukommen?" Immer mehr wurde mir klar: „Du hast eine schlechte Karte gezogen." Ich war eingeklemmt und konnte mich nicht mehr bewegen. Die Verschalung des Einmannloches hatte sich verschoben, und ich bekam furchtbare Schmerzen im Kreuz. Langsam aber sicher wurde die Luft knapper. In meiner Todesangst habe ich aus Leibeskräften geschrieen. Ich weiß, dass das was ich von mir gab, kein menschlicher Laut mehr war, sondern einem tierischen Schrei glich. Immer wieder habe ich gebrüllt. Plötzlich hörte ich über mir Stimmen, russische Stimmen! Meine Kriegsgefangenen kamen zuallererst zu mir und haben ohne Werkzeug, mit ihren bloßen Händen die Erde über meinem Loch weggeräumt, den Telefonkasten beseitigt und mich aus dem Loch heraus gezogen, das mir auf einmal winzig klein vorkam, so klein, dass ich mich fragte, wie ich darin überhaupt Platz gefunden hatte. Diese Szene wurde von Major Layendecker, er war Kommandeur sämtlicher Flakbatterien im Raum Ulm, beobachtet. Er fragte mich:„Wie geht es Ihnen?" „Ich habe furchtbare Schmerzen an der Wirbelsäule." „Gehen Sie sofort zum Arzt und lassen danach schauen, und wenn es nichts Schlimmes ist, gehen Sie nach Hause, und kommen dann in 14 Tagen wieder." Bei der Untersuchung wurde eine Prellung der Lendenwirbelsäule festgestellt, doch glücklicherweise kein Bruch.
Szenenwechsel: Im Schwarzwald wurde ich dem 1. Zug in Wittlensweiler zugeordnet. Noch heute denke ich mit Schaudern daran, wie wir anfangs in Scheunen oder leeren Ställen untergebracht wurden. Mit anderen Kameraden war mein Quartier in einem Stall, der schon einige Zeit leer stand, er gehörte einer Familie Braun, und ich sehe mich heute noch am ersten Abend auf dem Boden im Stroh sitzen mit einem Stück Brot in der einen, und einem Schmelzkäse in der anderen Hand, mir war eher zum Erbrechen als zum Essen zu Mute, als ich auf die an der Wand angetrockneten Kotspritzer blickte. Oder sollte ich gar weinen oder gar nach meiner Mutter rufen. Insofern waren unsere sehr einfachen Baracken geradezu eine Erlösung für uns, als wir nach einiger Zeit in diese einziehen konnten. Und geradezu ein Höhepunkt für uns war der Tag, an dem wir zum ersten Mal den Lichtschalter betätigen konnten und wir nicht mehr auf die Karbidlampe angewiesen waren. Der Vater eines Schulkameraden hatte irgendwelche Beziehungen zu Elektromaterial. Er bekam dafür eigens Sonderurlaub und hat in einem Rucksack alles mitgebracht, was wir für eine Elektroinstallation für unsere Ottohütten brauchten
Meine Vorgesetzten haben sehr bald meine praktische Begabung erkannt, und

so wurde ich sehr bald zum „Elektriker und Fernmeldetechniker" unserer neuen Batterie 13/VII. Nun war noch eine Freileitung vom letzten Masten im Dorf bis hinauf zu unserer Stellung zu bauen. Vom Forstamt bekamen wir dazu kräftige Stangen, die wir in den Boden eingruben und dort fixierten. Die Drähte für die Freileitung bekam ich von Fernsprechwachtmeister Rädiger von dem ich auch immer wieder zum Telefonleitungsbau angefordert wurde. Als ich beim Leitungsbau überprüfte, ob die Masten auch standfest genug waren, fuhr mich der Wachtmeister an: „Was machen Sie da? Sind die Ihnen nicht standfest genug?" Ich antwortete ihm: „Ich muß mit den Steigeisen hinauf, und wenn ein Masten umfällt, liege ich am Boden und nicht Sie."
Die Leitung wurde gebaut, und ich erhielt von da an immer wieder einen Auftrag. So musste ich z.B. Fernsprechleitungen von der Fernsprechzentrale im Bahnhof von Grüntal zu den einzelnen Zügen, zur Schreibstube und zur Befehlsleitstelle in Wittlensweiler legen. Als sich die Tieffliegerangriffe auf die Viadukte häuften, waren eines Tages die Fernsprechleitungen durch umherfliegende Bombensplitter beschädigt. Der zuständige Fernsprechwachtmeister kam zu mir: „Mühlberger, Sie müssen mit mir zusammen die Leitungen reparieren." „Aber ich bekomme doch Urlaub und darf heute abend nach Hause fahren1" „Einverstanden! Aber erst wenn die Leitungen wieder funktionieren." Der Wachtmeister und ich sind also los, um sie zu flicken. Wir waren gerade auf der Wittlensweiler Brücke dabei, ich etwa in der Mitte des 150m langen Viadukts, er 25m von mir entfernt, als ein Pulk Thunderbolts (schwere Jagdbomber mit unterseitiger Vollpanzerung) quer zur Brücke angeflogen kamen und aus allen Bordkanonen feuernd, bereit zum Bombenabwurf waren. „Jetzt wird's eng", dachte ich. Es war nicht mehr nötig, dass mir mein Vorgesetzter zurief: „Runter von der Brücke!" Wir rannten um unser Leben auf den Bohlen neben den Gleisen, sprangen über bis zu 3m breite Löcher, die von Bomben bei vorhergehenden Angriffen in diese gerissen worden waren. Wir sahen, dass unsere Flakstellung am Forchenkopf das Ziel ihres Angriffes war. Unsere drei 2cm-Geschütze schossen auf die Angreifer, und die feindlichen Maschinen erwiderten das Feuer, nur mit dem Unterschied, dass die Thunderbolts jeweils vier 2cm-Kanonen in ihren Tragflächen eingebaut hatten, während uns nur drei Geschütze zur Verfügung standen Wir hatten inzwischen den Bahndamm am Ende der Brücke erreicht. Fliegend rannten wir die sehr steile Böschung hinunter, weiter über eine Wiese in ein kleines Seitental. Wir glaubten uns gerettet. Doch plötzlich änderten die Angreifer ihre Anflugrichtung, jetzt senkrecht zu Brücke und Bahnlinie, genau über uns hinweg. Schon wieder waren wir in höchster Gefahr. Eng hintereinander griffen die Maschinen an, aus allen Bordkanonen feuernd, es gab keine Möglichkeit wegzulaufen. Wir blieben liegen und sahen zu wie sie die Bomben ausklinkten und sie über uns wegfliegend irgendwo krachend einschlugen. Die Piloten in der Kanzel konnten wir sehen, sie flogen in etwa 200m Höhe über uns hinweg. Doch genau so auch umgekehrt, einer von ihnen musste auch uns erblickt haben. Im Sturzflug löste dann einer zwei Bomben aus, und wir konnten diese plötzlich von ihrer Oberseite sehen. Mein Wachtmeister brüllte: „Die kommen auf uns zu!" Er wollte wegrennen. Ich erwischte ihn noch am Fuß, so dass er wieder stürzte. Im selben Moment krachten die beiden Bomben auf der gegenüberliegenden Talseite in den weichen Wiesenboden. Rings um uns herum sah man überall rauchende Stellen, das waren Einschlagstellen der Bombensplitter. Ich habe geglaubt, unser letztes Stündchen sei gekommen. Wir schauten uns an und gaben uns wortlos die Hand. Wieder einmal hatte

ich Glück. Um es kurz zu machen: Wir haben die Leitungen repariert, und am Abend konnte ich, dank der Hilfe meines Vorgesetzten, nach Hause fahren.
Z.b.V. war eine Abkürzung und bedeutet „zur besonderen Verwendung". Immer wieder bekam ich einen solchen „Z.b.V.-Auftrag". Als nach einer Regenperiode im Herbst 1944 unsere Geschütze „abgesoffen" waren und bis zu den Rohren im Wasser standen, bekam ich den Auftrag, beim Freudenstädter Gaswerk Schlacken zu holen, damit der aufgeweichte Boden in den Geschützstellungen wieder befestigt werden konnte. Während meine Kameraden das Wasser mit Eimern aus den Geschützstellungen ausschöpfen mussten, bestand mein Befehl darin, sechs Fuhrwerke zu organisieren. Fünf habe ich zusammenbekommen. Eine Bäuerin weigerte sich standhaft mit den Ochsen zu fahren, sie hatte furchtbare Angst vor den Tieffliegern und schlug mir vor, das Gespann am frühen Morgen bereit zu stellen und ich solle selbst damit fahren. Sie gab mir noch einige Ratschläge wie ich mit den Ochsen umzugehen hätte. Bei Dunkelheit frühmorgens um 3.00 Uhr ist die Wagenkolonne dann losgefahren. Langer Rede kurzer Sinn, ich habe das Gespann wieder wohlbehalten abgeliefert. Die drei Ochsen, der ‚Oberochse' und die beiden Zugtiere, haben sich ganz gut verstanden, obwohl ich nicht mehr wusste was hüst und hot bedeutet, nahm ich elegant jede Kurve. Meine zwei Freunde wurden von mir einfach in die richtige Richtung gezerrt oder gedrückt, und sie gehorchten, eben nach dem Motto: „ Der Klügere gibt nach."
Ein anderer „Z.b.V.-Auftrag" in der Zeit kurz vor Weihnachten hat mir sogar viel Freude bereitet. In Wittlensweiler gab es eine sog. Kunkelstube. Dort trafen sich die Dorfschönen, um sich zu unterhalten, und dabei haben sie Handarbeiten gemacht u.a. auch für uns Socken gestrickt, und auch unsere löcherigen gestopft. Mein Vater war zu der Zeit Betriebsleiter in einer Ulmer Strumpffabrik, und so konnte ich den Mädchen von dort immer wieder mal einen Rucksack voll Strickgarn mitbringen. Eines Tages sprach mich eines der Mädchen an: „Kannst du auch eine Gans schlachten?" Dazu muss man wissen, die Frauen mussten den Bauernhof betreiben, weil die Männer alle an der Front waren. Prompt und ohne viel nachzudenken antwortete ich: „Aber natürlich kann ich das." Der Gedanke an einen herrlichen Gänsebraten zu Weihnachten hat alle Bedenken schwinden lassen Doch da ich das noch nie zuvor gemacht hatte, musste ich mir Rat holen. Von einem der Geschützführer, er war Landwirt von Beruf, ließ ich mir erklären, wie das zu machen war. Zwei Tage vor Weihnachten gab mir der Wachtmeister frei und ich habe auch diese Aufgabe zur Zufriedenheit der Familie gelöst. Meine Belohnung dafür war, dass ich mir am Weihnachtsfeiertag mit den Bauersleuten zusammen einen Gänseschlegel mit Kartoffelsalat und Spätzle einverleiben konnte. Selbstverständlich kam der Wachtmeister auch nicht zu kurz, die Frau gab mir für ihn ein Päckchen mit.
Im Februar 1945 bekam ich den Befehl: „Packen Sie Ihre persönlichen Sachen zusammen und lassen Sie sich von der Küche Verpflegung und Lebensmittelmarken für eine Woche geben. Sie melden sich morgen früh um 6.00 Uhr in der Schreibstube bei einem Unteroffizier, dessen Name ist mir entfallen, der kommt mit einem großen Wehrmachtlastwagen, und Sie müssen mit ihm nach Pforzheim fahren und dort Baracken abbauen, die danach in Freudenstadt neu aufgestellt werden müssen." In Pforzheim angekommen, kamen dann sechs Kriegsgefangene und halfen mir bei der Ausführung meines Auftrags. Es war irgendwo auf einer Anhöhe über der Stadt Pforzheim. Am zweiten Tag nach meiner Ankunft gab es Fliegeralarm. Es war der 23.

Februar 1945: Was ich dort oben zu sehen bekam, war furchtbar. Zwanzig Minuten lang warfen die alliierten Bomberflugzeuge ihre tödliche Ladung über der Stadt ab, danach brannte sie an allen Ecken und Enden. Es war entsetzlich, zusehen zu müssen, wie da unten eine Stadt in ein Ruinenfeld verwandelt wurde.
Nach insgesamt fünf Tagen hatte ich den Auftrag erledigt, war wieder in Freudenstadt angekommen, wo wir - ich glaube in der Nähe des Gaswerkes - die Baracken für einen Flakzug mit russischen 3,7cm-Geschützen, der dort stationiert war, abluden.
Manchmal musste ich auch die Urlaubsvertretung für einen Kameraden aus Ingolstadt übernehmen. Der machte im kleinen Bahnhof von Grüntal auf der Fernsprechvermittlung Dienst. Dazu habe ich dort auch geschlafen. Bei einem solchen Aufenthalt sprach mich der Wachtmeister an: „Mühlberger, wir müssen eine Leitung hinunter nach Grüntal legen. Meine Frau kommt zu Besuch. Ich habe im Dorf für sie ein Zimmer besorgt, und wenn ich bei ihr bin, muß ich natürlich telefonisch erreichbar sein." Selbstverständlich habe ich auch diesen Befehl ausgeführt, und wenn ein Anruf für ihn kam, habe ich angeläutet und ihm den Anruf vermittelt. So hat der Batteriechef nie etwas von den sehr privaten Eskapaden seines Wachtmeisters erfahren. Ergänzend will ich noch anmerken, dass dies nicht die einzige Leitung in ein Zimmer war, die ich für ihn legen musste. Es waren deren drei- immer für seine Frau - die aber jedes mal anders aussah.
Unser Batteriechef war der aus Bayern stammende Oberleutnant Schuck. Ein strenger, jedoch korrekter Mann. An seiner Seite hatte er auch einen Spieß, die sogenannte „Mutter der Batterie." An seinen Namen kann ich mich nicht mehr erinnern, ich glaube er kam aus Ratibor. Eines weiß ich aber noch ganz sicher, er war ein „äußerst unangenehmer Zeitgenosse."
Unser doppeltes Klohäuschen, die eine Hälfte war für die Vorgesetzten, die andere für uns Gemeine bestimmt, stand weit oben am Forchenkopf. Das hatte natürlich seinen Grund, man wollte sich die Geruchbelästigung ersparen. Während des kalten, schneereichen Winters 1944/45 wollten wir uns in den langen Nächten nicht durch Schnee und Eis da hinauf quälen. Der Einfachheit halber haben wir unsere Notdurft auf einem unserer Stellung gegenüberliegenden Acker verrichtet. Der Winter hat dies alles gnädig überdeckt.
Unser Batteriechef und eben jener Wachtmeister machten fast regelmäßig alle zwei Wochen eine Kontrolle bei den verschiedenen Zügen. Im Winter natürlich mit Schiern. Elegant und gekonnt stoppte der Oberleutnant mit einem rasanten Schwung vor uns, während der Wachtmeister, der im Schifahren ein glatte Null war, bei seinem Versuch es ihm gleich zu tun, in den Schnee flog. - Natürlich brüllte der angetretene Zug vor lauter Lachen schallend laut.- Mit hochrotem Kopf rappelte er sich wieder auf die Bretter und starrte uns hasserfüllt an. In diesem Moment musste in ihm ein teuflischer Plan gereift sein
Nun komme ich wieder zurück auf den oben erwähnten Abschnitt, in dem ich von unserer Unsitte erzählt habe, wie wir den gegenüberliegenden Acker verunreinigt hatten. Etwa Mitte Februar trat Tauwetter ein, es regnete und schneite unaufhörlich, einfach gesagt, es war ein „Sauwetter". Prompt stand der Spieß da, diesmal ohne den Oberleutnant. Zuerst mussten wir in Dreierreihen antreten, und dann mit einem Lied auf den Lippen auf den besagten Acker marschieren. Ich glaube, lieber Leser, Sie ahnen, was er sich in

seinem primitiven Gehirn für uns ausgedacht hatte. Also marschierten wir singend durch den Schneematsch bis zu besagtem, aufgeweichten Acker. Stramm und im Paradeschritt mussten wir gehen. Da stapfte keine Kolonne, sondern ein Sturmboot pflügte durch Wasser, der Dreck spritzte in alle Richtungen. Plötzlich kam der Befehl: „Fliegerdeckung!", das bedeutete nichts anderes als hinlegen, und dann: „Sprung auf marsch, marsch!", das hieß weiter rennen. So schallten etwa eine Dreiviertel Stunde seine Befehle über unsere Schlammwüste „Fliegerdeckung..., Sprung auf marsch, marsch!"... Doch seine Rache ließ sich noch steigern, er brüllte: „Gasalarm!" jetzt hieß es die Gasmaske aufzusetzen und den ganzen Drill bei Luftknappheit durchzustehen. All diese Befehle kamen aus einem höhnisch grinsenden Gesicht. Er jagte uns völlig unsinnig durch den Dreck mit aufgesetztem Stahlhelm, und achtete sorgfältig darauf, dass keiner von uns den unappetitlichen Häufchen auswich. Garniert hat er die ganze Strafaktion mit unflätigen, herabwürdigenden Beschimpfungen. Nachdem er so seine Wut an uns abreagiert hatte, ordnete er für den andern Tag noch einen Kleiderappell an und kontrollierte, ob auch jeder von uns seine Kleider wieder ordentlich gesäubert hatte. Zum ersten Mal in meinem Leben, erlebte ich ein neues Gefühl, das ich so ausgeprägt noch nicht erlebt hatte. Es war Hass, primitiver, blanker Hass.! Mir schoss ein Gedanke in den Kopf: „Dieses Schwein bringst du noch um."
Wenn ich heute nach mehr als sechs Jahrzehnten an jene Zeit zurückdenke, kann ich aus meiner Sicht feststellen, dass es nicht nur schlimme Zeiten waren, ich durfte auch gute Kameradschaft erfahren, und konnte viele menschliche Beziehungen knüpfen, und es ist mir bei allen Schwierigkeiten immer gelungen, mich recht und schlecht durchzulavieren. Ich bin dankbar dafür, dass ich die Zeit bis zum Kriegsende verhältnismäßig gut überstanden habe.

Walter Spingler, Ulm

Schüler der Klasse 5a in der Kepler-Oberschule in Ulm, ab Januar 1944 Luftwaffenhelfer beim 1. Zug der Leichten Heimatflak-Batterie 6/VII in Neu-Ulm am Jahnufer, ab Mitte Oktober 1944 beim 1. Zug der Leichten Heimatflak-Batterie 13/VII in Aach bei Freudenstadt im Nordschwarzwald.
Ab Januar 1945 im Luftwaffenausbildungslager „Prinz Eugen" (Oberschule mit zusätzlicher Technik-Ausbildung).

Erinnerungen an meine Flakzeit in Ulm und in Aach bei Freudenstadt im Nordschwarzwald

Es sind schon mehr als sechzig Jahre seit jener Zeit vergangen, als ich gemeinsam mit vielen meiner Schulkameraden als Luftwaffenhelfer bei der Heimatflak meinen Dienst tat, um feindliche Flieger abzuwehren und so unsere Heimat zu verteidigen. Vieles von dem, was sich damals ereignet oder auch nicht ereignet hat, habe ich inzwischen vergessen. Natürlich haben sich zwei Ereignisse von damals tief in mein Gedächtnis eingegraben; da ist einmal der tragische Unglücksfall vom 8. September 1944 am 2. Geschütz

des 1. Zuges in Neu-Ulm, bei dem unser Schulkamerad Walter Knoll während einer Feuerbereitschaft sein Leben verlor und natürlich der Fliegerangriff am 13. September 1944 auf Söflingen und das Magirus-Werk II mit den traurigen Folgen für die Kameraden des 2. Zuges.
Aufregendes über die Ulmer Zeit kann ich nicht erzählen. Beim Nachlesen der Tagebuchnotizen von Wolfgang Finkbeiner lese ich „politische Schulung". Dabei fällt mir der Besuch eines Majors bei unserem 1. Zug ein. Dieser Offizier war Luftwaffenhelfer-Betreuungsoffizier des Luftgaus VII. Bei ihm konnten wir unsere Sorgen und Nöte, aber auch Beschwerden vortragen. so auch die über „Belästigungen" der „oberen HJ-Führung", die uns sehr geärgert haben. Er zeigte zwar volles Verständnis dafür, konnte sie aber nicht abstellen. Es gab da offensichtlich Differenzen zwischen der Luftwaffe und der politischen Führung. Wir wollten eben lieber Flaksoldaten sein als Hitlerjungen. Aus dem gleichen Grund störte uns auch die Armbinde. Und noch eine andere Beschwerde haben wir ihm vorgetragen. Wenn wir ins Kino gehen und uns einen Film ansehen wollten, der nicht jugendfrei war, wurden wir oftmals von der Kinokontrolle als Jugendliche abgewiesen, weil auch hier wiederum die HJ-Führung Einfluss darauf nahm Wir trugen dem Major unser Argument vor, dass wir als Luftwaffenhelfer zwar wie Erwachsene behandelt würden und auch gut genug wären, um beim Dienst an der Waffe unser Leben einzusetzen, wenn es darum ging, im Kampf feindliche Flieger abzuwehren, aber dann wenn wir einen Film ansehen wollten, der nicht jugendfrei war, als Kinder betrachtet würden.
Auch hier zeigte der Major großes Verständnis für unsere Situation, musste aber eingestehen, dass er keinen Einfluss darauf hatte, eine Änderung in unserem Sinn herbeizuführen.
Sehr gerne erinnere ich mich an unsere Besuche im Café Mützel an der Herdbrücke. Unser Kamerad Karl Albrecht brachte dafür von der elterlichen Bäckerei die notwendigen Brotmarken mit.
Und da ist noch eine kleine Episode, die mir zu unserer Zeit in Ulm einfällt. Wir standen gerade auf dem Turm des 1. Geschützes in Anwesenheit unseres Batteriechefs, Oberleutnant Jeute. Da kam ganz langsam im Tiefflug vom Bahnhof Ulm her in Richtung Neu-Ulm eine B17 G „Fortress" angeflogen. Wir waren völlig überrascht, denn das Flugzeug war nicht gemeldet, und zum Glück für die da oben waren unsere Geschütze nicht feuerbereit. Als der US-Bomber in der geringen Entfernung von nur 300 Metern an uns vorbei flog, sahen wir die gelben Flügelspitzen, die Kennung für die Flugzeuge des Luftgaus VII. Es war also eine Beutemaschine. Bei der geringen Höhe und der knappen Entfernung hätte sie, wenn wir auf sie geschossen hätten, keine Chance gehabt.

Ein „Thunderbold-Angriff" auf unsere Flakstellung bei Aach im Nordschwarzwald.

Wann genau dieses Ereignis stattfand, ob im November oder im Dezember des Jahres 1944, kann ich nicht mehr sagen. Als ein Truppentransport von Dornstetten kommend auf das Eisenbahnviadukt von Aach zu fuhr, wollte ein Verband von amerikanischen Jagdflugzeugen den Eisenbahnzug angreifen. Es handelte sich dabei um Flugzeuge vom Typ P-47 „Thunderbolt". Der 1. Zug unserer Flakbatterie 13/VII eröffnete sofort das Feuer auf die feindlichen Flugzeuge, die daraufhin vom Eisenbahnzug abließen und stattdessen die Flakstellung angriffen. Es waren mindestens 6, wahrschein-

lich sogar mehr Flugzeuge, die erst abdrehten und dann von Süden her kommend, so dass wir direkt in die Sonne schauen mussten und geblendet waren, aus einer Höhe von ca. 2000 Metern auf uns herab stürzten und während ihres Angriffs mit acht 13,7 mm-Bordkanonen auf uns schossen. Sie verwendeten dabei keine Explosivmunition, sondern Stahl-Vollgeschosse mit Kupfermantel.
Der Anflug einer einzelnen Jagdmaschine dauerte nur etwa 20 bis 30 Sekunden, so dass jedes unserer 2cm-Geschütze ungefähr ein Magazin mit 20 Schuss auf ein Flugzeug feuern konnte. Die Flugzeuge drehten beim Hochziehen nach links in westliche Richtung ab, wobei sie dann vom 2. Zug beschossen wurden. Jedes Flugzeug flog nur einmal an.
Unser Erfolg war mäßig. Die Thunderbolts waren an ihrer Unterseite gepanzert, weshalb die 2cm-Spreng- und Brandmunition, die wir verwendeten, nicht viel ausrichten konnten. Die Panzermunition, die wir hatten, mussten wir schon einige Zeit vor diesem Angriff abliefern. Sie wurde angeblich an der Ostfront im Erdeinsatz benötigt.
Wir im 1. Zug hatten einen toten Kameraden, er wurde an der Halsschlagader getroffen und ist verblutet, und einen verwundeten Obergefreiten, der einen Oberschenkeldurchschuss erlitt. Obwohl wenige Minuten nach dem Angriff bereits ein Stabsarzt zur Stelle war - er gehörte zu einer Luftnachrichteneinheit, die in dieser Zeit gerade in Aach stationiert war -, konnte dem Kameraden nicht mehr geholfen werden. Der Obergefreite, er war übrigens der Waffenwart unserer Flakbatterie, wurde in ein Lazarett nach Freudenstadt gebracht.
Auf dem Gelände des 1. Zuges zählten wir pro Quadratmeter ungefähr einen Einschlag der o.a. Stahl-Vollgeschosse. Wenn ich das im Nachhinein bedenke, sind wir noch einmal glimpflich davongekommen! Nach diesem Fliegerangriff erinnerten wir uns daran, dass schon zuvor eine einzelne P-38/Lightning , offensichtlich ein Aufklärer, seine Runden in ca. 4000 Metern Höhe gedreht hatte.

Essenträger
Für die gesamte Flakbatterie 13/VII wurde im Wittlensweiler gekocht. Dort stand im Keller des Schulhauses eine Feldküche.
Für den 1. Zug musste das Essen täglich von zwei Essenträgern aus Wittlensweiler geholt werden. Der kürzeste Weg war entlang der Eisenbahnlinie. Der führte aber über die Viadukte über das Glatttal bei Aach und über das Stockbachtal bei Grüntal.
Da angreifende amerikanische Jagdflugzeuge kaum mehr gemeldet wurden (die Flugzeit vom Rhein bis nach Freudenstadt war dazu viel zu kurz), war es ein Risiko, über die Viadukte zu gehen, weil es im Falle eines Angriffs auf den Viadukten keinerlei Deckung gab.
Man beobachtete daher vor dem Betreten eines Viadukts sehr genau die Luftlage (optisch und akustisch) und ging dann, wenn noch keine Gefahr drohte mit eiligstem Schritt - oder noch schneller - über die Brücke und war froh, wenn man wieder festen Boden unter den Füßen hatte. - Die gesammelten Erfahrungen haben uns doch vorsichtiger werden lassen.
Es wurde auch berichtet, dass eines der uns angreifenden Flugzeuge nicht zum Einsatzflugplatz zurückgekehrt sei. Eine Bestätigung darüber haben wir nicht erhalten.

Eigeninitiative

Die Mannschaft des 1. Zuges hatte die dürftige Beleuchtung der Baracken mit Karbidlampen satt. So wurde von den Flaksoldaten und uns Luftwaffenhelfern beschlossen, eine elektrische Beleuchtung zu installieren. Dazu musste eine Freileitung vom Bahnwärterhäuschen in Aach zur Flakstellung gebaut werden.

Nachdem die Genehmigung, vom Bahnwärterhäuschen Strom zu beziehen, von der Reichsbahn bei unserem Batteriechef vorlag, ging es sogleich mit den Vorarbeiten los.

Der Zugführer verständigte sich mit dem zuständigen Förster, um die Genehmigung zu erhalten, im Wald drei Fichten schlagen zu dürfen, die wir für die erforderlichen drei Masten benötigten. Von der örtlichen Niederlassung des Energieversorgers in Freudenstadt erbettelten wir ca. 400 m Alu-Draht (Kupferdraht gab es schon lange nicht mehr), von der Außenstelle in Glatten (dort gab es ein Minikraftwerk an der Glatt) bekamen wir acht gebrauchte Isolatoren für die Masten und die Wand des Bahnwärterhauses. Die Teile mussten alle zu Fuß hergeholt werden!

Die Fichtenstämme wurden auf die richtige Länge gesägt, dann die Löcher zum Einschrauben der Isolatoren gebohrt. Gleichzeitig dazu wurden Erdlöcher für die Masten ausgehoben. Dann wurden die Masten aufgestellt. Zum Schluss wurden die beiden Drähte vom Bahnwärterhaus über die Masten gezogen und an den Isolatoren befestigt. Woher wir damals Steigeisen zum Besteigen der Masten bekommen haben, weiß ich nicht mehr. Den Anschluss im Bahnwärterhaus und das Setzen eines Zählers übernahm freundlicherweise ein Elektriker des Energieversorgers.

Die Installation in den Baracken wurde auch in Eigenarbeit durchgeführt. Wir hatten glücklicherweise unter den Lehrlingen, die als Flak-V-Soldaten zu uns in den 1. Zug kamen, einen angehenden Elektriker.

Bei dem heutigen Vorschriftenwald wäre eine solche Gemeinschaftsarbeit von Hobbyelektrikern wohl nicht möglich!

Werner Unseld, Ulm

Schüler der Klasse 5a in der Kepler-Oberschule in Ulm, ab Januar 1944 Luftwaffenhelfer beim 1. Zug der Leichten Heimatflak-Batterie 6/VII in Neu-Ulm am Jahnufer, ab Mitte Oktober 1944 beim 1. Zug der Leichten Heimatflak-Batterie 13/VII in Aach bei Freudenstadt im Nordschwarzwald.

Und das sind einige Erinnerungen aus meiner Flakzeit:
Nachdem unsere Grundausbildung abgeschlossen war und wir vom 1. Zug unsere Baracke am Jahnufer auf der Neu-Ulmer Seite bezogen hatten, teilte uns der Batteriechef, Oberleutnant Jeute, die Aufgaben zu, die wir von da ab erfüllen sollten. Als erstes stellte er uns die Frage: „Wer von Ihnen möchte zu den Scheinwerfern?"
Nun wussten wir von den Kameraden des Jahrgangs 1927, dass dies ein besonders schlauer Posten sein sollte, bei dem man von vielem verschont blieb, was den anderen am Geschütz manchmal das Leben erschwerte, und dass man z.B. an den Sonntagen in der Regel frei hatte.
Dem entsprechend meldeten sich viele von uns und hoben ihre Hand. Ich war nicht dabei, weil es mir ehrlich gesagt, egal war, wohin ich kommen sollte. Der Oberleutnant schaute uns an, also alle diejenigen, die nicht ihre Hand gehoben hatten. „Sie, Sie, Sie ... links raustreten! Ihr kommt zu den Scheinwerfern!" und an die anderen gewandt: „Und Sie kommen zu den Geschützen!" Die wussten nun nicht, ob sie über diesen „Scherz" lachen oder sich ärgern sollten.
Drei Scheinwerfer gehörten zum ersten Zug. Unserer Stellung gegenüber am Ulmer Ufer auf der Wilhelmshöhe gab es das „Schlössle", eine schöne Villa aus der Gründerzeit. Auf deren Dach befand sich, wie ein Adlerhorst, eine Plattform mit Brüstung, worauf der Scheinwerfer „Caesar" stand. Der Scheinwerfer „Anton" war auf dem Dach eines mehrgeschossigen Wohnhauses auf Neu-Ulmer Seite in unmittelbarer Nähe der Gänstorbrücke, und Berta, der dritte Scheinwerfer war oben auf dem Dach eines Wohnhauses in der Schützenstraße. Dort also musste ich von da an gemeinsam mit Walter Knoll, einem Schulkameraden aus der Parallelklasse, Dienst tun. Wir hatten Glück, denn wir waren sehr gut untergebracht und hatten sogar eine kleine Wohnung ganz allein für uns. Sogar eine Küche mit einem Kohleherd gab es, und ich denke mit einiger Belustigung daran zurück, wie ich dort einmal Pfannkuchen gebacken habe und diese mit Erfolg in die Luft geworfen und so umgedreht habe. In diesem Zusammenhang muß ich noch erwähnen, dass wir weder für den Kohleherd noch für den Ofen zum Heizen unserer kleinen Wohnung Heizmaterial zugeteilt bekamen. Das haben wir uns selbst „organisiert", indem wir es entweder bei der nahen Kohlehandlung geklaut haben oder aber von vorbeifahrenden Kohlezügen herab warfen, die in der Regel kurze Zeit vor der Donaubrücke anhalten mussten.
Irgendwann gab es einen Vorfall, der sich in mein Gedächtnis eingegraben hat. Ein Zivilist, vermutlich gehörte er irgend einer Sonderkommission an,

kam in unsere Stellung und warf uns vor, wir hätten ein Fernglas gestohlen und oben auf dem Dach versteckt. Wir waren beide sehr betroffen und forderten ihn auf, doch selber auf dem Dachboden nachzusehen. Das tat er auch und hat natürlich nichts gefunden. Obwohl wir beide damit rehabilitiert waren, hat es meinen Kameraden Walter Knoll sehr getroffen. Dass jemand an seiner Ehre zweifeln würde, damit konnte er sich nicht abfinden. Ich habe gespürt, wie sehr er darunter gelitten hat.

Unsere Verpflegung war zwar nicht großartig, aber ausreichend. Zum Abendessen und zum Frühstück gab es „Kaltverpflegung", die vom Obergefreiten Gröders verteilt wurde. Wenn er mit einem Esslöffel jedem seine Portion Kunsthonig zugemessen hatte, schleckte er danach jedesmal den Löffel ab. Das machte Appetit!

Mit dem Stabsgefreiten Rehm hatte ich mehr zu tun. Er war nämlich „Kammerbulle" und für die Kleiderkammer auf der Wilhelmshöhe zuständig. Ich musste ihm bei seiner Arbeit helfen, bei den Kameraden die Schmutzwäsche einsammeln und sie einmal in der Woche zur Wäscherei Schwenk und Lutz in der Ulmer Oststadt bringen und ebenfalls dort die saubere Wäsche abholen und wieder verteilen. Ich tat das gerne, weil ich auf diese Weise die Gelegenheit hatte, regelmäßig in die Stadt zu kommen, und selbstverständlich ließ ich mir für diese Arbeit immer viel Zeit.

Dass ich die mir aufgetragenen Arbeiten langsam und gründlich ausführte, ärgerte einen Unteroffizier, so dass er mich anherrschte. „Unseld, Sie machen jede Arbeit nur mit Widerwillen!" - Wahrscheinlich hatte er sogar recht damit.

Schikane: Ja, an Schikane mussten wir uns erst gewöhnen. Manchmal hatte ich den Eindruck, dass es dem einen oder anderen unserer militärischen Vorgesetzten Spass machte, uns zu schikanieren, und dabei zeigten sie viel Phantasie. Besonders beliebt bei ihnen waren die Kleiderappelle. Sie ordneten an, unsere Kleider zu reinigen, und ich weiß, dass jeder von uns sich Mühe gab, die Uniformen, die Schuhe, einfach alles, was sie sehen wollten, so zu säubern, dass es unseren Müttern bestimmt gefallen hätte. Sie aber waren nie zufrieden damit, sie fanden immer irgend etwas, an dem sie herum mäkeln konnten. Da fanden sie zwischen den Nähten einige Fusseln oder bei einem anderen waren die Schuhnägel angerostet. Sie setzten einen neuen Termin fest, an dem sie nachkontrollieren wollten, ob wir es besser gemacht hatten. Besonders beliebt war, die Zudecken im Schein der Sonne zu klopfen, denn immer wirbelt Staub auf, auch dann wenn wir die Decken noch so gründlich ausgeklopft hatten. „Das soll sauber sein? Sehen Sie den Staub, der da aufwirbelt!"

Ich erinnere mich an einen weiteren Vorfall, bei dem ein Obergefreiter es besonders auf mich abgesehen hatte. Auch nachdem unsere Grundausbildung längst abgeschlossen war, gehörte „sinnloses" Exerzieren zum Ritual unserer Vorgesetzten. Seit August 1944 arbeiteten Karl Albrecht und ich in der Vermittlung, und da sie immer besetzt sein musste, waren wir davon ausgenommen. Der Obergefreite zu uns: „Es ist aber sicher nicht notwendig, dass die Vermittlung doppelt besetzt ist. Unseld, Sie kommen mit und exerzieren mit den anderen!" Was sollte ich tun! Es blieb mir also nichts anderes übrig, als mich einzureihen und gemeinsam mit den anderen Kameraden zu exerzieren. „Angetreten, marsch, marsch! - Rechts um! - Im Gleichschritt marsch! - Weggetreten!" „Geht das nicht schneller, Unseld? - Sie laufen jetzt eine Strafrunde um den Platz!" Es blieb nicht bei einer Strafrunde, es wurden drei!

Da fällt mir noch ein anderes Vorkommnis ein: Es war die erste Nacht, in der Karl Albrecht und ich in der Vermittlung waren - Fliegeralarm! Und wir hatten gerade so gut geschlafen! „Was meinst du, Karle? Wir können das Telefon und die Stöpsel doch auch vom Bett aus bedienen!" Karl war damit einverstanden. Aber es ging nicht gut, denn irgendwann wurde die Tür aufgerissen, und Oberleutnant Jeute betrat den Raum. Wir sprangen aus unseren Betten und nahmen Haltung an, nicht in Uniform wie es sich gehört hätte, sondern in unseren Nachthemden! Ich kann mir vorstellen, wie komisch das ausgesehen hat. Der Oberleutnant zeigte kein Verständnis für die Arbeitserleichterung, die wir uns genehmigt hatten, sondern verpasste uns einen kräftigen „Anschiss"!
Ein Vierteljahr später waren wir im Schwarzwald. Als wir vom ersten Zuge unserer neuen Einheit „Leichte Heimatflakbatterie 13/VII" in Aach ankamen, mussten wir erst einmal unsere Geschützstellungen ausheben und Unterstände bauen. Ein Oberwachtmeister glaubte uns mit seinem Ausspruch anfeuern zu können: „Ich bringe euch bei, was ein Soldat ist!"
Vieles hatte sich gegenüber unserer Zeit in Ulm geändert. Die Alliierten kamen jetzt, wo wir die Viadukte der wichtigen Eisenbahnlinie Stuttgart - Freudenstadt - Straßburg sichern sollten, nicht mehr in Bombergeschwadern in großer Höhe angeflogen, sondern mit Jagdflugzeugen im Tiefflug, und sie griffen uns direkt mit ihren Bordwaffen an. Ich weiß noch, wie unser Kamerad Häfele - er war kein Luftwaffenhelfer, sondern ein sog. Flak-V-Soldat - gerade eine halbe Stunde vom Heimaturlaub zurück war und wir wieder im Einsatz waren. Gemeinsam mit meinen Schulkameraden Manfred Eger, Ulrich Strohecker und mir war er am gleichen Geschütz. Er war Munitionskanonier und wurde bei einem Tieffliegerangriff von Thunderbolts von einer Kugel am Hals getroffen. Er fiel zur Seite und war sofort tot. Wir konnten uns in dem Moment nicht einmal um ihn kümmern, sondern mussten mitten im Gefecht weiter schießen - ohne ihn und ohne seine Hilfe.
Mit meinen Erinnerungen ist es wie mit einem Mosaikbild: Vieles habe ich in den sechs Jahrzehnten, die seitdem vergangen sind, vergessen. Manches fällt mir ein, und ich bemühe mich die einzelnen Erinnerungen zusammen zu setzen, so dass am Ende doch ein Gesamtbild entsteht. So erinnere ich mich an einen Ausspruch unseres Wachtmeisters Sauer, der einmal während eines Fliegeralarms zu uns sagte: „Wenn ich nicht mehr dazu komme ‚Feuer frei!' zu rufen, dann pfeife ich, und ihr wisst, was ihr zu tun habt!" - Wir haben viel darüber gelacht.
Da ist noch ein anderes Ereignis, das ein bezeichnendes Licht auf die Situation jener Zeit wirft. Es war eine Winternacht und irgend einer von uns machte eine beunruhigende Beobachtung. Ziemlich weit von uns entfernt auf der anderen Seite des Tales, wo das Eisenbahnviadukt lag, waren Lichtzeichen zu erkennen: kurz - kurz - lang - dann wieder kurz, zwei Mal lang und so weiter. Das mussten Morsesignale sein! Wir hatten davon gehört, dass die Alliierten Agenten absetzten, die den Auftrag hatten, die Situation auf unserer Seite zu erkunden, und ganz sicher war das einer, der sich mit einem anderen durch Lichtsignale verständigte. Thaddäus, ein Lehrling und jetzt Flak-V-Soldat, beherrschte das Morsealphabet. Ihn holten wir, damit er entschlüsselt, was dort auf der anderen Seite gesendet wurde. Er konnte aber keinen Sinn darin finden. Einer unserer Kameraden hat dann das Rätsel doch gelöst: Dort drüben verlief eine Straße, die an der Stelle eine Kurve machte, und jedesmal, wenn ein Fahrzeug um die Kurve bog, war für

einen Moment ein Lichtblitz zu sehen, vor allem wenn man sich vorstellt, dass damals sogar die Scheinwerfer der Autos „verdunkelt" waren und nur einen schmalen senkrechten Streifen frei ließen, der die Straße nur spärlich erhellte.
Ein weiteres Vorkommnis passt dazu: Diesmal war es am hellen Tag, als wir beobachteten, wie drüben am Viadukt ein Person hin und her ging und sich dort zu schaffen machte. Und wieder spielte unsere Phantasie uns einen Streich, denn nachträglich stellte sich heraus, dass es kein feindlicher Agent war, der dort drüben am Viadukt eine Sprengladung anbrachte, sondern ein Zivilist, der an den Gleisanlagen auf der Brücke die „Lamettastreifen" einsammelte, die von alliierten Flugzeugen abgeworfen wurden, um die deutschen Radargeräte auszuschalten .

Anmerkungen

1 Fahrkarte = kein Treffer

2 gemeint ist Karl Albrecht, dessen Eltern in Neu-Ulm in der Friedenstraße eine Bäckerei und Konditorei besaßen

3 RAD = Reichsarbeitsdienst

4 PW = Prisoner of War

5 Flak-V-Soldat = Flak-verwendungsfähige Soldaten waren Lehrlinge, die gegen Ende des Krieges wie Luftwaffenhelfer zur Flugabwehr eingesetzt wurden

2. Sie waren in Leipheim bei der Leichten Heimatflakbatterie 45/VII:

Walter Bleher, Ulm

Schüler der Klasse 5a in der Blauring-schule (Realgymnasium), damals Hans-Schemm-Oberschule Ulm. Vom 02. Juni 1944 bis 26. Jan. 1945 Luftwaffenhelfer bei der leichten Heimatflakbatterie 45/VII in Leipheim.

Am 2. Juni 1944 wurde ich nach Leipheim zusammen mit 8 weiteren Klassen-kameraden des Jahrgangs 28 einge-zogen. Schon vorher gab es nach der Musterung den Verdacht, daß dabei möglicherweise nicht alles mit rechten Dingen zugegangen sein könnte, wurden doch relativ viele freigestellt. Positiv beeindruckt war ich anfangs von der Verpflegung; in der Stadt war es nicht leicht für Familien mit Kindern. Wir wurden dann 4 Wochen lang vorwiegend mit Üben am 2cm-Geschütz im 1. Zug am Westrand des Flugplatzes ausgebildet und zielten auf das Storchennest auf dem Leipheimer Kirchturm. Anschließend wurden wir verteilt: Ich kam zur Flakvermittlung auf den Fliegerhorst - ein Vierteljahr später wurde ich zum 2. Zug abgeordnet; dort waren wir mit unseren Geschützen auf einem Feld zwischen Günzburg und Leipheim eingegraben. Der 3. Zug lag beim Waldvogel im Bubesheimer Wald. Dorthin und von dort habe ich ungezählte Male Gespräche vermittelt, also nicht erst Ende 1944.
Bei dem Angriff am 19. Juli 1944 fielen im 1. Zug meine 4 Klasssenkameraden Fritz Braunwarth, Gerhard Hetterich, Hans Mohr und Konrad Schwenk. Sie sollen einem Unteroffizier, ihre Einmannlöcher verlassend, hinterhergerannt sein und wurden von den Splittern tödlich getroffen. Meines Erachtens handelte es sich aber um einen Angriff aus großer Höhe. Göttling war nicht Zugführer, er war Chef der Batterie. Folglich trug er die Verantwortung mit den in Ihrem Brief angesprochenen Folgen.
Am Ende meiner Flakzeit wurde ich dann noch zur Batteriebefehlsstelle abgeordnet; sie lag beim 1. Zug, am 26.Januar 1945 wurde ich entlassen. Nach dem 17. Dez. 1944 hatte ich Kurzurlaub, fuhr nach Neu-Ulm und marschierte quer durch Neu-Ulm und Ulm ins Lehrertal, wo ich meine Familie unverletzt traf. Ich weiß noch, wie in der Sterngasse die Leichen in Reihe lagen. Im Frühjahr 45 flog das WBK[2] in die Luft. Wahrscheinlich war das der Grund, daß ich nicht mehr eingezogen wurde. Am 19. April 1945 hatte mein Elternhaus Totalschaden.

Helmut Brugger, Ulm

Schüler der Klasse 5a in der Blauring-schule (Realgymnasium), damals Hans-Schemm-Oberschule. Vom 2. Juni 1944 bis 15. Feb. 1945 Luftwaffenhelfer bei der Leichten Heimatflakbatterie 45/VII in Leipheim

Bericht über den Tag der Katastrophe in Leipheim am 19. Juli 1944

Vorwort:
Über die Zeit als Luftwaffenhelfer in Leipheim, also vom 1. Juni 1944 bis zum 15. Feb. 1945, wurde ich gebeten, darüber zu berichten. Nach über sechs Jahrzehnten ist das nicht einfach. Es ist in diesen Jahren vieles passiert. Da rückte der Luftwaffenhelfer-Einsatz in weite Ferne. Und ich werde mich nicht auf das Glatteis begeben, über die neun Monate in Leipheim zu berichten.Ich beschränke mich auf den Katastrophentag am 19. Juli 1944. Es mag sein, dass irgend jemand anders alles anders erlebt hat. So wie ich es überlebt habe, so schreibe ich es nieder.

Die Lage vor dem Tag X
Wir waren fünf Schüler der Hans-Schemm-Oberschule (heute Schubart-Gymnasium), die an einem 2cm-Flakgeschütz eingesetzt waren: Gerhard Hetterich, Hans Mohr, Conrad Schwenk, Friedrich Braunwart (er fehlt auf dem Foto) und Helmut Brugger. Etwa 100 Meter westlich davon war, durch einen Obstgarten getarnt, die Leitstelle. In einer Baracke waren drei Leute: ein Leutnant, ein Wachtmeister und ein Flakhelfer. Dieser Flakhelfer war aus irgendeinem Grunde für zwei Wochen abwesend. Von uns fünf Schulkameraden wurde ein Freiwilliger als Ersatz gesucht. Nachdem sich niemand gemeldet hat, fiel die Wahl auf mich. Am 19. Juli hatte meine verstorbene Mutter Geburtstag. Mein Vater war in Frankreich. Da gab ich um Urlaub ein für diesen Tag. Ab neun Uhr hätte ich die Stellung verlassen dürfen. Doch es kam alles ganz anders. Das Schicksal nahm seinen Lauf.

Der Tag X - der 19. Juli 1944
Schon vor neun Uhr war Alarmbereitschaft, und da gab es kein Entrinnen mehr. Am späten Vormittag begann dann der Angriff auf den Flugplatz Leipheim. Die Zerstörungen waren gewaltig, doch den Kameraden in den Einmannlöchern und uns drei in der Leitstelle war nichts geschehen. In der Baracke, deren Tür offen stand, lagen wir drei in Deckung, so gut es ging. Nach dem Angriff herrschte für kurze Zeit eine unglaubliche Stille, bis ein Höllenlärm entstand. Die Jagdflugzeuge, als Begleitschutz der Bomber eingesetzt, kamen im Tiefflug heran, schossen mit Bordwaffen und warfen Splitterbomben ab. Ganz schemenhaft habe ich Gestalten vorbei rennen sehen, um in dem Obstgarten Schutz zu suchen. Da kamen die Jäger nochmals angeflogen und warfen wieder Splitterbomben ab. Da wurden der Leutnant und ich verwundet. Der Wachtmeister war tot. Ich muß eine

gewisse Zeit weggetreten sein. Als ich wieder zu mir kam, lag ich in einer Blutlache. Mit dem rechten Arm konnte ich mich nicht mehr abstützen. Mehrere Bombensplitter hatten mich getroffen. Danach wurde es mir sehr schlecht, und es kam eine Zeit von der ich nicht mehr weiß, was geschehen ist. Sicher ist nur, dass mich jemand verarztet hat (wer?) und ich danach den Arm in einer Schlinge getragen habe. Später war ich bei der Batteriebefehlsstelle (Wer hat mich dorthin gebracht?). Und ebenfalls sicher ist wieder, dass ich mit einem Sankawagen nach Ulm in das Reservelazarett Kienlesberg gebracht wurde. Von den Sanitätern habe ich erfahren, welch schreckliches Unglück geschehen war.

Die Zeit danach

Zwei Wochen war ich im Lazarett und danach zwei Wochen zu Hause. Ende August fand ich mich dann wieder in Leipheim ein. In der Zwischenzeit hatte sich die Situation verändert. Es waren keine Schüler mehr in den Stellungen. Lehrlinge hatten den Rest abgelöst. Mitte Februar 1945 wurde ich entlassen, zusammen mit dem einzigen noch verbliebenen Schulkameraden Walter Bleher.

Ganz zum Schluss noch etwas, worüber sich jeder Leser seinen Reim machen kann. Ich schreibe das kommentarlos nieder.

Als ich in Erholung zu Hause war, habe ich die Eltern meiner gefallenen Kameraden besucht. Das war keine leichte Aufgabe. Zwei besondere Ereignisse will ich berichten:

Ein Vater, der vor kurzer Zeit seinen Sohn verloren hatte, hatte keine Spur von Trauer gezeigt. Viel wichtiger war ihm, wo die 10.- Reichsmark geblieben waren, die er seinem Sohn wenige Tage vor dem Angriff gebracht hatte.

Eine Mutter sagte wörtlich, sie sei froh darüber, dass ihr Sohn nicht mehr unter den Lebenden sei. So müsse er die schlimme Zeit nach dem Krieg nicht erleben.

Helmut Hinderer, Ulm

Schüler der Klasse 5a in der Blauringschule (Realgymnasium), damals Hans-Schemm-Oberschule, in Ulm. Ab 02. 06. 1944 Luftwaffenhelfer bei der leichten Heimatflakbatterie 45/VII in Leipheim, ab Ende Oktober/Anfang November 1944 auf dem Flugplatz Reichenbach bei Schussenried und im Jahre 1945 in Neuburg an der Donau.

Als mich Herr Wolfgang Finkbeiner darüber informierte, dass er in seinem Buch über die Heimatflak in Ulm auch gerne einige Beiträge von ehemaligen Luftwaffenhelfern veröffentlichen möchte, stellte ich erste Überlegungen zu diesem Thema an und merkte bald, dass das Erinnern ein schwieriges Geschäft ist, besonders dann, wenn man während dieser Zeit kein Tagebuch geführt hat. Auch Gespräche mit ehemaligen Klassenkameraden, die das gleiche Schicksal mit mir teilten,

konnten mir nur bedingt weiter helfen. Jeder Einzelne hatte seine eigenen Schwerpunkte. Gemeinsame Erinnerungen bezogen sich letztlich nur auf herausragende Erlebnisse. Trotzdem will ich versuchen, das festzuhalten, was sich in meinem Gedächtnis eingeprägt hat.
Wie Walter Bleher wurde ich am 2. Juni 1944 zur Heimatflak nach Leipheim einberufen. Auch mir war aufgefallen, dass relativ viele Klassenkameraden, die ebenfalls dem Jahrgang 1928 angehörten, merkwürdigerweise davon ausgenommen waren. Weil mein Vater kein Parteigenosse der NSDAP war, konnte ich mir in dieser Sache weitere Überlegungen ersparen. Allerdings registrierte ich, jedoch ohne weiter darüber zu reflektieren, dass ein so beziehungsreicher Mann wie Vater Schwenk seinen Sohn nicht freistellen ließ oder freistellen lassen konnte. Conrad Schwenk fiel - Walter Bleher berichtete das bereits - zusammen mit anderen Kameraden am 19.07.1944. Der Schock saß tief, sowohl bei uns Flakhelfern als auch bei unseren Eltern, die, so mein Eindruck, uns von da an bis zum Kriegsende mit großer Nachsicht behandelten. Selbst als ich -wie viele andere Klassenkameraden auch - zu rauchen anfing, gab es weder einen strengen Verweis noch eine Ermahnung von meiner Mutter. Im Gegenteil: nach anfänglichem Zögern schenkte sie mir ihre Tabakmarken, sobald sie welche bekam.
Nach einer Ausbildung von vier Wochen wurde ich mit anderen Klassenkameraden dem 3. Zug beim Waldvogel im Bubesheimer Wald zugeordnet. Der Wachtmeister hieß Bonzelli, dem ein Obergefreiter Trinks beigestellt war. Hier wurde mir bewusst, was es heißt, um es vorsichtig auszudrücken, von einfach strukturierten Menschen geführt zu werden, wenn ich einmal von der damals herrschenden Führung absehe, der wir, gewissermaßen als letzte Reserve, unser „Kindersoldatendasein" zu verdanken hatten. Um den Widrigkeiten wenigstens kurzfristig zu entrinnen und möglichst früh einer Aufnahme in die Waffen-SS entgegenzuwirken, meldete ich mich zusammen mit Karlheinz Klöckner, der in der Schreibstube Dienst tat, als Wehrmachts-Freiwilliger in die Kriegsoffiziers-Laufbahn der Fliegertruppe, wie die amtliche Schreibweise lautete. Mit der Meldung zur Luftwaffe wurde uns zugleich ein 4 - 6 wöchiger Segelflugkurs zugesichert, der dann auch im Herbst des Jahres 1944 auf dem Einkorn bei Schwäb. Hall-Hessental stattfand. Dort begegneten wir erstmals einer Gruppe von unvorstellbar abgemagerten KZ-Häftlingen, die abends an unserer Unterkunft vorbeigetrieben wurden. Mit Entsetzen und Abscheu mussten wir mit ansehen, wie vom Wachpersonal auf einzelne, die sich zu bücken wagten, um das auf der Straße liegende Mostobst aufzulesen, mit einem Knüppel eingeschlagen wurde. Die an uns vorbeiziehenden, hohlwangigen Gestalten werden wir wohl nie vergessen. Schweigen jedoch war innerhalb der Gruppe angesagt, wollte man nicht in Schwierigkeiten geraten.
Nach bestandener Segelflugprüfung fühlten wir uns gegen eine Aufnahme in die Waffen-SS genügend abgesichert. Und in der Tat, es fand bald nach unserer Rückkehr vom Segelfluglager eine Werbeaktion der Waffen-SS auf dem Flughafen Leipheim statt, zu der wir Flakhelfer geladen waren. Nach dem Vortrag eines schneidigen Offiziers der Waffen-SS bat man uns, ein neutral aussehendes Formular zu unterschreiben, auch dann, wenn wir uns zur Luftwaffe oder einer anderen Waffengattung bereits freiwillig gemeldet hätten. Man versicherte uns, dass wir mit der Unterschrift, die rein formaler Natur sei, keine weiteren Verpflichtungen eingehen würden. Trotz der Zusicherung leisteten wir, Karlheinz Klöckner und ich, keine Unterschrift. Die

Entscheidung war richtig, denn ein Klassenkamerad, der den SS-Männern vertraute und unterschrieb, erhielt prompt einen Gestellungsbefehl zur Waffen-SS. Derselbe wurde wenig später zurück genommen, da der Vater energisch intervenierte, der gemäß der Auskunft von Alfred Roth ein altes Mitglied der „schwarzen SS" gewesen sein soll.
Ende Oktober/Anfang November 1944 wurden wir auf einen Flugplatz für Flugschüler nach Reichenbach bei Schussenried verlegt, wobei ich den Zwischenaufenthalt in Gablingen übergehe, an den ich mich nur vage erinnern kann. Gegenüber dem Flugplatz Leipheim war der Flugplatz Reichenbach, von der Landschaft und dem Geräuschpegel her gesehen, die reinste Idylle. Ich genoss das sehr, obwohl wir dort in einem Finnenzelt unter den widrigsten Bedingungen hausten. Lediglich eine Karbidfunzel spendete uns, von dem entsetzlichen Gestank einmal abgesehen, den sie verbreitete, etwas Licht und Wärme.
Allerdings war der Empfang von den Fliegern und dem Bodenpersonal in Reichenbach überaus frostig. Sie wollten ihre Idylle nicht durch Flakgeschütze gefährdet wissen, was man durchaus verstehen konnte, aber unseren Aufenthalt in dieser lieblichen Landschaft letzten Endes verkürzte. Außerdem war schon eine Art Untergangsstimmung spürbar, die man bereits an den sich ausdehnenden Auflösungserscheinungen ablesen konnte, bei denen verständlicherweise Jugendliche unerwünscht und nur hinderlich waren.
Von Oberleutnant Jeute, dem neuen Chef, wurde ich mit der Erstellung von Lageplänen beauftragt. Ferner musste ich Skizzen von den Horizontausschnitten anfertigen. Für mich waren das vergnügliche Tage, die ich auf jede Weise zu verlängern suchte. Bei Sonnenschein saß ich draußen in der Landschaft und skizzierte und bei schlechtem Wetter in der Schreibstube bei zwei freundlichen Blitzmädels[1], die mich mit Kuchen verwöhnten. Gleich bei meinem ersten Erscheinen in der Schreibstube wurde ich mit großem Jubel von den Mädels empfangen. Auf meine Frage, wie ich das zu verstehen habe, wurde ich auf meine Personalakte verwiesen, die Vielversprechendes für die Damenwelt zu verkünden schien. Leider war mir die Einsicht in meine Akte verwehrt. Immerhin lernte ich aus dem Vorgang, wie man bei aller Unschuld durch einen ausgewiesenen Hallodri (gemeint ist Wachtmeister Bonzelli) zu hohen Ehren gelangen kann. Anfangs ärgerten wir uns darüber, auch Alfred Roth war von diesen Gerüchten betroffen, denn sie waren unseren damaligen Wertvorstellungen, welche sowohl streng katholisch als auch streng preußisch-protestantisch ausgerichtet waren, ganz entgegengesetzt. Und wer von uns konnte in jener Zeit schon ahnen, dass man mit diesem schlichten Talente später einmal wuchern und große Karrieren begründen konnte.
Zur Welt der Werte abschließend noch eine kleine Episode: Eines Tages fehlten mir 10 Zitronen, die ich mir vom Mund abgespart hatte, um damit meiner Mutter beim nächsten Urlaub eine Freude zu bereiten. Auf meine Frage nach dem Verbleib dieser Zitronen gestand Wachtmeister Bonzelli, dass er diese während meiner Abwesenheit an meine Kameraden verteilen ließ, um deren Durst zu löschen. Als ich Wachtmeister Bonzelli darauf hinwies, dass dies trotzdem Diebstahl sei, wurde ich mit dem damals üblichen Vokabular böse beschimpft. Die Tirade gipfelte in dem Vorwurf, kein Volksgenosse zu sein, was ich ungerührt entgegen nahm. Jedesmal, wenn ich heute mit den Begriffen „sozial", „Solidarität" oder „Subsidiarität", von wem auch immer vorgebracht, konfrontiert werde, muß ich an diese Geschichte denken.

Der Abschied von Reichenbach kam schneller als erwartet. Gewissermaßen über Nacht erhielten wir den Marschbefehl nach Neuburg an der Donau. Auf dem Flugplatz dort waren wiederum Jagdflugzeuge vom Typ Me 262 stationiert. Der genaue Termin der Verlegung ist mir entfallen, zumal ich meine Arbeit noch zum Abschluss bringen musste, wodurch sich mein Aufenthalt in Reichenbach verlängerte. Nicht vergessen dagegen habe ich den Tag, an dem ich als Kurier, verbunden mit einigen Tagen Urlaub, das Ergebnis meiner Bemühungen beim Gefechtsstab der Flak in Pfuhl bei Ulm abzugeben hatte. Es war am 17. Dezember 1944, an dem Tag, der für Ulm zum Schicksal werden sollte und an dem in wenigen Minuten eine Kulturarbeit von vielen hundert Jahren vernichtet wurde.
Schon bei meiner Ankunft in Pfuhl herrschte höchste Alarmbereitschaft. Größere Verbände im Anflug auf Ulm waren gemeldet. Der diensthabende Offizier empfahl mir daher eindringlich, vorerst in Pfuhl zu bleiben und die weitere Entwicklung abzuwarten. Von der Sehnsucht nach den heimatlichen Gefilden überwältigt, folgte ich leider diesem Rat nicht. Kaum in Ulm angekommen - mein Zug nach Blaubeuren fuhr fahrplanmäßig erst in zwei Stunden - begann das Inferno, das über mich bei meiner Großmutter im Hause eines Onkels und heute Teil des Kaufhauses Brenninckmeyer, hereinbrach. Das Bombardement war gnadenlos. Zuerst fielen Sprengbomben und dann die Brandbomben, um das Ganze so richtig anzuheizen und den Feuersturm, den teuflisch erdachten Effekt, auszulösen. Nur ein Kellerfenster im Souterain, wo die Kohle und das Holz brannten und Gase sich entwickelten, gab den Blick frei auf das Höllenspektakel und bot zugleich doch die einzige Hoffnung zu überleben. Meine gebrechliche Großmutter wollte oder konnte nicht mit mir zusammen den Ausstieg wagen. Sie verblieb im Keller, wo sie an Rauchvergiftung mit anderen verstarb. Auch die beiden Kinder der Tante waren darunter, während die Tante das entsetzliche Geschehen überlebte, weil sie nach der Familiensaga eine Kettenraucherin war.
Mit einiger zeitlichen Verzögerung, veranlasst durch meine Erlebnisse in Ulm, die meiner psychischen Befindlichkeit nicht gerade förderlich waren, kam ich in Neuburg a.D. an. Der erste Eindruck war verheerend. Zu dem wenig reizvollen Umfeld kam hinzu, dass die Baracke für uns Flakhelfer in einer schmutzigen Kuhle aufgestellt war. Zudem fehlte ein Abort. Statt dessen setzte man in einem Erdloch bei Schnee und eisiger Kälte der Reihe nach Häufchen an Häufchen. Später kam ein „Donnerbalken" und noch später ein „Plumpsklo" hinzu, das wir bereits als luxuriös empfanden. Aber die Krone setzten allem die unteren Dienstgrade auf, Wachtmeister Hasenjäger und Unteroffizier Schneck. Bei beiden taten sich Abgründe menschlichen Verhaltens auf, die unsere Vorstellungen bei weitem übertrafen. Lassen wir es aber damit bewenden. Es sei lediglich erwähnt, dass ich wegen Wehrzersetzung dreimal von den beiden angezeigt wurde. Bei der dritten Anzeige, die Oberleutnant Jeute wiederum nicht weiter leitete, bat er mich, in Zukunft meinen Mund zu halten, da es allmählich auch für ihn - wegen des politischen Inhalts der Anzeigen - gefährlich werden könnte. Erst vor einigen Wochen erzählte mir Alfred Roth, dass es sich bei Oberleutnant Jeute um einen nationalsozialistischen Führungsoffizier gehandelt habe. Diese Mitteilung überraschte mich und überraschte mich wiederum nicht, denn schon in Reichenbach versuchte ich vergeblich, den Schlüssel zu seiner Persönlichkeit zu finden. Er war überaus zurückhaltend und so zurückgenommen, dass man seine Anwesenheit nicht einmal in der Schreibstube wahrnahm. Trug ich wie so oft mein rotes Halstuch

zur Uniform, was streng verboten war, dann spottete er lediglich über meinen Gesinnungsfetzen. Darüber hinaus gab es keinen Kommentar, keine Schelte, kein Verbot. Wie dem auch immer sei, ich verdanke Oberleutnant Jeute viel, er war mir in diesen spannungsgeladenen Tagen mein Schutzengel, der möglicherweise viele Unannehmlichkeiten von mir ferngehalten hat.
Nach meiner obigen Schilderung sollte man annehmen, dass ich die erste Gelegenheit ergriffen hätte, um diesen wenig erbaulichen Zustand zu beenden. Ich tat es nicht. Auf Wunsch meines Klassenkameraden Rolf Müller, der nicht allein in der Stellung verbleiben wollte, bat ich ebenfalls um Verlängerung meiner Dienstzeit. Rolf Müller hoffte kurz vor Kriegsende durch die Verzögerung, die man je nach Lage der Dinge verlängern oder verkürzen konnte, dem Arbeitsdienst mit den vielen Unwägbarkeiten, die damit verbunden waren, entgehen zu können. Das war ein tragischer Irrtum. Rolf Müller fiel mit anderen Kameraden am 21. März 1945, während ich nach meiner Entlassung am 30. März 1945 innerhalb einer Woche einen Gestellungsbefehl zum Arbeitsdienst erhielt.
Zur Abrundung der Schilderung mag dienen, dass wir beiden dienstältesten Flakhelfer noch zwei Stunden vor dem Angriff eines geringfügigen Anlasses wegen mit dem Stahlhelm auf dem Kopf und der Gasmaske auf dem Rücken, mit einem menschenunwürdigen und einem scheinbar nicht enden wollenden Wechsel von „Hinlegen!", „Robben!", „Auf, marsch, marsch!" durch die Stellung gejagt wurden, wobei wir zeitweise sogar unsere Gasmaske aufsetzen mussten. Während der Strafaktion sprachen wir beide noch davon, dass uns die Schikanen, die zum alltäglichen Repertoire gehörten, angesichts des nahenden Kriegsendes nichts mehr anhaben konnten. Das war das letzte längere Gespräch, das wir miteinander führten. Nach dem Strafexerzieren ging es zugleich Zug um Zug weiter. Eine Alarmstufe jagte die andere. Rolf Müller, der das Telefon bediente, bat mich, Unteroffizier Schneck zu vertreten, der abwesend war, um eine Strafe abzusitzen, wie man kolportierte. Kurz vor dem Beginn des Bombardements erschien Unteroffizier Schneck in der Stellung. Das war der Anlass für mich, den Gefechtsstand fluchtartig zu verlassen, um weitere hässliche Auseinandersetzungen mit ihm zu vermeiden, die es bereits zwei Tage zuvor anlässlich eines Tieffliegerangriffs gegeben hatte. Ich rief Rolf Müller noch zu, dass er dafür Verständnis haben möge und verschwand. Das war mein Glück! Da Rolf Müller sich nicht sofort nach dem Angriff meldete, der um 11.43 begann und 2 1/2 Stunden dauerte, eilte ich so schnell ich konnte zu ihm. Da lag der Gute tot in seinem Unterstand, in dem er sich so sicher gefühlt hatte. Kaum dort angekommen, hörte ich ein Stöhnen. Es war Oberleutnant Jeute, der in seinem Deckungsloch verwundet lag und sich nicht mehr rühren konnte. Mit einigen Kameraden, die ich herbei rief, brachten wir Oberleutnant Jeute in ein nahe gelegenes Bauernhaus, wo wir ihn verbanden und von wo er in ein Lazarett gebracht wurde. Das war die letzte Begegnung mit Oberleutnant Jeute, denn nach der Trauerfeier für die Gefallenen in Neuburg an der Donau verließ ich so rasch wie möglich den Ort, den ich, ebenso wie die anderen Orte, bis heute nicht mehr besuchte.
Die Erinnerung an den relativ kurzen Lebensabschnitt hat mich unerwartet tief aufgewühlt und ließ in mir die Erkenntnis reifen, dass manchmal das Vergessen die hohe Schule des Lebens ist und nicht das Erinnern. Erinnern kann unter Umständen negative Gefühle aktivieren, vielleicht sogar Hassgefühle. Das war die Erfahrung, die ich bei dem schmerzlich empfundenen Abstieg in mein Unterbewusstsein machte.

3. Ehemalige Luftwaffenhelfer der Heimatflakbatterie 36/VII berichten:

Hans Georg Durner, Ulm

Schüler der Klasse 5 des Gymnasiums Ulm. Vom 10. Januar 1944 bis Anfang März 1945 Luftwaffenhelfer beim 1. Zug der leichten Heimatflakbatterie 36/VII, zuerst am Oberen Eselsberg in Ulm, ab Mitte September 1944 in Neu-Ulm Schwaighofen und ab dem 16. 12. 1944 bis zur Entlassung als Luftwaffenhelfer auf dem Flugplatz in Memmingen.

Am 10. Januar 1944 kam Wachtmeister Steeb vom 1. Zug der Flakbatterie 36/VII in unsere Schule, also in das Gymnasium Ulm in der Olgastraße, und führte die ganze 5. Klasse, soweit sie Schüler des Jahrgangs 1928 waren, auf den oberen Eselsberg in die Stellung des 1. Zuges. Dort waren in Baracken die Schreibstube der Batterie mit Stabswachtmeister Schorisch, der Batteriechef, Oberleutnant Gruoner, die Geschützführer und die Luftwaffenhelfer des 1. Zuges untergebracht. Die Stellung bestand aus drei russischen Beutegeschützen mit dem Kaliber 3,7 cm. Am folgenden Tag wurden wir in die Stellung des 2. Zuges in der „Ludwigsau", kurz vor Wiblingen, geführt. Dort befand sich die Kleiderkammer der Batterie. Wir erhielten zwei Uniformen, einmal die eines Flaksoldaten und die Ausgehuniform eines Luftwaffenhelfers mit HJ-Armbinde. In einer sechswöchigen Grundausbildung wurden wir, wie der „Putzer" des Chefs, der Obergefreite Raschkewitz sich ausdrückte, zu Menschen gemacht. Dieser war, wie ich mich erinnere, im Zivilberuf Melker in Delmenhorst. Wir hatten Fußdienst (ab „Obersoldat" war jeder zu grüßen), Geschützunterricht, Flugzeugerkennungsdienst und Unterweisung durch den „Politischen Führungsoffizier". Abends durften wir zum Schlafen nach Hause gehen, da in den Baracken nicht genügend Platz war für die aus mehreren Ulmer Schulen zusammengewürfelten Luftwaffenhelfer.
Nach der Grundausbildung wurden wir auf die drei Züge der Batterie verteilt. Ich kam mit anderen Schulkameraden zum 1. Zug auf den Oberen Eselsberg. Im Laufe des Sommers fuhren wir zwei Mal zum Scharfschießen nach Chieming am Chiemsee. Am Seeufer waren Kanonen verschiedenen Kalibers aufgereiht, von der Vierlingsflak bis zu den russischen 3,7cm-Geschützen. Tagsüber wurde auf einen Luftsack geschossen, den ein Flugzeug hinter sich herzog, nachts auf mit Flakscheinwerfer beleuchtete Scheiben, die ein Motorboot vorbei zog.
Bereits beim ersten Feuerstoß schossen wir - die Russen-3,7 - den Luftsack weg und durften dann den ganzen Tag zum Baden. Alle deutschen Kanonen - es waren ca. 30 - landeten in acht Tagen keinen Treffer.
Bei einem Bombenabwurf am 13. September 1944 wurde eine Flakstellung neben der Firma Magirus - Werk II - voll getroffen. Noch während des Angriffs wurden wir mit Spaten bewaffnet und in die Stellung an der Blaubeurer Straße geschickt. Sämtliche Luftwaffenhelfer des Zuges lagen noch verschüttet in ihren Einmannlöchern. Leider kam bei zwei von ihnen

unsere Hilfe zu spät. Kurz nach diesem Angriff wurde unser Zug nach Schwaighofen und die Batteriebefehlsstelle an den Kapellenberg bei Pfuhl verlegt.
Am 16. Dezember 1944, einen Tag vor dem großen Angriff auf Ulm, wurde unser Zug auf den Flughafen Memmingen verlegt. Mitten im Winter, bei hohem Schnee, landeten wir dort mit zerlegter Baracke und Geschützen auf dem freien Feld neben der Rollbahn.
Anfang März 1945 wurden sämtliche Luftwaffenhelfer entlassen und durch „flakverwendungsfähige" Flaksoldaten ersetzt.

Rudolf Fischer, Ulm

Schüler der Klasse 5 in der Blauringschule (Reaymnasium) in Ulm, sie hieß damals Hans-Schemm-Oberschule. Vom 18. Okt. 1943 bis Mitte 1944 Luftwaffenhelfer beim 2. Zug der leichten Heimatflakbatterie 36/VII mit Standort Ludwigsau an der Iller bei Ulm-Wiblingen.

Als Luftwaffenhelfer beim zweiten Zug der leichten Heimatflak-Batterie 36/VII:
Im Jahre 1943 erreichte der Krieg auch meinen Jahrgang 1927. Wir wurden am 18. Oktober als Luftwaffenhelfer eingezogen. Mit Schulkameraden aus meiner Klasse wurde ich dem 2. Zug der leichten Heimatflak-Batterie 36/VII zugeteilt. Unser Standort war in der Ludwigsau nahe der Illerbrücke bei Ulm-Wiblingen. In einer Kiesgrube standen zwei Baracken, die für die nächsten acht Monate unser Zuhause sein sollten. Für uns Luftwaffenhelfer war es eine schlimme Zeit, es war bestimmt schlechter als beim RAD (Arbeitsdienst) und auch schlechter als bei der Wehrmacht. Unsere Stellung war völlig unklar: Da wir noch nicht erwachsen waren, versuchte die HJ ihren Einfluss auf uns zu erhalten, andererseits wurden wir wie Soldaten behandelt obwohl wir keine waren - und wir waren weiterhin Schüler! Doch auch bei uns bewahrheitete sich das Motto: „Niemand kann zwei Herren dienen." Bei uns galt: Hier die Flak und da die Schule. Etwas musste zu kurz kommen, und bei uns war es die Schule. Erst abends ab 19 Uhr konnten wir uns den Schularbeiten widmen und unsere Hausaufgaben machen. Unser Glück war, dass der Gefreite Dr. Therpe sich um uns kümmerte und uns bei den Hausaufgaben überwachte. Trotzdem litten unsere schulischen Leistungen unter den schlechten äußeren Bedingungen denen wir ausgesetzt waren. Oft waren wir nachts stundenlang am Geschütz und gingen am anderen Morgen unausgeschlafen zur Schule, bekamen aber keine Vergünstigungen wie die anderen Schüler, die nach nächtlichen Fliegeralarmen später zum Unterricht kommen durften. Wir mussten uns täglich um 7 Uhr auf den Weg zur Schule machen.
In der Ludwigsau sind wir nur zwei Mal zum Schießen gekommen. Einmal flog eine bereits schwer beschädigte „Liberator" in geringer Höhe langsam in nördlicher Richtung über uns hinweg, und natürlich haben wir auf sie geschossen. Als sie Ulm erreichte, schossen unsere Kameraden des 1. Zuges,

die am oberen Eselsberg stationiert waren, auf die waidwunde Maschine. Sie ist schließlich oben auf dem Lerchenfeld nahe Dornstadt notgelandet. Wie wir später erfahren haben, sollen die feindlichen Besatzungsmitglieder anständig behandelt worden sein. So sollen sie in der Gallwitzkaserne die Möglichkeit gehabt haben, sich zu duschen. Für uns jedenfalls war das Schießen auf feindliche Flugzeuge wirklich nur eine Ausnahme, denn normalerweise flogen die Bombergeschwader der Alliierten in einer Höhe von 4000 Metern über uns hinweg, so dass wir nur zuschauen und ihnen nachblicken konnten.
Einmal hatten wir einen Unfall: Unser Kamerad Sick - er war Jahre später nach dem Krieg Fußballer bei Ulm 1846 - wurde beim Umlegen eines Hebels an unserem Geschütz so schwer am Kopf getroffen, dass er mit einem Schädelbruch ins Lazarett eingeliefert wurde und wir ihn lange Zeit danach nicht mehr sahen.
Und da ist noch eine Begebenheit, an die ich mich erinnere: Beim Luftsachschießen in Offenhausen traf mein Schulkamerad Karl Pfannenschwarz versehentlich das Seil, so dass der Luftsack langsam zu Boden trudelte.
Unsere Freizeit verbrachten wir wie richtige Jungen. Zur Illerbrücke waren es nur wenige Schritte, dort banden wir ein langes Seil an einen Pfeiler und vergnügten uns dort in den Sommermonaten mit Wellenreiten. Wir hatten riesigen Spass daran.
Tief eingeprägt hat sich bei mir die Begegnung mit dem Herrn Schwenk, also einem Besitzer der Zementwerke Ulm. Es war in der Schule, ich glaube während der ersten Pause, als ich in meinem Schulsaal in der Bank saß und gerade ein „Schundheftchen" las. Der gut gekleidete, kleine Mann sah mich durch die geöffnete Tür und kam auf mich zu. „Du bist Luftwaffenhelfer. Darf ich dir einige Fragen stellen. Erzähle mir doch bitte, wie so bei euch zugeht." Völlig arglos erzählte ich ihm, dass manches bei uns „Scheiße" sei. So müssten wir nachts oft sehr lange aufbleiben, wenn „Edelweiß" gemeldet wurde und es danach Fliegeralarm gab. Neulich seien einige von uns sogar an den Geschützstellungen eingeschlafen, so müde seien sie gewesen. Und das Schlimmste sei, dass uns Luftwaffenhelfern keine Vergünstigungen gegeben würden wie den anderen Schülern, die nach nächtlichen Fliegeralarmen später zur Schule gehen durften. Nein, wir mussten, auch wenn wir noch so müde waren, früh morgens um 6 Uhr aufstehen und danach um 7 Uhr zur Schule marschieren. - Ich weiß nicht mehr genau, was ich ihm sonst noch alles erzählt habe, bloß dass ich plötzlich einen großen Schreck bekam: „Aber das dürfte ich Ihnen eigentlich gar nicht sagen." Darauf meinte der Herr Schwenk zu mir. „Doch, Bub, mir darfst du das schon erzählen. Ich habe nämlich einen Sohn, er heißt Conrad, der muß als Luftwaffenhelfer nach Leipheim gehen, und ich mache mir große Sorgen um ihn." Er hatte recht damit, denn nur wenige Tage später hat dieser Conrad Schwenk zusammen mit neun anderen Luftwaffenhelfern und mit zwei Ausbildern bei einem Fliegerangriff in Leipheim sein Leben verloren.

Interview mit dem Alt-Oberbürgermeister von Ulm, Herrn Ernst Ludwig, am Mittwoch, dem 12. April 2006 im Stadthaus in Ulm

Ernst Ludwig, Schüler der Klasse 5 der Kepler-Oberschule in Ulm, ab 15. Februar 1943 bis September 1944 Luftwaffenhelfer in der Heimatflak-Batterie 36/VII in Ludwigsau bei Wiblingen

Das Interview:

Finkbeiner: Herr Ludwig, Sie waren während des Zweiten Weltkriegs Luftwaffenhelfer in Ulm. Bitte sagen Sie uns, wann Sie einberufen wurden, weil alt Sie damals waren, zu welcher Heimatflakbatterie Sie kamen und wo Sie stationiert wurden.

Alt-OB Ernst Ludwig: Das war im Jahr 1943, ich war damals 15 Jahre alt, als ich einberufen wurde, und ich kam meines Wissens zur Heimatflakbatterie 36/VII. Unsere Ausbildung hatten wir im Kasernenhof der Oberen Donaubastion an schweren russischen Beute-Flakgeschützen, die ursprünglich das Kaliber 8,5 cm hatten, dann aber auf das bei uns in Deutschland übliche Kaliber 8,8 cm aufgebohrt wurden. Wie lange die Ausbildung damals gedauert hat, dass kann ich heute nicht mehr sagen. Ich meine, es ging über einige Monate. Anschließend wurden wir mit der 8,8 cm-Flak am Kuhberg eingesetzt und noch einige Zeit später am Oberen Eselsberg. Dann hieß es „Kommando zurück" und wir kamen zur leichten Heimatflak mit 3,7 cm-Geschützen in die Ludwigsau, also einem Gartengelände zwischen der Iller und Wiblingen; dort war unsere Stellung. Es waren übrigens wieder russische Beutegeschütze, die wir dort bedienten. Drei Flakgeschütze und ein Scheinwerfer gehörten zu unserem Zug.
Was mit den schweren 8,8 cm-Geschützen passierte, weiß ich nicht. Sie wurden weggebracht, vermutlich an die Ostfront, wo sie dringender gebraucht wurden.

Finkbeiner: Was genau war der militärische Auftrag, den Ihre militärischen Vorgesetzten und Sie, zusammen mit Ihren Flak-Kameraden, zu erfüllen hatten?

Alt-OB Ernst Ludwig: Das hat uns damals nicht so sehr interessiert. Der militärische Auftrag verstand sich für uns Luftwaffenhelfer von selbst. Wir hatten Flak-Kanonen und feindliche Flieger waren in großer Zahl am Himmel. Somit war die Aufgabe für uns ganz klar: Wir sollten die feindlichen Flieger abwehren, die in Richtung Ulm flogen und nicht etwa ein ganz bestimmtes militärisches Objekt schützen, wie dies vielleicht bei Ihnen in Neu-Ulm oder Söflingen der Fall war.

Finkbeiner: Hatten Sie, Herr Ludwig, den Eindruck, dass Sie diesen militärischen Auftrag erfüllen konnten?

Alt-OB Ernst Ludwig: Natürlich waren wir davon überzeugt, dass wir dies taten. Dass dieser Eindruck falsch war, das haben wir später erkannt. Geschossen haben wir nur selten. Einmal kam es bei einem Feuergefecht an meinem Geschütz gleich nach dem zweiten Schuss zu einer Ladehemmung, weil der Verschluss falsch eingebaut war.

Finkbeiner: Das beschreibt Manfred Rommel in seinem Buch „Trotz allem heiter" und sagt dazu, dass Sie beide sich bis heute nicht einig wären, wer von Ihnen beiden schuld an diesem Versehen war.

Alt-Ob Ernst Ludwig: Ja, der Manfred Rommel gab mir die Schuld, während ich es eher umgekehrt sehe.

Finkbeiner: Sie haben vielleicht damals schon, ganz sicher aber Jahre später als Erwachsener über den Sinn dieser militärischen Aufgabe nachgedacht. Wie beurteilen Sie heute den Auftrag, Ulm gegen feindliche Fliegerangriffe zu schützen, wenn Bombergeschwader in einer Höhe von 4000 Metern angeflogen kamen und ihre Bombenteppiche abwarfen?

Alt-OB Ernst Ludwig: Wie ich heute darüber urteile? Eine Abwehr der Bombergeschwader mit schwerer Flak wäre aussichtsreicher gewesen, mit leichter Flak jedoch war eine Verteidigung völlig aussichtslos. Also, tiefgreifende Überlegungen haben wir Luftwaffenhelfer damals nicht angestellt. Die Zeit bei der Flak war mehr oder weniger Gaudi für uns, verspätete Indianerspiele, eine schöne Unterbrechung der Schulzeit: Feuerbereitschaft, Fliegeralarme oder sonstige Einsätze! Das ging natürlich alles zu Lasten der Schule. Heute betrachtet man das anders.

Finkbeiner: Sie waren damals noch Schüler in der Kepler-Oberschule, ich nehme an in der achten Klasse. Wie konnten bei Ihnen der Schulunterricht und Ihr Einsatz bei der Heimatflak miteinander vereint werden. Schule, Elternhaus, Flak, Hitlerjugend. Gab es da innere Konflikte?

Alt-OB Ernst Ludwig: Ich war damals in der siebten Klasse. - Nein. Mit der HJ hatten wir nichts mehr am Hut. Wir waren froh, dass wir davon weg waren.

Finkbeiner: Wir trugen damals auf der linken Seite rote Armbinden mit dem Hakenkreuz, und wenn sich die Gelegenheit ergab, haben wir sie abgestreift.

Alt-OB Ernst Ludwig: Ich kann mich nicht daran erinnern, dass wir solche Armbinden hatten. Hier auf diesem Bild (Herr Ludwig zeigt mir die Fotografie, Bild Nr.40) kann man auch nicht erkennen, ob dies der Fall war. Die linke Seite ist verdeckt. Dieses Foto ist übrigens eine Rarität. Es ist das einzige Bild über die Flakzeit, das ich besitze.: Es zeigt uns auf dem Marsch zur Schule von der Ludwigsau nach Ulm in die Olgastraße bis zur Kepler-Oberschule. Das hier bin ich, und hier sieht man den Manfred Rommel, und der hier ist mein Schulkamerad Feuerstein, später Tierarzt Feuerstein. - Und sehen Sie die Schultaschen. Jeder von uns hatte seine Schultasche dabei.

Finkbeiner: Ich war damals mit zwei anderen Kameraden abgeordnet zu einem Hilfskrankenträgerkurs, für uns ein schöner „Druckposten". Wir streiften immer die Armbinde ab, sobald wir einen Offizier sahen und ihn dann grüßten. Der Kurs fand übrigens im Reichenauer Hof statt, also an der Donau, nahe der Herdbrücke.

Alt-OB Ernst Ludwig: Ich erinnere mich. Dort war damals die Kommandantur und dort war auch unser Batteriechef.

Finkbeiner: Der Batteriechef unserer Batterie 6/VII hieß Oberleutnant Jeute, aber er hatte sein Büro im Magirus Werk I in der Schillerstraße. Der Kommandeur des Luftgaukommandos, Major Leyendecker, war im Reichenauer Hof untergebracht.

Alt-OB Ernst Ludwig: Ja, beide Namen habe ich schon gehört, aber ich kann sie heute nicht mehr zuordnen.

Finkbeiner: Sie haben mir erzählt, daß Sie mit dem Alt-Oberbürgermeister von Stuttgart, Herrn Dr. Manfred Rommel, zusammen am gleichen Geschütz waren. Was hat Sie damals persönlich miteinander verbunden?

Alt-OB Ernst Ludwig: Schulfreundschaft, wir waren Schulfreunde. Durch die Heimatflak erfuhr unsere Schulgemeinschaft ja noch eine Erweiterung. Das Besondere daran war, dass wir nicht nur in der Schule während des Unterrichts beisammen waren, sondern draußen an der Stellung den ganzen Tag und die ganze Nacht. Wir hatten dort zusätzlich unseren militärischen Auftrag - das alles schweißte uns zusammen. Es war Krieg und wir waren noch Buben. 60 Jahre später im Frieden ist das kaum noch nachzuvollziehen.

Finkbeiner: Gab es in Ihrer Heimatflakzeit ein Ereignis, an das Sie sich noch besonders gut erinnern, das sich also in Ihr Gedächtnis eingegraben hat?

Alt-OB Ernst Ludwig: Das war der Besuch des Generalfeldmaschalls Rommel und zwar bereits nach seiner Verwundung 1944 in Frankreich kurz vor seiner Ermordung. Er hatte diesen Besuch angekündigt, und wir waren alle sehr aufgeregt. Nicht nur wir Luftwaffenhelfer, auch die Unteroffiziere und Offiziere. Und selbstverständlich haben wir vorher alles auf Hochglanz gebracht, die Geschütze, die Stellung, unsere Baracken, einfach alles. Und da kam er dann in einem offenen Mercedes angefahren, begleitet von einem Adjudanten. Er hat zuerst seinen Sohn Manfred begrüßt, anschließend die Offiziere und dann richtete er sich in einem Grußwort an uns. Ja, das war für uns alle ein ganz besonderer Tag, an den sicher nicht nur ich mich sehr genau erinnere.

Finkbeiner: Herr Ludwig, das waren sehr interessante und informative Ausführungen, für die ich mich ganz herzlich bedanke.

Anmerkungen

1 Blitzmädel wurden im Volksmund die Mädchen und jungen Frauen genannt, die während des Zweiten Weltkriegs Dienst bei der deutschen Wehrmacht, vorwiegend bei der Flugabwehr (Flak) auf Schreibstube, im Nachrichtenwesen und auch an Scheinwerfern taten. Zunächst erfolgte der Einsatz auf freiwilliger Basis ab einem Alter von 17 Jahren, später gab es auch Dienstverpflichtungen. Die Bezeichnung wurde sehr wahrscheinlich abgeleitet von dem Symbol eines Blitzes, der auf der Uniform aufgenäht war.

2 WBK = Wehrberzirkskommando

Manfred Rommel, Herrlingen

Schüler der Kepler-Oberschule Ulm, ab Januar 1944 Luftwaffenhelfer bei der Leichten Heimatflak-Batterie 36/VII in der Ludwigsau bei Ulm-Wiblingen, ab Herbst 1944 bis Ende 1944 in Schwaighofen zum Schutz eines kleinen Flugplatzes und ab Ende 1944 bis zur Entlassung Ende Februar 1945 auf dem Flugplatz Memmingen.

Mit 14 Jahren Luftwaffenhelfer

Ich selber war schon Anfang 1943 zu einem Lehrgang an der Zwei-Zentimeter-Flak auf dem Übungsplatz bei Ogau am Neusiedler See einberufen worden. Das erfüllte mich mit großem Stolz, war es doch offenbar ein Zeichen dafür, daß die Gesellschaft meine Meinung, ich sei bereits erwachsen, zu teilen begann. Am ersten Wochenende bekam ich sogar Ausgang, der mich zusammen mit einigen Flaksoldaten, die mir bereits das freundschaftliche Du angeboten und mich dadurch als gleichwertig anerkannt hatten, in ein Wirtshaus führte. Dort gab es Wein, den ich nicht ablehnen konnte, ohne mich dem Verdacht auszusetzen, ich sei noch nicht so recht zum Manne gereift. Als ich schon ziemlich bezecht war, gab es noch einige „Stamperl" Schnaps, welche mich vollends der Fähigkeit beraubten, von meinen Beinen den rechten Gebrauch zu machen. Aber ich sollte sogleich erfahren, was echte Kameradschaft bedeutete. Meine neuen Freunde hakten mich unter und brachten mich so gekonnt durch das Lagertor, daß der Posten nichts bemerkte, steckten mich in mein Bett, deckten mich zu und stellten einen Eimer auf, dessen Nützlichkeit mir in der Nacht voll bewußt wurde.
Ich begann mich gerade an dieses schöne Leben zu gewöhnen, als ich den Befehl erhielt, mich wieder auf den Heimmarsch zu begeben. Offenbar hatte man den Jahrgang, dem ich angehörte, verwechselt und mich versehentlich für ein Jahr älter gehalten.
Ein Jahr später war es dann soweit. Mit Beginn des Jahres 1944 wurde ich, wenige Tage nach meinem 15. Geburtstag, als Luftwaffenhelfer einberufen. Ich kam zu einer Flakbatterie in Ulm, die mit russischen 3,7-cm-Geschützen ausgerüstet war. Ich muß sagen, daß ich sehr gerne Luftwaffenhelfer geworden bin und daß ich zu Tode betrübt gewesen wäre, wenn man mich als Jüngsten in meiner Klasse nicht genommen hätte. Ich war nunmehr erwachsen. Das einzige, was noch störte, war die Armbinde der Hitlerjugend, die wir Luftwaffenhelfer tragen sollten. Sie störte uns nicht aus politischen Gründen, sondern weil sie uns aus dem Kreis der Erwachsenen fortzuweisen und den Jugendlichen zuzuordnen schien. Das kam nicht in Frage. Deshalb wurde die rot-weiß leuchtende Armbinde aus Gründen der Tarnung, wie wir sagten, entfernt, damit der Feind uns nicht schon aus weiter Entfernung erkennen konnte. Unsere militärischen Vorgesetzten nahmen das in der Regel hin. Nur wenn sie uns ärgern wollten, befahlen sie, daß die Armbinde wieder angelegt werden müsse. Wir sagten dann, wir hätten sie verloren. Das löste lautstarke Beschimpfungen aus, die uns aber nicht sehr aufregten, denn wir waren schon

vom Jungvolk her daran gewöhnt, dauernd angebrüllt zu werden und selber zu brüllen, wenn wir Jungenschafts-, Jungzug- oder sogar Fähnleinführer waren. Unter den Luftwaffenhelfern entwickelte sich eine, wie man es heute nennen würde, Solidarität; damals sprach man von Kameradschaft. Sie erleichterte es, Belastungen, besonders auch die Verfolgung durch Vorgesetzte, zu ertragen. Wenn zum Beispiel „Nach rückwärts weg marsch-marsch", oder „Kehrt marsch-marsch" befohlen wurde, durch ständiges „Hinlegen" und „Aufstehen" angereichert, oft noch durch „Gasalarm" ergänzt, dann taten wir so, als hätten wir den letzten Befehl nicht mehr gehört und rannten in einer Richtung weiter, was schließlich den Vorgesetzten zwang, hinterherzulaufen und uns zurückzuholen. Auch der Befehl, zu einem weiter entfernten Baum zu rennen und wieder zurück, verknüpft mit der Drohung, daß die letzten zwei keinen Ausgang bekämen, prallte wirkungslos an uns ab, weil wir in der Gruppe betont langsam liefen. Besondere Gelegenheit, die Vorgesetzten zu ärgern, gab der Befehl „Gasalarm", weil dann die Brillenträger ihre normale Brille ablegen und die sogenannte Gasmaskenbrille anlegen mußten. Dies kostete Zeit. Wenn man die Gasmaskenbrille anhauchte, sah man nichts und konnte durch sinnloses Herumtaumeln den Unterhaltungswert der Veranstaltung erheblich erhöhen.

Mir ging es schon wie in der Schule: Ich konnte mir nur dadurch ein gewisses Ansehen verschaffen, daß ich kein Mustersoldat war, sondern immer wieder auffällig wurde. Zum Beispiel hatte ich eine kaputte Zweitbrille, die ich beim Exerzieren hervorzog, mit meiner intakten Brille vertauscht. Unserem Wachtmeister meldete ich, daß ich nichts mehr sähe und um die Genehmigung bitten müßte, in die Stadt gehen zu dürfen, um mir eine Brille zu besorgen. Dieser ahnte, daß hier etwas nicht stimmte, brüllte „Sie mache ich wieder sehend" und befahl mir, den Mund zu halten. Er kämpfte drei Tage mit mir, befahl mir, einen Sektor auf nicht zu erwartende Tiefflieger zu beobachten, wies meinen Hinweis, ich würde sie ohne Brille nicht sehen, brüllend zurück, befahl mir sodann, alle Stuben zu säubern, ohne meinem Hinweis, ich könnte ohne Brille den Dreck nicht sehen, weiter Beachtung zu schenken, mußte aber schließlich das unzulängliche Ergebnis meiner Bemühungen zähneknirschend hinnehmen. Schließlich ließ er mich in die Stadt ziehen, was ich zu einem Kinobesuch nutzte.

Ich wurde Ladekanonier beim neunten Geschütz, dessen Geschützführer Ernst Ludwig war, später Staatssekretär im Landes-Verkehrsministerium und dann Oberbürgermeister von Ulm, mein ältester Freund. Damals trennten uns freilich Welten. Ludwig gehörte dem Jahrgang 1927 an und war beinahe zwei Jahre älter als ich. Er gehörte somit zu den Alten, hatte auch schon ein Dreivierteljahr länger gedient als wir, war Mannschaftsführer, der höchste Dienstgrad, den es bei den Luftwaffenhelfern gab, und verfügte über eine Art Offiziersmütze der Luftwaffe, die er aufsetzte, wenn wir in die Stadt marschierten. Sie hob ihn aus uns heraus und zeigte, daß es sich hier um einen Vorgesetzten handelte. Wir marschierten im ersten Halbjahr des Jahres 1944 jeden Morgen in die Schule nach Ulm, danach zur Donaubastion, einem alten Festungsbauwerk, wo wir unser Mittagessen einnahmen, und dann wieder zurück in die Stellung. Eine besondere Spezialität der Küche in der Donaubastion waren die sogenannten „Panzerplatten", Fleischkuchen, deren Härte von ihrem Spitznamen zutreffend beschrieben wird.

Ernst Ludwig legte Wert darauf, daß beim Marschieren auch gesungen wurde. Dies taten wir, so gut wir es konnten. Leider spielten den Jüngeren unter uns

die Nachwirkungen des Stimmbruchs manchen Streich . Einmal marschierten französische Kriegsgefangene vor uns, welche sich die Ohren zuhielten, um ihr Mißfallen an unserer musikalischen Darbietung zum Ausdruck zu bringen. Wir betrachteten dies als grobe Herabsetzung des Ansehens der deutschen Wehrmacht, gingen der Sache aber nicht weiter nach.
In der Schule wurden keine großen Anforderungen mehr gestellt. Es hieß, wer wisse, wo und wann der Führer geboren sei, der bekomme auch den sogenannten Reifevermerk, so eine Art Abiturersatz. Ich hatte mit meiner Einberufung zur Flak jede Bemühung um meine Bildung eingestellt und konnte von den Lehrern nur noch als abschreckendes Beispiel herangezogen werden. Eine Lehrerin ließ mich eine lateinische Klassenarbeit auf dem Katheder schreiben, um mich der mir sonst von Waffenkameraden geleisteten Hilfen zu berauben, und las dann unter dem Gelächter der Klasse das Ergebnis meiner Bemühungen vor, das nicht nur von Fehlern wimmelte, sondern den Sinn des zu übersetzenden Textes völlig mißverstanden hatte.
Sie tat dies, um mein verstocktes Gemüt aufzuweichen. Aber ich war auch noch stolz auf mein Produkt, das meine Kameraden so sehr erheiterte.
Nach meiner Entlassung als Luftwaffenhelfer Anfang 1945 begab ich mich für wenige Tage nochmals in die Schule. In der Pause schoß ich mit einem Revolver auf eine Krähe, um den ungedienten Schülern zu imponieren. Das willkommene Ergebnis dieses Schulbesuchs war in der Tat der Reifevermerk, eine schriftliche Lüge, staatlich ausgestellt und gesiegelt.
Die Diktatur gewinnt die Jugend, indem sie diese dadurch für erwachsen erklärt, daß sie diese in eine Uniform steckt und ihr einredet, sie sei die Zukunft des Vaterlands. Zunächst aber müsse sie bereit sein, den Heldentod zu sterben. Damals hieß es: „Deutschland, Du sollst leuchtend stehn, mögen wir auch untergehn." Das wurde gesungen und auch geglaubt. Jungen Menschen fehlt es an der Phantasie. Sie fürchten den Tod nicht, weil sie sich unter ihm nichts vorstellen können.
Viele von uns haben damals gehofft, sie würden etwas erleben, zum Beispiel einen ordentlichen Jagdbomberangriff. Aber die Alliierten dachten gar nicht daran, sich freiwillig und ohne Sinn in die Reichweite unserer Geschütze zu begeben. Hoch über uns zogen ihre Bomberflotten ihre Bahn. Wir standen an den Geschützen und starrten hinauf. Nur gelegentlich kamen wir zum Schuß, einmal auf einen viermotorigen Bomber, der aber schon angeschossen war und dann abstürzte, nachdem die Besatzung mit dem Fallschirm abgesprungen war. Ich war kein sehr überzeugender Ladekanonier. Einmal versäumte ich, durch das Geschehen abgelenkt, rechtzeitig einen neuen Streifen mit Munition hineinzuschieben, so daß das Geschütz unfreiwillig das Feuer einstellte. Meine Kameraden waren sehr enttäuscht. Aber so wurde wenigstens Munition gespart.
Kurz darauf kam es noch schlimmer. Das Geschütz ging kaputt. Der Feuerbefehl kam, aber nur ein Schuß verließ das Rohr. Ein höchst unerfreulich anzuhörendes Knirschen und Klingeln ertönte. Es stellte sich heraus, daß der Verschluß falsch eingebaut worden war. Die Gleitrollen glitten nicht mehr in den dafür bestimmten Schienen, sondern daneben. Das hält das beste Geschütz nicht aus. Zum Glück konnte nicht geklärt werden, ob Ernst Ludwig oder ich zuletzt den Verschluß eingebaut hatte. Er behauptet heute noch, ich sei es gewesen, während ich fest an seine Täterschaft glaube. Jene, die damals den Fall untersuchten, wußten nicht, was sie sagen sollten, und stellten die Ermittlungen ein. Dies war aber nicht mein letzter Verdruß, den ich mit diesem Geschütz hatte.

Als es repariert war, betreute ich es besonders sorgfältig. Eines Tages wollte ich den Verschluß herausnehmen und bat einen frisch zu uns gekommenen Luftwaffenhelfer, eine bestimmte Operation mit dem Spannungshebel durchzuführen. Er tat aber aus Ungeschick gerade das Gegenteil, worauf mein Daumen von dem Verschluß in das Geschütz hineingezogen wurde. Zum Glück wurde ich von unserem Zugführer befreit. Aber mein Daumen war fortan ein sogenannter Schnappdaumen, der die seltsamsten Bewegungen ausführte. Zuerst war ich etwas betrübt, doch dann erkannte ich, wieviel Unterhaltungswert ich durch diesen Schnappdaumen gewonnen hatte und wieviel Freude und Heiterkeit ich durch die Vorführung des Daumens verbreiten konnte. Einige Kameraden konnten sich an ihm gar nicht satt sehen und beneideten mich regelrecht um ihn. Leider hat sich der Daumen in den letzten Jahren versteift und leistet nichts mehr, was sehenswert wäre.

Im Frühjahr 1944 übernachtete mein Vater auf dem Weg von Frankreich ins Führerhauptquartier in Herrlingen, und ich bekam für diese Nacht Urlaub. Ich nehme an, es war bei dieser Gelegenheit, daß er mich fragte: „Büble, wie geht's immer?" Ich erklärte ihm, daß ich kein „Büble" mehr sei. Das sei vorbei. Ich sei Soldat. Meinen Vorschlag, die mittlere und leichte Flak, die ohnehin kaum zum Schuß käme, aus dem Reich nach Frankreich zur Sicherung der Straßen gegen Tiefflieger zu verlegen, lehnte er ab mit dem Hinweis auf den Kindermord von Bethlehem und mit der Feststellung, daß er kein König Herodes sein wolle.

Am nächsten Morgen hatte ich einen steifen Hals. Ich meinte, mein Vater könnte mir wie früher für die Schule eine Entschuldigung schreiben, damit ich nicht sofort in die Stellung zurück müßte. Doch er erklärte, es ginge nicht um die Schule, sondern um eine Batterie. Gestern hätte ich ihm erklärt, daß ich Soldat sei, und heute wolle ich mich vor dem Dienst drücken. Das komme nicht in Frage. Er hätte schon oft einen steifen Hals gehabt, während des ganzen Ersten Weltkrieges, immer einen steifen Hals, und er habe es überlebt. Für mich komme nur eines in Betracht, nämlich der sofortige Abmarsch zum Bahnhof. Ich ging, ärgerte mich aber mächtig, besonders über die offensichtlich erfundene Geschichte vom steifen Hals im Ersten Weltkrieg. Als ich am Bahnhof ankam, war mein Hals wieder beweglich, ein Beweis, wie heilsam Ärger sein kann.

Im nächsten Kapitel >Staatsbegräbnis für einen „Verschwörer"< berichtet Manfred Rommel von der Infamie Hitlers, seine Mutter und ihn zu zwingen, sich bei einem verlogenen Staatsbegräbnis für seinen Vater die Lügen eines Generalfeldmarschalls von Rundstett anhören zu müssen und nimmt persönlich dazu Stellung. Dann greift er im darauf folgenden Kapitel das Thema „Luftwaffenhelfer" wieder auf.

Zurück zur Heimatflak

Nach dem Staatsbegräbnis meines Vaters blieb ich noch einige Tage bei meiner Mutter und kehrte dann in meine Flakstellung zurück. Nach einiger Zeit merkte ich, daß einige meiner Kameraden doch recht kritisch gegen die NS-Führung eingestellt waren und sogar vom „Führer" nichts hielten. Das war mir früher gar nicht aufgefallen. Wir hatten im Sommer 1944 zwar englische und amerikanische Schallplatten gespielt, um unsere Vorgesetzten zu ärgern, bis unser biederer Zugführer und Wachtmeister Steeb, im Zivilberuf Maurermeister aus Berghülen auf der Schwäbischen Alb, drohte, unseren

„Jeepers-creepers" zu zerstören mit den Worten: „I schmeiß eiern Jäbers Kräbers glei zum Fenschter naus." Aber dieses Bekenntnis zu der Musik des Feindes läßt sich kaum als Widerstandshandlung ausgeben. Über die Morde des NS-Regimes wurde nichts gesprochen. Den meisten waren sie wohl unbekannt, oder sie konnten sich, wenn sie etwas von ihnen gehört hatten, nichts unter diesen wenig anschaulichen Informationen vorstellen. Manches wurde auch unter dem Stichwort „Partisanenbekämpfung" abgehakt.
Überall rückten die Alliierten vor. Der Luftraum gehörte den Alliierten. Eines Tages erreichte uns der Befehl, die Namen der feindlichen Flugzeuge nicht mehr englisch, sondern deutsch auszusprechen. Das war wohl ein schwerer Schlag gegen die Royal Airforce.
Das Essen wurde schlechter. Mein Kamerad Dettling, auch ein Generalssohn, warf eine faule Kartoffel nach dem Bild des Führers mit dem Bemerken: „Die kannst Du selber fressen." Unglücklicherweise traf er. Adolf fiel herunter, und das ihn schützende Glas zerbrach. Da herrschte dann doch betretenes Schweigen. Wir räumten das Glas weg und hängten das Bild wieder auf. Aber es gab keinen Lumpen unter uns, der den Vorfall gemeldet hätte. Unser Wachtmeister entschloß sich, die Sache nicht zur Kenntnis zu nehmen. Das rechneten wir ihm hoch an.
Ich hatte die große 08-Pistole meines Vaters in die Stellung mitgenommen und nahm mir vor, mich im Falle meiner Verhaftung zu erschießen, und zwar durch den Mund, rechnete aber eigentlich damit, daß eine solche Situation nicht eintreten würde. Die große Pistole imponierte meinen Kameraden mächtig, bis einer von ihnen mit einer britischen Maschinenpistole erschien, die sein Bruder aus Frankreich mitgebracht hatte. Daraufhin entwendete ich meiner Mutter ein halbautomatisches zehnschüssiges Gewehr, das großes Staunen auch bei meinen Vorgesetzten auslöste und mit dem wir herumballerten. Einmal feuerten wir aus Versehen Schüsse in Richtung Ulm ab. Das machte uns sehr besorgt. Wir versicherten uns daraufhin in der Zeitung eines naheliegenden Dorfgasthofes, daß nichts passiert war. Das schlossen wir aus dem Umstand, daß nichts in der Zeitung zu lesen war, eine für die damaligen Verhältnisse ziemlich abenteuerliche Annahme.
Das Barackenleben ging weiter. Über meinem Bett quartierte sich ein Obergefreiter ein, der sich als Bettnässer erwies. Ich weiß nicht, ob er jemals den Heiligen Veit gegen sein Leiden angerufen hatte, welcher nach oberschwäbischem Volksglauben, da er mit einem Topf abgebildet ist, gegen das Bettnässen hilft (O Heiliger St. Veit, weck mi bei der Zeit, net zu früh und net zu spät, damit es nicht ins Bette geht). Wenn der Obergefreite sich überhaupt an St. Veit gewendet hatte, so hat es ihm nicht geholfen. Ich zwang ihn auf der Stelle zum Bettentausch. Inzwischen war ich Luftwaffenoberhelfer geworden und fühlte mich einem Gefreiten oder Obergefreiten durchaus gleichrangig. Hinter vorgehaltener Hand wurde damals aber erzählt, daß diesmal alle Gefreiten erschossen würden, damit niemals wieder einer von ihnen Reichskanzler würde.
Während uns die alliierte Luftwaffe früher überwiegend in einer Höhe besucht hatte, welche die Reichweite unserer 3,7-cm-Geschütze überschritt, wurde ab Herbst 1944 auch die Bedrohung durch Tiefflieger zum Problem. Wir gruben rings um die Geschützstände Deckungslöcher, um in diese hineinspringen zu können, wenn die Geschützstellung durch einen Bombenteppich ausgelöscht werden würde. In der Tat wurde unsere Stellung 1945 bombardiert, aber sie war schon leer. Bei einer Besichtigung stellte ich fest, daß mein Deckungsloch

unbeschädigt war. Ich wäre also davongekommen, wenn es mir gelungen wäre, es rechtzeitig aufzusuchen.
Die Verluste unter den Luftwaffenhelfern wurden größer. Zuerst starben einige Flakhelfer, die sich mit ihren 2-cm-Geschützen auf Hochständen über einer Ulmer Fabrik befanden, um diese gegen Fliegerangriffe zu schützen. Der Gegner dachte aber gar nicht daran, in das 2-cm-Feuer hineinzufliegen, sondern zerstörte die Fabrik samt einem großen Teil der Flak aus großer Höhe.
Eine besonders große Katastrophe geschah in Leipheim, wo die neuen deutschen „Strahlflugzeuge" Me 262 eingeflogen wurden. Eine Einheit unseres Regiments verließ nach dem ersten Bombenteppich aus unerfindlichen Gründen die Stellung und rannte über eine Wiese, als der zweite Bombenteppich sie erwischte und weithin tötete. Zur Trauerfeier auf dem Ulmer Friedhof wurden ein Kamerad und ich als Ehrenposten befohlen, wohl wegen unserer langen Gestalt. Wir waren so aufgeregt, daß wir unter zwanghaften Heiterkeitsanfällen litten, die wir nur mit Mühe unterdrücken konnten. Ich dachte an alles, was traurig macht, um mich von diesen unpassenden Anwandlungen zu befreien, aber als ein HJ-Führer mit krächzender Stimme von den jungen Helden sprach, da fing ich an zu prusten, was zum Glück von der Trauergemeinde nicht bemerkt wurde - wohl deshalb nicht, weil niemand mit einer so unmöglichen Reaktion rechnete. Selten im Leben habe ich eine Situation so peinlich empfunden wie diese.
Im Herbst 1944 kam unser Zug nach Schwaighofen, zum Schutz eines kleinen Flugplatzes. Unsere Geschützstellungen und unsere Unterkunft liefen voll Grundwasser, eine fürchterliche Sauerei. Wir schliefen zu zweit in den oberen Betten, weil die Strohsäcke der unteren Betten mit Wasser vollgesogen waren wie Schwämme. Einige von uns pinkelten nachts einfach in das Wasser, so daß sich ein höchst fataler Gestank einfand. Ende 1944 wurde dann unsere Batterie aus dem Ulmer Raum abgezogen und auf den Memminger Flugplatz verlegt. Auch dort wurden, wie in Leipheim, Piloten an der Me 262 ausgebildet. Im Einsatz erlebten wir diese Maschine nie.
Die Geschütze standen in einem verschneiten Feld. Unsere Baracke daneben. Die Fenster waren kaputt. Es war saumäßig kalt. Wir zogen alle Klamotten an, die wir hatten, und lagen nachts völlig angekleidet auf unseren Strohsäcken. Wir öffneten nur das Koppelschloß, um, wie es hieß, die Verdauung zu fördern, bevor wir uns zur Ruhe begaben. Nachts mußten wir auch noch Posten schieben, obwohl weder mit einem Feind noch mit dem Diebstahl der Geschütze zu rechnen war. Meine militärische Moral war schon so tief gesunken, daß ich, anstatt selber in der kalten Winternacht herumzustehen, das Flakfernrohr mit seinem Dreifuß zwischen die Geschütze stellte, ihm meinen Stahlhelm aufsetzte, es mit dem sogenannten Wachmantel umkleidete, einem ungefügen Kleidungsstück, an dem meistens einige Knöpfe fehlten und welches jeweils der Posten tragen sollte. Schließlich zierte ich noch das Ganze mit meinem Gewehr. Ich selber begab mich nach diesem schweren Wachvergehen wieder auf meinen Strohsack.
Unser Wachtmeister merkte das wohl, sagte aber zunächst nichts. Eines Morgens wurde er von der Streife angerufen, welche die Posten kontrollierte. Man sagte ihm, unser Posten habe auf Anruf nicht reagiert und solle sich künftig die Ohren nicht so sehr verhüllen, daß er nichts mehr höre. Da ergriff uns ein Schrecken, und ich verzichtete künftig darauf, mich nachts vom dreibeinigen Flakfernrohr vertreten zu lassen. Dies war auch deshalb angezeigt, weil ich erst kurz zuvor zusammen mit einem Kameraden eine Reise

nach Ulm länger als befohlen ausgedehnt hatte und mit knapper Not einem Verfahren wegen Entfernung von der Truppe entgangen war.
Eines Tages wurde auch noch verdorbenes Dauerbrot an die Luftwaffenhelfer verfüttert. Dies brachte die Stimmung der Truppe vollends auf den damals oft erwähnten Tiefpunkt, von dem man nie genau wußte, wo er war. Wir schimpften mächtig und meinten, es gehe jetzt hoffentlich mit dem Krieg zu Ende, der ohnehin verloren sei. Unser Wachtmeister Steeb sagte schließlich: „Haltet euer blödes Maul, der Krieg wird gewonnen, derbis (weil) der Führer das befohlen hat."
Ende Februar 1945 wurden wir aus der Heimatflak entlassen. Die Einberufung zum Arbeitsdienst schloß sich unmittelbar an. Ich danke meinem Dienst bei der Flak Freundschaften, die das ganze Leben gehalten haben, die Fähigkeit, anderen Menschen zu vertrauen, ein gewisses Mißtrauen gegen alles, was von oben kommt, und das Bedürfnis, rechtzeitig Deckung zu suchen, wenn es gefährlich wird. Statt „Ja" sage ich „Jawohl", heute noch. Ich bin auch am Gewehr, Flieger-MG, Zwillings-MG und am 3,7-cm-Geschütz (russisch) ausgebildet worden. Ich weiß, wie man Handgranaten wirft, und bin so versiert, daß ich sie nicht so lange in der Hand behalten würde, bis sie explodiert. Ich habe diese Fertigkeiten Gott sei Dank nie mehr gebraucht. Ich habe auch die Gewehrgriffe gelernt. Vor einiger Zeit habe ich probiert, ob ich sie noch kann. Ein alter deutscher Unteroffizier wäre nicht zufrieden gewesen. Aber es gelang mir 1997, bei einer Veranstaltung der französischen Armee mit ehemaligen Fremdenlegionären den alten deutschen Präsentiergriff mit Hilfe eines Regenschirms so eindrucksvoll vorzuführen, daß die alten Soldaten mich fast respektvoll betrachteten.

4. Ein ehemaliger Luftwaffenhelfer der Alarmflakbatterie 300/VII berichtet:

Konrad Schlecker, Holzschwang

Schüler der Klasse 6a der Kepler-Mittelschule in Ulm. Er wurde am 15. Februar 1943 als Luftwaffenhelfer zur Alarmflakbatterie 300/VII am Standort Neu-Ulm Ludwigsfeld eingezogen und blieb dort bis zu seiner Entlassung am 15. Mai 1943.

Am 15. Februar 1943 wurde ich zusammen mit den meisten meiner Schulkameraden der Jahrgänge 1926 und 1927 als Luftwaffenhelfer zur Heimatflak eingezogen; ich war damals erst 15 Jahre alt. Als ich einige Tage zuvor meinen Vater informierte und zu ihm sagte: „Vater, ich muß einrücken." lachte er und meinte: „Erst bekommst du von mir den Hintern voll und dann kannst du meinetwegen einrücken." Ja, und dann war es so weit! Wir standen alle ziemlich verloren mit unseren Koffern im großen Kasernenhof der Oberen Donaubastion herum, bis wir irgendwann von einem Unteroffizier abgeholt und auf die Stuben in dem Kasernengebäude verteilt wurden. Jeder von uns bekam sein Bett zugeteilt, der eine oben, der andere unten, denn es waren Stockbetten. Danach ging es zur Kleiderkammer, wo wir unsere Uniformen erhielten. Ehrlich gesagt, waren wir alle mächtig stolz darauf, „Soldaten" zu sein und nun auch dazu zu gehören. Am ersten Sonntag fand die feierliche Vereidigung statt. Dazu waren wir alle im Kasernenhof angetreten, nicht nur wir Kameraden von der Kepler-Mittelschule, sondern auch die vielen anderen Luftwaffenhelfer, die von den Ulmer Oberschulen kamen.

Während der Zeit unserer Grundausbildung hatten wir keinen Schulunterricht. Erst als diese abgeschlossen und unsere Ausbildung an den Geschützen begann, mussten wir wieder zur Schule gehen. Jeden Morgen wurden wir von einem Unteroffizier gemeinsam in Marscheinheit dort hin geführt und nach dem Unterricht von ihm wieder abgeholt. An den Nachmittagen war dann Ausbildung an den Flakgeschützen. Dazu waren auf dem Kasernengelände 2 cm-, 3,7 cm- und russische 8,5 cm-Beutegeschütze, die auf 8,8 cm aufgebohrt waren, aufgestellt. Wie lange diese Ausbildung dauerte, daran kann ich mich nicht mehr erinnern, ich meine, es waren drei oder vier Wochen. Jedenfalls wurden wir danach einzelnen Stellungen zugeteilt. Ein Teil meiner Schulkameraden kam nach Offenhausen, um dort an 2 cm-Flakgeschützen Dienst zu tun, andere mussten zur 3,7 cm-Flak in die Ludwigsau bei Wiblingen. Ich kam mit anderen Kameraden zur 8,8 cm-Stellung nach Neu-Ulm Ludwigsfeld. Ihr Standort war auf einem Gebiet, das etwa zwischen der heutigen Fachoberschule und dem Industriegebiet von Ludwigsfeld lag. Unsere vier Geschütze waren so angeordnet, dass sie ein großes Quadrat bildeten. In der Mitte befand sich unsere Unterkunft, die tief in den Boden eingegraben war.

Während die Zivilbevölkerung durch Sirenengeheul alarmiert wurde, wenn feindliche Flugzeuge im Anflug waren, gab es für uns eine Vorwarnstufe, die „Edelweiß" genannt wurde. Wenn die Sirenen heulten, waren wir also längst an den Geschützen.

Wir hatten weiterhin Unterricht, aber anders als zuvor, kamen nun die Lehrer zu uns in die Stellung und versuchten uns in unserer Unterkunft Englisch oder Mathematik beizubringen. Allerdings mit nur mäßigem Erfolg, denn oft hatten sie „frei", wenn „Edelweiß" gegeben wurde und wir zu unseren Geschützen hinauf rannten. So war unser Alltag von einem Wechsel zwischen der Schulbank und dem Dienst an den Geschützen geprägt. Das ging so weiter bis Mitte Mai, genau gesagt, bis zum 15. Mai 1943, dem Tag, an dem wir als Luftwaffenhelfer von der Heimatflak entlassen wurden. Zu unserem Glück wurden wir während unserer kurzen Flakzeit nicht angegriffen und hatten keine Verluste zu beklagen.

Für kurze Zeit gingen wir anschließend noch zur Schule, machten unseren Abschluss und wurden danach, jeder von uns in eine andere Einheit, zum Arbeitsdienst und später zum Militär eingezogen. Nicht alle Kameraden sind nach Kriegsende zurück gekommen.

Bilddokumentation

Bild 1:
2 cm-Flackgeschütz, Marke Örlikon, Schweiz Baujahr 1928 – ohne Automatik

Bild 2:
Flak-Hochstand des 1. Zuges der leichten Heimatflak-Batterie 6/VIII mit Baracke am Jahnufer in Neu-Ulm

Bild 3:
Flak-Hochstand des 2. Zuges der leichten Heimatflak-Batterie 6/VIII im Magirus-Werk II in der Blaubeurer Straße in Söflingen

Bild 4:
Sockelgeschütz; von links: Wachtmeister Kesch, Walter Spingler, N. Koltschek

Bild 5:
Grundausbildung in Neu-Ulm - die Personen von links: verdeckte Person, Stabsgefreiter Rehm, Walter Knoll, verdeckte Person, N. Mökel (Jg. 1927), Gerhard Mühlberger, N. Aumann (Jg. 1927), N. Zepf (Jg. 1927)

Bild 6:
Der Batteriechef (6/VII), Oberleutnant Jeute, auf einem Flak-Hochstand beim 1. Zug am Jahnufer in Neu-Ulm am Flakfernrohr, rechts davon ist der zweite Flak-Hochstand zu sehen.

Bild 7:
Eine Mannschaft beim Geschütz-Exerzieren: von links: Der Richtkanonier K1 Günther Engelhart, Karl Albrecht, N. Höllein, Manfred Eger und German Lämmle

Bild 8:
Vor der Kulisse des Ulmer Münsters: Alois Halder, Kurt Landstorfer, Gefreiter Gleischer, Günther Mangold, Siegfried Krautscheid, Ivo Beck

Bild 9:
Geschützexerzieren beim 2. Zug der Batterie 6/VII auf einem Flak-Hochstand innerhalb des Magirus-Werks II in der Blaubeurer Straße in Söflingen - die Personen von links: Hans Wupperfeld, Otto Schwenk, Alfons Baur, Gerhard Kimmel

Bild 10:
Gefreiter N.N., Hans Wupperfeld als Richtkanonier, Alfons Baur und Gerhard Kimmel

Bild 11:
August Kappus am Scheinwerfer Caesar auf dem „Schlössle" (Villa Eckhardt) auf der Wilhelmshöhe

Bild 12:
Flak- und Schulkameraden vor dem Portal ihrer Kepler-Oberschule: vordere Reihe von links: Horst Bischof, Alfons Baur, Hans Schirmer, Hans Wupperfeld, Walter Knoll, mittlere Reihe: Anton Ruedel, Wolfgang Finkbeiner, Gerhard Gänßlen, Wolfgang Dietz, Horst Kustermann, Manfred Schuster, hintere Reihe: Gerhard Kimmel, Eduard Gaugler, Siegfried Ruopp, Otto Schwenk, Karl Scholl

Bild 13:
Kameraden des 1. Zuges in Arbeitsuniform vor ihrer Baracke: sitzend von links: Günther Engelhart, Willi Rehm, Walter Knoll - stehend vordere Reihe: Siegfried Krautscheid, Ernst Hensinger, Hans-Peter Wieland, Arthur Eckardt, August Kappus, N. Aumann, Günther Mangold - hintere Reihe: German Lämmle, Wachtmeister Sauer., Obergefreiter Gröders.

Bild 14:
Vor der Gänstorbrücke auf der Ulmer Seite, von links; vordere Reihe: Walter Spingler, Hans Peter Wieland, Ernst Hensinger, Siegfried Krautscheid, N. Steck, Gerhard Mühlberger, - hintere Reihe: N.N., verdeckt N.N. Werner Unseld, Günter Mangold, Karl Albrecht, Günther Engelhart und Walter Adam

Bild 15:
Die Eisenbahnbrücke über die Donau, ein Objekt, das geschützt werden sollte. Das Haus mit dem Giebeldach auf der Neu-Ulmer Seite war das Elternhaus unseres Schulkameraden Karl Scholl. Neben der Brücke eine Baracke des 1. Zuges, links daneben das Clubhaus der Ulmer Paddler und dahinter der Flakhochstand des 1. Geschützes.

Bild 16:
Beim Fußballspiel in der Freizeit

Bild 17:
Mittagessen in der Baracke; von links: Günther Engelhart, Ivo Beck, N.N., N.N., ganz hinten Walter Adam, Rechts vom Tisch von vorne nach hinten: Werner Unseld, N. Zepf, Willi Rehm, N. Aumann und Hans-Peter Wieland

Bild 18:
Beim Schachspiel: von links: Manfred Eger, Karl Albrecht und N. Höllein

Bild 19:
16. März 1944; zum ersten Mal ist der Ernstfall eingetreten. Für die Kameraden des 1. Zuges ist dieser Tag noch einmal glimpflich abgelaufen. Das Bild zeigt jedoch sehr deutlich die Unsinnigkeit der von der militärischen Führung geplanten Flugabwehr. Feindliche Flieger werfen ihre Bombenlast aus einer Höhe von 4000 Meter ab und unsere 2cm-Flakgeschütze hatten nur eine maximale Reichweite von ca. 2000 Meter.

Bild 20:
Beim Geschützexerzieren in der Erdstellung in Söflingen; von links: Siegfried Ruopp, Oskar Schrof, Wolfgang Finkbeiner und N.N.

Erbach, den 8. Sept. 1944
Unser lieb., ältester Sohn und Bruder

Walter Knoll
Luftwaffenhelfer

geb. 16. 10. 28 ist in Ausübung seines Dienstes für Führer, Volk und Vaterland gefallen.
In tiefem Schmerz:
Fritz Knoll mit Frau Hilde geb. Häbich; Brigitte und Eberhard, zugleich namens aller Anverwandten.
Beerdigung Montag, 11. Sept., 9 Uhr in Erbach.

Bild 21:
Bei einem tragischen Unfall verlor unser Schulkamerad Walter Knoll am 8. September 1944 sein junges Leben. Die Todesanzeige wurde am 9. September im Ulmer Tagblatt veröffentlicht (Stadtarchiv Ulm).

Bild 22:
Noch heute, 62 Jahre nach seinem Tod gibt es Menschen, die Blumen an seinem Grab in Erbach pflanzen

Bild 23:
Baracken in Chieming, wo Scharfschießen mit dem 2cm-Geschütz geübt wurde

Bild 24 (links):
Wachtmeister Sauer (1. Zug)

Bild 25:
Obergefreiter Schneck (2. Zug)

Bild 26 (links):
Oberleutnant Jeute

Bild 27:
Unteroffizier Schmalriede (2. Zug), gefallen am 13. September 1944

Bild 28:
Magirus Werk II in Söflingen nach dem Fliegerangriff vom 10. September 1944

Bild 29:
Auf dem Dach des Hauses Molfenter befand sich unser Scheinwerfer – hier nach dem Fliegerangriff vom 10. September 1944

Ermingen, 14. Sept. 1944
Durch Gottes hl. Willen wurde uns gestern bei einem Terrorangriff unser lieber, unvergeßlicher u. jüngster Sohn und Bruder

Anton Ruedel

Luftwaffenhelfer

im 16. Lebensjahr jäh entrissen. Wer unsern Anton kannte, weiß um unsern Schmerz: Es trauern um ihn:

Die tiefbetrübten Eltern: Konrad Ruedel und Frau Marie, geb. Renz; die Geschwister: Fanny, Rese, Marie u. Josef, z. Zt. im Felde und alle Verwandten.

Beerdigung am Samstag, den 16. Sept., 8½ Uhr in Harthausen.

Todesanzeige (rechts) unseres am 13. Sept. 1944 gefallenen Schulkameraden Anton Ruedel (Ulmer Tagblatt vom 15. September 1944 - Stadtarchiv Ulm)

Bild 30 (links):
Kriegerdenkmal in Ermingen-Harthausen

Todesanzeige unseres Flakkameraden Karl Ott in der lokalen Presse von Laichingen – Karl Ott war Schüler im Gymnasium Laichingen

Laichingen, 15. Sept. 1944

Statt eines Wiedersehens am Sonntag erhielten wir die schmerzliche, unfaßbare Nachricht, daß unser lieber, guter, unvergeßlicher Sohn und sonniger Bruder, Enkel u. Neffe

Karl Ott

Luftwaffenhelfer, Abiturient

bei einem Terrorangriff auf Ulm sein junges Leben von nicht ganz 16 Jahren geben mußte. In stiller Trauer:

Die Eltern: **Ernst Ott** mit Frau **Ursula**, geb. Schlenk; die Geschwister: **Lina, Anna, Hilde** und **Werner**; die Großmutter: **Magd. Schlenk** und Angehörigen.

Beerdigung am Sonntag, den 17. Sept., nachm. 3 Uhr.

Bild 31: Abschied von Ulm – 1. Zug; sitzend die Luftwaffensoldaten: 1 Gfr. Gleischer, 2 Ogfr. Gröders, 3 WM Sauer, 4 Stgfr. Rehm, Ogfr. Straub
stehend die Luftwaffenhelfer: 6 Walter Spingler, 7 Hans Peter Wieland, 8 Kurt Lantsdorfer, 9 Karl Albrecht, 10 Gerhard Recknagel, 11 Ernst Hensinger, 12 FVS Zepf, 13 FVS Aumann, 14 FVS Mökel, 15 August Kappus, 16 N. Koltschek, 17 Manfred Eger, 18 Günther Engelhart, 19 Siegfried Krautscheid, 20 FVS German Lämmle, 21 Willy Rehm, 22 FVS Löhlein, 23 N.N., 24 Arthur Eckhardt
Nachdem bei dem Fliegerangriff vom 13. September 1944 die Flakgeschütze des 2. Zuges zerstört waren, wurden wir Luftwaffenhelfer der Batterie 6/VII in Gablingen bei Augsburg zu einer neuen Batterie 13/VII zusammengestellt. Deren Einsatzorte waren Aach und Wittlensweiler bei Freudenstadt im Nordschwarzwald.

Bild 32 (rechts): Werner Unseld beim Ausheben eines Abwassergrabens in Aach

Bild 33: Winter 1944/45 – Flak-V-Soldat N. Rau und Wachtmeister N.N. stehen am Rand einer Geschützstellung in Aach

Bild 34 (von links):
Flak-V-Soldat N.N.,
Flak-V-Soldat Adolf
Wegerer und K1 Ulrich
Strohecker

Bild 35:
Mittagsschläfchen in einer
Geschützstellung in Aach, von
links: Hans-Peter Wieland,
Flak-V-Soldat N.N., Ulrich
Strohecker

Bild 36:
Geschützstellung in Aach
von links nach rechts:
Hans Häfele, Flak-V-
Soldat N.N.,
Luftwaffensoldat N.N.,
Flak-V-Soldat N.Steck,
Flak-V-Soldat N.N.,
Werner Unseld, Manfred
Eger, Ulrich Strohecker

Bild 37:
Blick von einer Geschützstellung in Aach auf das Eisenbahnviadukt

Bild 38:
Im Winter waren die Geschütze des 1. Zuges in Aach kaum zu erkennen

Bild 39:
So waren die Baracken in Aach getarnt. Gut zu erkennen sind die Masten der Elektroleitung

Bild 40:
Aach: Drohend ragt ein Geschützrohr empor

Bild 41:
Flak-Kameraden des 1. Zuges in Aach; von links: Werner Unseld, Günther Engelhart. Flak-V-Soldat N. Steck, Flak-V-Soldat N-N., Manfred Eger, Flak-V-Soldat N.N., Hans-Peter Wieland

Bild 42:
Eisenbahnviadukt bei Aach, aufgenommen am 23.06.2006 ungefähr an der Stelle, wo 1944/45 die Geschützstellung des 1. Zuges des leichten Heimatflak-Batterie 13/VII stationiert war

Bild 43:
Blick auf Wittlensweiler und das Eisenbahnviadukt der Eisenbahnlinie Stuttgart – Freudenstadt von der Stelle aus, an der 1944/45 der 3. Zug der leichten Heimatflak-Batterie 13/VII war, aufgenommen am 23.06.2006

Bild 44: Das US-Jagdflugzeug P 47 „Thunderbolt". Diese Jagdbomber griffen mit Bordbeschuss oder Bombenabwürfen in kleineren oder auch großen Pulks sehr häufig die Eisenbahnviadukte, die Eisenbahnlinie oder die Flakstellungen bei Aach, Grüntal oder Wittlensweiler an. Sie waren an der Unterseite stark gepanzert, so dass ihnen Treffer unserer 2cm-Flakgeschütze kaum etwas anhaben konnten.

Bild 45:
Im alten Schulhaus in Wittlensweiler befanden sich 1944/45 die Befehlsleitstelle der Batterie 13/VII, die Schreibstube und die Küche unserer Flakbatterie (Aufnahme vom 23.06.2006)

Bild 46 (links):
Unsere Heimatstadt Ulm liegt in Schutt und Asche. Das zerstörte Rathaus nach dem 17. Dezember 1944.

Bild 47:
Ruinen, wohin man auch sieht!

Bild 48:
Und das ist alles, was vom Gebäude unserer Kepler-Oberschule übrig blieb. Nur wenige Monate zuvor haben wir Luftwaffenhelfer vom 2. Zug der leichten Heimatflakbatterie 6/VII uns noch unter diesem Portal fotografieren lassen. Vergleiche mit Bild Nr. 12!

Bild 49:
Der tägliche Marsch zur Schule. Luftwaffenhelfer auf dem Weg von ihrer Stellung in der Ludwigsau zur Kepler-Oberschule, unter ihnen die Luftwaffenhelfer Feuerstein (1), Ernst Ludwig (2) und Manfred Rommel (3)

Bild 50:
Eine Gruppe von Luftwaffenhelfern vor ihrer Baracke in Neu-Ulm Ludwigsfeld. Der Luftwaffenhelfer ganz links hieß Walter Traub, der ganz rechts außen hieß Klaus Seeck und war wie Walter Traub Schüler des humanistischen Gymnasiums.

Bild 51:
Luftwaffenhelfer der Batterie 36/VII an ihrem 3,7 cm Flakgeschütz in Schwaighofen

Bild 52:
Die Luftwaffenhelfer in Schwaighofen waren zumeist von der Oberschule in Ehingen

Bild 53:
Geschützstellung in Schwaighofen, sie wurde von den Luftwaffenhelfern scherzhaft „Wasserstellung" getauft, denn der Grundwasserspiegel im moorigen Boden stieg dort sehr schnell an. Die sog. Einmannlöcher, die sich die Luftwaffenhelfer zum Schutz gegen Fliegerangriffe gegraben hatten, waren meistens voll Wasser und konnten daher nicht benützt werden.

Bild 54:
Gruppenaufnahme in Leipheim v.l.n.r.: Conrad Schwenk, Helmut Brugger, Gerhard Hetterich, Hans Mohr, Helmut Hinderer, Walter Bleher, Rolf Müller und Karl Benz

Bild 55 und 56:
Als am 19. Juli 1944 bei einem Fliegerangriff auf den Flugplatz Leipheim zehn Luftwaffenhelfer und zwei Luftwaffensoldaten ums Leben kamen, wurde u.a. der Luftwaffenhelfer Helmut Brugger verwundet. Das linke Bild zeigt ihn im Lazarett Kienlesberg in Ulm

Bild 57:
So sieht es heute dort aus, wo während des Krieges an dieser Stelle eine Halle stand, in der damals die ersten Düsenjäger Me 262 montiert wurden

Bild 58:
Rolf Müller fiel bei einem Fliegerangriff in Neuburg an der Donau am 21. März 1945. Dieses Bild zeigt ihn am Geschütz in einer Erdstellung

Bild 59: und noch ein Bild, das Rolf Müller zeigt

Bild 60:
Beim Geschützexerzieren – der Luftwaffenhelfer rechts außen ist Hans Mohr

Bild 61: v.l.n.r. die drei Luftwaffenhelfer Manfred Mattenschlager, Alfred Roth und Heinz Hertling

Bild 62:
Vier Kameraden nach dem Luftsackschießen in Chieming bei einer Ruhepause. Die Personen von links nach rechts: N.N., N.N., Rolf Müller und Alfred Roth

Bild 63 und 64 (unten):
So sahen Beobachter in den Aufklärungsflugzeugen der RAF die schweren Zerstörungen auf dem Flugplatz Leipheim nach Angriffen im Sommer 1944

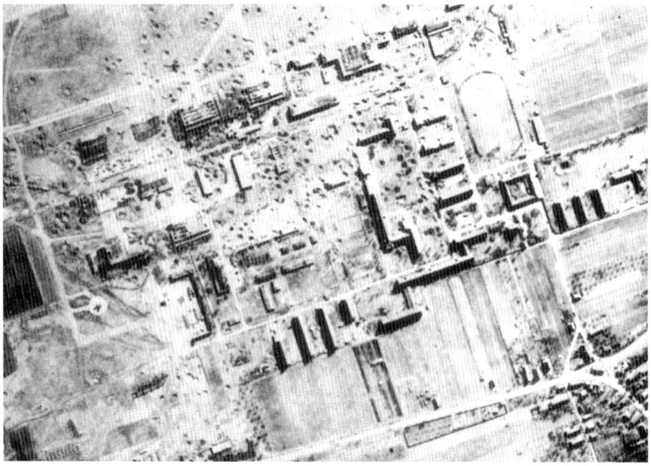

Bild 65:
Vereidigung der ersten Luftwaffenhelfer im Februar 1943 im Kasernengelände der Oberen Donaubastion

Bild 66:
Der Kommissar des Heimatflaskstabs Ulm, Hauptmann Sch. schritt in Begleitung des damaligen Oberbürgermeisters von Ulm, SA-Oberführer Friedrich Foerster, dem Batteriechef der Alarmflakbatterie 300/VII, Leutnant Fiedler, und dem kommissarischen HJ-Bannführer Ostertag, die Front der zur Vereidigung angetretenen Luftwaffenhelfer ab.

Bild 67:
Februar/März 1944: Luftwaffenhelfer beim Appell in der Oberen Donaubastion

Bild 68:
Die ersten Luftwaffenhelfer bei der Ausbildung am Kommando-Hilfsgerät; v.l.n.r.: Uffz. Erich Otto, Georg Junginger 6b KMS, Werner Ortlieb 6a KMS, Otto Braig 6a KMS, Alber Loser 6b KMS, N.N., Günther Schwarz 6b KMS, Werner Schmied 6a KMS

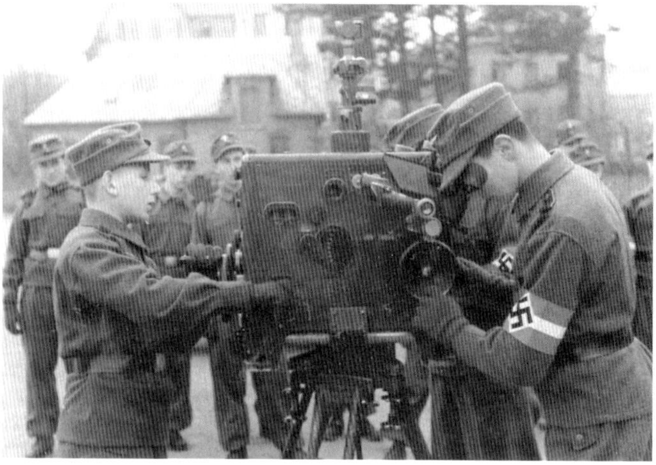

Bild 69:
Bei der Ausbildung am Kommando-Hilfsgerät; v.l.n.r.: Otto Walser 6b KMS, Georg Junginger 6b KMS, Albert Loser 6b KMS, Günther Schwarz 6b KMS, Otto Braig 6a KMS, Werner Ortlieb 6a KMS, Werner Friedauer 6a KMS

Bild 70: Gruppenaufnahme - sitzend v.l.n.r.: Ernst Stängle 6a KMS, Günther Schwarz 6b KMS, Herbert Buhl 6a KMS, Konrad Schlecker 6a KMS, Rudi Bayer 6b KMS, Georg Junginger 6b KMS
2. Reihe: Ausbilder N.N., Eberhard Unseld 6a KMS, Heinz Beuttenmüller 6a KMS, Albert Ankele 6b KMS, Uffz Vogt (mit weißem T-Shirt), Walter Junginger 6b KMS, Ernst Rötter 6a KMS, Helmut Bühler 6a KMS, Erich Elser 6a KMS, 3. Reihe: Siegfried Koch 6b KMS, N.N., Helmut Riek 6a KMS, Heinz Wollinsky 6b KMS, Hildebrand Hieber 6a KMS, Werner Ortlieb 6a KMS, Heinrich Zischler 6a KMS und Franz Braun 6a KMS

Bild 71:
Luftwaffenhelfer an 8,8 cm-Flakge-schützen; vorne v.l.n.r.: Raimund Wiesner 6b KMS, Konrad Schlecker 6a KMS, Heinz Wollinsky 6b KMS, Walter Junginger 6b KMS, hintere Reihe: N.N. und halb verdeckt Albert Ankele

Bild 72:
Größer kann ein Gegensatz wohl kaum sein: der 15jährige Luftwaffenhelfer Konrad Schlecker und ein erwachsener Luftwaffensoldat

Bild 73:
Luftwaffenhelfer sind auf dem Kasernengelände zum Appell angetreten. Der Pfeil zeigt auf Raimund Wiesner

Bild 74: Gruppenaufnahme - sitzend v.l.n.r.: Günther Wilke 6a KMS, Werner Schmied 6a KMS, Harals Gaiser 6a KMS, 2. Reihe: N.N., Robert Reck 6a KMS, Werner Friedauer 6a KMS, Werner Ortlieb 6a KMS, Robert Götz 6b KMS, Ausbilder N.N., 3. Reihe: N.N., Albert Loser 6b KMS, Hans Schächinger 6a KMS, Helmut Reinhard 6b KMS, Karl Schwenk 6a KMS, Hermann Kühner 6a KMS, Hans Maier 6b KMS, N.N. und Ausbilder N.N.

Bild 75:
Beim Geschützexerzieren an der 8,8 cm-Flak in der Obcren Donaubastion

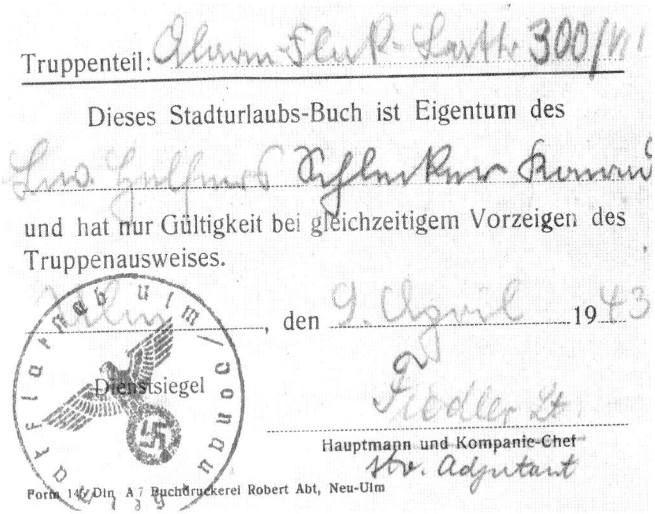

Truppenteil: ....

Dieses Stadturlaubs-Buch ist Eigentum des

....

und hat nur Gültigkeit bei gleichzeitigem Vorzeigen des Truppenausweises.

.............................., den 9. April 1943

Dienstsiegel

Hauptmann und Kompanie-Chef

Fiedler Lt
Str. Adjutant

Form 14/ Din A 7 Buchdruckerei Robert Abt, Neu-Ulm

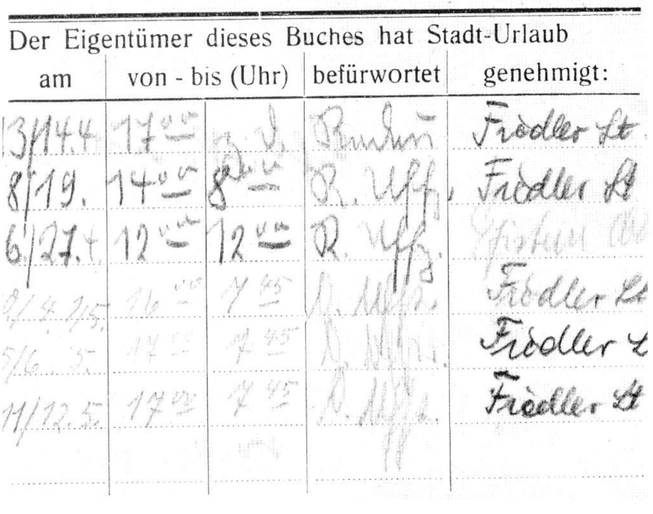

Der Eigentümer dieses Buches hat Stadt-Urlaub

am	von - bis (Uhr)		befürwortet	genehmigt:
13/14.4	17.00			Fiedler Lt
18/19.	14.00	8.00	R. Uffz.	Fiedler Lt
26/27.4	12.00	12.00	R. Uffz.	
	16.00	7.45	R. Uffz.	Fiedler Lt
5/6. 5.	17.00	7.45	R. Uffz.	Fiedler Lt
11/12.5.	17.00	7.45	R. Uffz.	Fiedler Lt

Bild 76/77 (unten):
Jeder der Luftwaffenhelfer, die am 15. Februar 1943 eingerückt waren, hatte solch ein Urlaubsbuch

Die Verfasser der Berichte aus ihrer Luftwaffenhelferzeit stellen sich vor

Walter Bleher, Oberstudiendirektor, Ulm

Am 11. Sep. 1928 wurde ich in Stuttgart geboren, von 1935 - 1939 besuchte ich die Keplergrundschule in Ulm. Anschließend trat ich in die damalige Hans-Schemm-Oberschule, das heutige Schubart-Gymnasium, ein, wo ich nach der 8. Klasse auf Grund einer Sondergenehmigung 1947 das Abitur ablegen konnte.
Nach 8 Monaten Wiederaufbauarbeit an der TH Stuttgart begann ich dort mein Studium der Mathematik und Physik mit dem Sommersemester 1948.

Weitere Daten:
1. 10. 1952, Diplom-Mathematiker, Wissenschaftliche Prüfung für das Lehramt an höheren Schulen; 16. 7. 1954, Pädagogische Prüfung nach Referendariat in Ludwigsburg, Stuttgart und Ulm; 27. 4. 1957 – Frühjahr 1966, Lehrtätigkeit am Progymnasium Marbach a. N.; 18. 4. 1966 - Herbst 1971, dto. am Goethegymnasium Ludwigsburg; 14. 9. 1971 - 30. 6. 1980, Schulleiter am Friedrich-Abel-Gymnasium Vaihingen/Enz; 1. 7. 1980 - 31. 7. 1990, Schulleiter am Schubart-Gymnasium Ulm

Helmut Brugger, Ulm

Geboren bin ich am 7. Feb. 1928 in Ulm/Söflingen. Besuch der Hans-Schemm-Oberschule in Ulm, ab 1. Juni 1944 Flakhelfer. Verwundung bei dem Fliegerangriff in Leipheim am 19. 07. 1944. Entlassung von der Heimatflak am 15.02.1945. Nach dem Krieg kam mein Vater früh aus der Kriegsgefangenschaft nach Hause. Das war für mich das Aus mit der Schule. Das teilweise zerstörte Geschäft musste wieder aufgebaut werden. Deshalb Lehre und Meisterprüfung im Betonsteinhandwerk. Verheiratet, ein Sohn. Seit 1990 in Rente. Seit 1934 in der TSG-Söflingen und noch heute aktiv. Bald 50 Jahre bin ich in diesem Verein ehrenamtlich tätig

Wolfgang Dietz, Regglisweiler

Geboren am 14. April 1928 in Ulm. Nach der Grundschule Friedrichsau, Besuch der Kepler-Oberschule in Ulm, Luftwaffenhelfer 1944/45, Abitur 1948. Betriebspraktika in Spinnerei und Weberei, Studium in Reutlingen mit Abschluss Diplom-Ingenieur (FH) für das Textilwesen. Anschließend dreijährige Konstruktionsarbeit. 1955 Auswanderung nach Venezuela, dort als Zwirnereileiter in Großkonzern tätig. Von 1960 bis Anfang 1962 als Project Ing. für Special Projects in einem Textilkonzern in South Carolina, USA. 1962 zurück nach Deutschland, Heirat im gleichen Jahr, ein Sohn. Ab 1962 bis 1971 Betriebsleiter eines Zwirnereibebetriebes in Südbaden, danach bis zum Ruhestand 1994 technische Beratung und Verkauf für Spinnerei- und Zwirnereitechnik.

Hans Georg Durner, Ulm

Geboren am 8. Juni 1928 in Ulm. Nach der Grundschule Besuch des humanistischen Gymnasiums in Ulm, Unterbrechung von Januar 1944 bis November 1944 durch die Zeit bei der Heimatflak und die Kriegswirren. Nach dem Abitur 1948 Maurerlehre. Studium der Architektur an der Technischen Hochschule in Stuttgart von 1949 bis 1958 mit Zwischenpraxis von 2 Jahren. Bis. 1996 Diplomingenieur und freier Architekt, ab 1959 mit eigenem Büro. Seit 1996 betreibe ich mein Büro als ein im Ruhestand Befindlicher.

Manfred Eger, Ulm

Am 8. Juli 1928 in Ulm geboren. 1935 Volksschule Friedrichau. Nach Ostern 1939 Übertritt in die Kepler-Oberschule. Ab Januar 1944 bis März 1945 Luftwaffenhelfer. Arbeit als Bauhilfsarbeiter beim Wiederaufbau von Ulm. Fortsetzung des Schulunterrichts ab November 1945. Abitur 1948. Von Juli 1948 bis September auf dem Bau als Hilfsarbeiter. Von Oktober 1948 bis Juni 1949 Praktikum bei KHD in Ulm in der Produktion. Juli 1949 bis August 1950 Lehre als technischer Kaufmann. 1949 Gründungsmitglied der Deutschen Angestelltengwerkschaft (DAG). 1949 Wahl zum Vorsitzenden der Freien Deutschen Jugend (FDJ) in Ulm. August 1950: Verurteilung vom US-Militärgericht in Ulm wegen Flugblattverteilung gegen den Krieg in Korea. Urteil: 6 Monate Gefängnis. Verhaftung im Gerichtssaal und Abführung in Handschellen. Von August 1950 bis Dezember 1950 im Zuchthaus Ludwigsburg. Deutsche Behörden in Ulm verweigerten mir darauf hin 10 Jahre einen Reisepass. Kündigung meines Lehrverhältnisses durch KHD.

Seit 1951 Arbeit als frei schaffender Journalist. 1965/66 Studium der Gesellschaftswissenschaften an der Internationalen Lenin-Hochschule in Moskau. 1961 bis heute Mitinitiator der Friedens-Ostermärsche in Baden-Württemberg und Ulm. 1951 bis 1968 Anklagen, Verhaftungen und Hausdurchsuchungen durch die Bundesstaatsanwaltschaft. 1968 wurden alle Anklagen durch die Bundesstaatsanwaltschaft eingestellt.

2006: Ich bin bis heute beim „Landesverfassungsschutz" gespeichert, d. h. ins klare Deutsch übersetzt: „Ich werde wegen meiner politischen Meinung und Tätigkeit ständig beobachtet und überwacht."

Günther Engelhart, Ulm

Geboren am 18. Juli 1928 in Ulm. Nach der Grundschule in Ulm/Söflingen (2 Jahre) und am Weinhof in Ulm Besuch der Kepler-Oberschule und Abschluß mit Abitur im Jahr 1948. 1949 Praktikum als Bauhelfer an der Herdbrücke und Beginn des Bauingenieur-Studiums an der Technischen Hochschule in Stuttgart. Abschluss im Jahre 1954 mit dem Diplom-Ingenieur. Danach Tätigkeiten in Stuttgart und nach Rückkehr Eintritt in das Ingenieurbüro der Arbeitsgemeinschaft „Süddeutsche Abwasserreinigungs-GmbH" in Ulm. Ab 1976 Geschäftsführer und später alleiniger Geschäftsführer und Hauptgesellschafter. Nach 42 Jahren Berufsleben Ausscheiden als Geschäftsführer und später als Gesellschafter. Günther Engelhart ist verheiratet, hat zwei Söhne und ist seit 1996 im Ruhestand.

Wolfgang Finkbeiner, Senden

Geboren am 16. Feb. 1928 in Ulm. Nach der Grundschule ab 1939 Besuch der Kepler-Oberschule in Ulm. Nach Kriegsende Abitur 1948 in Lauingen/ Donau; Besuch der Lehrerbildungsanstalt in Lauingen/Donau. 1949 I. Prüfung für das Lehramt an Volksschulen.

1949-1952 mehrere Unterrichtsvertretungen an verschiedenen Orten in Schwaben. II. Lehramtsprüfung für das Lehramt an Volksschulen.

04. 09. 1954 Heirat mit Eleonore Rembold, mit ihr drei Kinder, sechs Enkel.

1952 - 1960 Lehrtätigkeit an der Volksschule in Neu-Ulm. 1961 Lehrgang mit abschließender Prüfung für das Lehramt an Realschulen in den Fächern Deutsch und Geschichte.

1962 - 1966 Lehrtätigkeit an der Staatl. Realschule in Neu-Ulm. 1966/67 Realschulkonrektor in Neufahrn/Nb.; ab 1971 Realschulkonrektor in Pfuhl, Lkr. Neu-Ulm .1973 Ergänzungsprüfung für das Lehramt an Fachoberschulen. 1973 - 1987 Lehrtätigkeit an der Staatl. Fachoberschule Neu-Ulm. Ab 1981 Ständiger Stellvertreter des Schulleiters der Staatlichen Fachoberschule Neu-Ulm. Seit 1987 Studiendirektor im Ruhestand.

Rudolf Fischer, Ulm

Geboren am 10. September 1927 in Ulm-Söflingen. Grundschule 1934 bis 1938. Anschließend ab Ostern 1938 Besuch der Hans-Schemm-Oberschule. Flakzeit vom 18. Oktober 1943 bis Ende August 1944. Danach bis Kriegsende beim Arbeitsdienst in Kleinengstingen. Unmittelbar nach dem Krieg Arbeit auf dem Bauernhof einer Tante bei Gögglingen. Ab Oktober 1945 Lehre als Heizungsmonteur und Installateur bei der Firma Aicher und Schmied in Ulm-Söflingen. 1948 Lehrabschluss mit Gesellenprüfung. 1954 Wechsel von der Firma Aicher und Schmied zur Firma Magirus, ebenfalls als Heizungsmonteur und Installateur. Seit 1984 im Ruhestand. Verheiratet, ein Sohn.

Dr. Gerhard Gänßlen, Neu-Ulm
Rechtsanwalt

Geboren am 26. Oktober 1928 in Ulm. Abitur an der Kepler-Oberschule in Ulm. Studium der Rechtswissenschaft und Promotion in Tübingen. Zweites Staatsexamen in Stuttgart, danach bis 1996 selbständiger Rechtsanwalt in Ulm. Während des Zweiten Weltkrieges ab 1944 bis Kriegsende Luftwaffenhelfer in Ulm und Wittlensweiler bei Freudenstadt (Nordschwarzwald).

Prof. Dr. Eduard Gaugler
Univ. Prof. em. Dr. Dres. h.c.

Geboren am 23. Juni 1928 in Stuttgart. Besuch der Grundschule und der Zeppelin-Oberschule für Jungen in Stuttgart. Evakuierung im September 1943 und Fortsetzung des Schulbesuchs in der Kepler-Oberschule in Ulm. Nach Kriegsende wieder Schulbesuch an der Zeppelin-Oberschule in Stuttgart (Abitur 1948)
1949 - 1954 Studium der Wirtschafts- und Sozialwissenschaften an der Universität München und an der damaligen Hochschule für Wirtschafts- und Sozialwissenschaften Nürnberg. 1952 Diplomkaufmann, 1954 Promotion zum Dr. oec. publ. an der Universität München, anschließend wissenschaftlicher Assistent an der Staatswirtschaftlichen Fakultät. 1954 Heirat mit Helene Fäustle, mit ihr vier Kinder, neun Enkel. 1966 Habilitation für Betriebswirtschaftslehre, 1966/67 Universitätsdozent an der Universität München. 1967 - 1972 Ordentlicher Professor für Betriebswirtschaftslehre an der Universität Regensburg. 1972 bis 1996 Ordentlicher Professor an der Universität Mannheim und Inhaber des Lehrstuhls für Allgemeine Betriebswirtschaftslehre, Personalwesen und Arbeitswissenschaft. 1973 - 1976 Rektor der Universität Mannheim, 1989 bis 1991 Gründungsdekan der Wirtschaftswissenschaftlichen Fakultät der Katholischen Universität Eichstätt in Ingolstadt. 1991 - 1998 Direktor des Instituts für Mittelstandsforschung der Universität Mannheim, 1996 Emeritierung.
Vorrangige Arbeitsgebiete in Forschung und Lehre: Betriebliches Personalwesen, betriebliche Sozialpolitik, Betriebsorganisation, Unternehmenspolitik Mehrere hundert Veröffentlichungen (Autor und Herausgeber von Monographien und Sammelwerken; Beiträge in Fachzeitschriften).
Mitwirkung in der Weiterbildung von Führungskräften, bei der Wissenschafts-, Unternehmens- und Politikberatung sowie an der Gründung von sieben Hochschulen.
Ehrungen (u.a.): Ehrenpromotionen (Dr. rer. pol. h.c.) durch die Universität Passau und durch die Katholische Universität Eichstätt; Verdienstorden des Freistaats Bayern; Gregorius-Orden; Verdienstorden der Bundesrepublik Deutschland; Goldene Bürgermedaille der Stadt Ingolstadt; Universitätsmedaille der Universität Mannheim in Gold; Honorary Fellow der University of Wales Swansea (UK); Widmung von vier Festschriften.

Dr. Helmut Hinderer, Schorndorf

Geboren am 25. Mai 1928 in Ulm/ Donau. Von 1935 – 1939 Besuch der Volksschule in Ulm-Söflingen. 1939 verzogen meine Eltern nach Berlin, wo ich in die Herder-Oberschule (Berlin-Charlottenburg) eintrat. Die Kinderlandverschickung, aus Anlass der zunehmenden Luftangriffe auf Berlin, führte mich von 1941 - 1942 in die Lager Schneidemühl und Poblotz bei Stolp. Die Kriegsereignisse legten schon bald die Rückkehr nach Süddeutschland nahe. 1943 übersiedelte die Familie nach Ulm und 1944 nach Blaubeuren. Am 2. 6. 1944 wurde ich als Schüler der Hans-Schemm-Oberschule zur Heimatflak und später, ab April 1945 bis Kriegsende, zum Arbeitsdienst eingezogen. 1948 Abitur am heutigen Schubart-Gymnasium in Ulm. Von da an war ich in der elterlichen Firma, der Kleider- und Schürzenfabrik Blaubeuren, tätig. Neben meiner beruflichen Tätigkeit, ab Wintersemester 1955/1956, Studium von Philosophie, Geschichte und Psychologie an der Universität München. Am 31. 3. 1967 Promotion zum Dr. phil. mit einer Dissertation über Max Weber.

August Kappus, Meschede

Ich bin geboren am 27. September 1927 in Wullenstetten im Landkreis Neu.Ulm. Nach der Grundschule besuchte ich ab 1939 bis Mai 1946 die Kepler-Oberschule in Ulm. Ich musste meine Schulausbildung dort abbrechen, da während des Krieges zwei meiner Brüder gefallen waren und mein Arbeitseinsatz im elterlichen landwirtschaftlichen Betrieb notwendig wurde. Von 1947 bis 1949 legte ich eine Lehre als Schreiner ab und arbeitete danach als Geselle. Von 1952 bis 1955 studierte ich an der Ingenieurschule für Holztechnik in Rosenheim. Danach war ich Betriebsassistent und ab 1960 Technischer Leiter und Geschäftsführer eines mittelständischen Unternehmens für Holz- und Metallbau im Sauerland. Seit 1990 bin ich im Ruhestand.

Gerhard Kimmel, Biberach/Riß

Geboren bin ich am 18. Juni 1928 in Ulm. Nach der Grundschule besuchte ich ab 1939 die Kepler-Oberschule in Ulm. Nach der Flakzeit und dem Ende des Krieges setzte ich den Schulbesuch an der Kepler-Oberschule fort und schloss ihn mit dem Abitur im Jahr 1948 ab. Nach dem frühen Tod meiner Eltern musste ich aus finanziellen Gründen eine mehrjährige Tätigkeit in Industrie und Handwerk aufnehmen. Erst ab November 1955 konnte ich mit dem Studium der Betriebswirtschaftslehre an der Wirtschafts-Hochschule in Mannheim beginnen; ich schloss es 1959 mit dem Erwerb des Diploms ab. Von 1960 bis Ende 1970 war ich Mitarbeiter im Wirtschaftsprüfungs- und Steuerberatungsbüro Dr. Frank und Waiblinger in Ulm.
Von 1971 bis 1991 arbeitete ich als Abteilungsleiter für Steuern und Revision bei der Firma Liebherr Holding GmbH in Biberach/Riß. Seit 1992 bin ich im Ruhestand. Seit dem 30. 12. 1965 bin ich mit Sonja Mayer verheiratet. Wir haben eine Tochter.

Dr. Horst Kustermann, Kirchheim/Teck-Nabern

Geboren am 19. April 1928 in Schwäbisch-Gmünd. Kepler-Grundschule, Kepler-Oberschule in Ulm. Luftwaffenhelfer, Infanterie, Kriegsgefangenschaft, nach dem Krieg Fortsetzung des Schulbesuchs an der Kepler-Oberschule in Ulm, Abitur 1948. Zwei Jahre Lagerarbeiter bei Magirus in Ulm, um das nötige Geld für das Studium zu verdienen. 1950 bis 1955 Studium der Naturwissenschaften an der Universität München. Staatsexamen, Promotion. Ab 1956 im höheren Lehramt in Baden-Württemberg, zuletzt am Schloß-Gymnasium in Kirchheim/Teck. Verheiratet, vier Kinder. Seit 1990 Studiendirektor i.R..

Ernst Ludwig, Alt-Oberbürgermeister der Stadt Ulm

Ernst Ludwig wurde am 25. Februar 1927 in Ulm geboren.
Nach der Grundschule besuchte er die Kepler-Oberschule in Ulm und erhielt 1944 den Reifevermerk. Er war danach Soldat und kam 1945 für kurze Zeit in Kriegsgefangenschaft. Noch im gleichen Jahr begann er eine kaufmännische Lehre, die er 1947 abschloss. Anschließend studierte Ernst Ludwig Rechtswissenschaften an der Universität in München und beendete dieses Studium mit Staatsexamen in den Jahren 1953 und 1956. Ab 1956 war Ludwig bei der Stadt Ulm Leiter des Rechtsamts und wurde 1967 Geschäftsführer der Regionalen Planungsgemeinschaft Donau-Iller-Blau, einer Vorläuferin der 1973 gegründeten Region Donau-Iller, deren erster Verbandsdirektor er wurde.
Seit den 1960er Jahren war Ernst Ludwig auch politisch tätig. 1967 wurde er Kreisvorsitzender der CDU und zog 1972 er als Abgeordneter seiner Partei in den Landtag von Baden-Württemberg ein; dort war er u. a. ab 1976 stellvertretender Fraktionsvositzender.
Im Jahre 1978 holte ihn der damalige Ministerpräsident des Landes Baden-Württemberg, Hans Filbinger, in sein Kabinett und übertrug ihm die Aufgabe eines Staatssekretärs im Ministerium für Raumordnung, Wirtschaft und Verkehr unter dem Minister Rudolf Eberle. Dieses Amt übte Ernst Ludwig auch in den beiden ersten Kabinetten von Ministerpräsident Lothar Späth aus. 1983 kehrte er in seine Heimatstadt Ulm zurück, nachdem ihn die Bürger im Dezember zum Oberbürgermeister der Stadt Ulm gewählt hatten. Um sich dieser Aufgabe voll widmen zu können, legte er er im März 1984 sein Amt als Staatssekretär nieder und schied auch aus dem Landtag aus. Acht Jahre lang leitete Ernst Ludwig die Geschicke der Stadt Ulm. Während dieser Zeit konnte die Arbeitslosigkeit in der Stadt stark reduziert werden, während ihre Einwohnerzahl zugleich stark zunahm.
Ende 1991 verzichtete er aus Altersgründen auf eine zweite Amtszeit als Oberbürgermeister. Für seine vielfachen Verdienste erhielt Ernst Ludwig die Ehrenbürgerwürde der Stadt Ulm und die Würde eines Ehrensenators der Universität Ulm.
Ernst Ludwig ist mit Angela, geb. Vogelsang, verheiratet. Ihrer Ehe entstammen zwei Kinder.

Gerhard Mühlberger, Hörvelsingen

Geboren am 3. April 1928 in Ulm. Nach der Grundschule ab 1939 Besuch der Kepler-Oberschule. Januar 1944 bis März 1945 Flakzeit in Ulm und Wittlensweiler im Nordschwarzwald. Nach dem Krieg Fortsetzung des Schulbesuchs in der Kepler-Oberschule. 1946 - 1949 Lehre als Elektrotechniker. Tätigkeit bis 1961 bei den Stadtwerken Ulm. Von 1961 bis 1976 Kundendiensttechniker bei einer großen Firma für Brandschutzgeräte. Von 1976 bis 1991 Niederlassungsleiter bei der gleichen Firma. Seit 1991 im Ruhestand. Verheiratet, zwei Kinder.

Dr. Manfred Rommel, Alt-OB von Stuttgart

Manfred Rommel wurde am 24. Dezember 1928 in Stuttgart als Sohn des späteren legendären Generalfeldmarschalls Erwin Rommel und dessen Frau Lucie geboren. Während der Jahre 1943 und 1944 war er Schüler der Kepler-Oberschule in Ulm und ab Januar 1944 Luftwaffenhelfer. 1947 legte er in Biberach an der Riß sein Abitur ab und studierte danach in Tübingen Rechts- und Staatswissenschaften. Danach trat er in den Dienst der Regierung seines Heimatlandes Baden-Württemberg, wurde 1959 erst Regierungsrat und dann Referent des damaligen Innenministers Hans Filbinger. 1971 wechselte er in das Finanzministeriums und wurde dort Staatssekretär.
1974 wurde Manfred Rommel zum Oberbürgermeister der Stadt Stuttgart gewählt, behielt dieses Amt 22 Jahre lang und galt als einer der beliebtesten Kommunalpolitiker der CDU. Dreimal war er während dieser Zeit Präsident des Deutschen Städtetages und bis 1999 Koordinator für die deutsch-französische Zusammenarbeit. Seit 1996 ist er Ehrenbürger der Stadt Stuttgart.
Der „Philosoph im Rathaus" war ein begnadeter Redner und Begründer einer liberalen Ausländerpolitik in der Stadt Stuttgart, ebenso war er ein Botschafter für die Völkerverständigung und Verfechter einer soliden städtischen Finanzpolitik. Über die Parteigrenzen hinaus galt er als eine Integrationsfigur, der sich in seiner Arbeit allerdings nur ungern von der Parteipolitik eingrenzen ließ und seine Wertvorstellungen auch gegen Widerstände verteidigte.

Selbst seitdem er im Ruhestand ist, ist Manfred Rommel unermüdlich tätig. Er verfasste seit 1981 zwölf Bücher, darunter seine Erinnerung „Trotz allem heiter", die lange Zeit auf der Bestsellerliste stand. Für seine Lebensleistung erhielt Manfred Rommel u.a. folgende Auszeichnungen:

- Präsident der Freiherr-vom-Stein-Gesellschaft
- Orden wider den tierischen Ernst (1982)
- Orden des Großoffiziers im Orden von Oranien-Nassau (1982)
- Ehrendoktor der University of Missouri-St. Louis (1983), der Maryland University und der University of Wales
- Ritter der Ehrenlegion der Französischen Republik (1985)
- Kommandeur der Ehrenlegion der Französischen Republik (2002)
- Verdienbstmedaille des Landes Baden-Württemberg
- Theodor-Heuss-Medaille
- Großes Verdienstkreuz mit Stern und Schulterband des Verdienstordens der Bundesrepublik Deutschland

Konrad Schlecker, Holzschwang

Geboren am 10. März 1927 in Ulm. Nach 4 Jahren Grundschule in der Sammlungsschule Ulm und der Kepler-Volksschule Besuch der Kepler-Mittelschule in Ulm, unterbrochen durch ein Vierteljahr Einsatz bei der Heimatflak in Neu-Ulm Ludwigsfeld. Nach dem Schulabschluss Beginn einer Ausbildung als Fachpraktikant im Reichbahnvermessungsamt Stuttgart und nach Verlegung wegen der zunehmenden Fliegerangriffe in Ebingen (heute Albstadt). Im August 1944 Einberufung zum Arbeitsdienst nach Steindorf in der Steiermark. Ab Ende 1944 bis März 1945 Dienst bei der Wehrmacht und anschließend amerikanische Gefangenschaft bis zum Sommer 1946. Da ich in der Nachkriegszeit keinen Studienplatz bekam, Umschulung zum Zimmermann mit Gesellenprüfung und 1963 Meisterprüfung. Ab 1966 bis zur Versetzung in den Ruhestand Bauleiter bei der Stadt Neu-Ulm. Im Ruhestand noch weitere Jahre für die Stadt Neu-Ulm tätig.

Walter Spingler, Flein

Geboren bin ich am 23. Juli 1928 in Albeck, Landkreis Ulm. Nach der Grundschule von 1935 - 1939 besuchte ich die Kepler-Oberschule in Ulm mit Unterbrechung durch den Dienst als Luftwaffenhelfer bei der Heimatflak und schloss 1948 mit dem Abitur ab. Von 1948 bis 1949 absolvierte ich ein Praktikum bei Telefunken in Ulm. Anschließend studierte ich Nachrichtentechnik an der Technischen Hochschule in Stuttgart und schloss mein Studium mit dem Diplomingenieur ab. Von 1954 bis 1968 nahm ich mehrere Positionen in der Entwicklung von Funkanlagen in einem großen Industrieunternehmen ein.
1968 wurde ich an die Fachschule Heilbronn als Professor für Elektronik im Fachbereich Physikalische Technik berufen. 1992 wurde ich in den Ruhestand versetzt.

Prof. em. Dr. Werner Unseld, Ulm

Am 26. Mai 1928 wurde ich in Ulm geboren. Nach der Grundschule besuchte ich von 1939 bis 1948 die Kepler-Oberschule in Ulm, unterbrochen durch den Dienst bei der Heimatflak. Nach dem Abitur arbeitete ich als Hilfsarbeiter in der Pflugfabrik Gebrüder Eberhardt. Anschließend studierte ich Chemie in Jena und Tübingen und schloss das Studium mit der Promotion 1960 ab. Danach war ich in einem Chemieunternehmen in der Forschung und Verfahrenstechnik tätig. Von 1982 bis Ende 1990 lehrte ich als Professor an der Martin-Luther-Universität in Halle Polymerchemie. 1990 wurde ich in den Vorruhestand versetzt . Seit 1992 lebe ich als Rentner in meiner Heimatstadt Ulm.

Bildquellen

Bild 1: 2cm-Flakgeschütz, Sammlung Eger; **Bild 2:** Flakhochstand in Neu-Ulm am Jahnufer, Sammlung Eger; **Bild 3:** Flakhochstand in Söflingen im Magirus-Werk II, Sammlung Kimmel; **Bild 4:** Sockelgeschütz in Neu-Ulm am Jahnufer, Sammlung Eger; **Bild 5:** Grundausbildung in Neu-Ulm, Sammlung Eger; **Bild 6:** Der Batterie-Chef, Oberleutnant Jeute, Sammlung Eger; **Bild 7:** Geschütz-Exerzieren in Neu-Ulm, Sammlung Eger; **Bild 8:** Münsterkulisse, Sammlung Eger; **Bild 9:** Geschütz-Exerzieren in Söflingen, Sammlung Kimmel; **Bild 10:** Geschütz-Exerzieren in Söflingen, Sammlung Kimmel; **Bild 11:** Scheinwerfer Caesar, Sammlung Eger; **Bild 12:** Gruppenaufnahme vor dem Portal der KOS, Finkbeiner; **Bild 13:** Gruppenaufnahme von Luftwaffenhelfern des 1. Zuges der Batterie 6/VII in Neu-Ulm, Sammlung Eger; **Bild 14:** 1. Zug 6/VII vor der Gänstorbrücke in Neu-Ulm, Sammlung Eger; **Bild 15:** Eisenbahnbrücke über die Donau, Spingler; **Bild 16:** Freizeit: Beim Fußballspielen, Sammlung Eger; **Bild 17:** Mittagessen in der Baracke, Sammlung Eger; **Bild 18:** Freizeit: Beim Schachspiel, Sammlung Eger; **Bild 19:** 16. März 1944: Fliegerangriff auf Ulm, Sammlung Eger; **Bild 20:** Geschützexerzieren in Söflingen, Finkbeiner; **Bild 21:** Walter Knoll, Sammlung Eger; **Bild 22:** Grab von Walter Knoll auf dem Friedhof von Erbach, Finkbeiner; **Bild 23:** Chieming, Spingler; **Bild 24:** Ausbilder: Wachtmeister Sauer, Sammlung Eger; **Bild 25:** Ausbilder: Obergefreiter Schneck, Finkbeiner; **Bild 26:** Ausbilder: Oberleutnant Jeute, Sammlung Eger; **Bild 27:** Ausbilder: Unteroffizier Schmalriede, Finkbeiner; **Bild 28:** Magirus Werk II nach dem Fliegerangriff vom 10. 9. 1944, Stadtarchiv Ulm; **Bild 29:** Haus Molfenter mit dem Stand für unseren Scheinwerfer nach dem 10. 9. 1944, Stadtarchiv Ulm; **Bild 30:** Kriegerdenkmal mit dem Namen unseres gefallenen Schulkameraden Anton Ruedel, Dr. Kustermann; **Bild 31:** Abschied von Ulm-Gruppenaufnahme, Sammlung Eger; **Bild 32:** Werner Unseld beim Arbeitsdienst in Aach, Sammlung Eger; **Bild 33:** Arthur Eckardt beim Arbeitsdienst in Aach, Sammlung Eger; **Bild 34:** Flak-V-Soldaten und K1 Ulrich Strohegger, Sammlung Eger; **Bild 35:** Mittagsschläfchen in der Baracke, Sammlung Eger; **Bild 36:** Geschützstellung in Aach; **Bild 37:** Eisenbahnviadukt in Aach; **Bild 38:** ein Geschütz des 1. Zuges im Winter 1944; **Bild 39:** Baracken in Aach; **Bild 40:** drohendes Geschützrohr; **Bild 41:** Flakkameraden des 1. Zuges; **Bild 42:** Eisenbahnviadukt bei Aach 2006; **Bild 43:** Eisenbahnviadukt bei Wittlensweiler 2006; **Bild 44:** „Thunderbolt"; **Bild 45:** das zerstörte Rathaus von Ulm; **Bild 46:** Ruinenlandschaft; **Bild 47:** Das Portal der KOS nach der Zerstörung; **Bild 48:** Luftwaffenhelfer Fischer und Deininger in der Ludwigsau; **Bild 49:** Der tägliche Marsch zur Schule; **Bild 50:** Luftwaffenhelfer der Batterie 36/VII in Schwaighofen; **Bild 51:** 3,7 cm-Geschütz in Schwaighofen; **Bild 52:** in Schwaighofen; **Bild 53:** in Schwaighofen; **Bild 54:** Gruppenaufnahme in Leipheim; **Bild 55:** der verwundete Luftwaffenhelfer Helmut Brugger; **Bild 56:** der verwundete Luftwaffenhelfer Helmut Brugger; **Bild 57:** Produktionsanlage in Leipheim; **Bild 58:** Luftwaffenhelfer Rolf Müller, gefallen in Neuburg a.D.; **Bild 59:** Rolf Müller; **Bild 60:** Beim Geschützexerzieren in Leipheim; **Bild 61:** Drei Kameraden in Leipheim; **Bild 62:** Gruppenbild in Chieming; **Bild 63:** Der Fliegerhorst Leipheim nach einem Bombenabwurf; **Bild 64:** Der Fliegerhorst Leipheim nach dem 19. Juli1944; **Bild 65:** Vereidigung Februar 1943; **Bild 66:** Vereidigung Februar 1943; **Bild 67:** Appell in der Oberen Donaubastion; **Bild 68:** Mittelschüler am Kommando-Hilfsgerät; **Bild 69:** beim Üben am Kommando-Hilfsgerät; **Bild 70:** Gruppenaufnahme; **Bild 71:** Luftwaffenhelfer vor 8,8cm-Geschütz in Neu-Ulm Ludwigsfeld; **Bild 72:** Gegensatz; **Bild 73:** Appell; **Bild 74:** Gruppenaufnahme; **Bild 75:** Geschützexerzieren an der 8,8cm-Flak; **Bild 76:** „Stadt-Urlaubsbuch"; **Bild 77:** „Stadt-Urlaubsbuch"

Verwendete Abkürzungen:

RAF:	Royal Airforce
RSO:	Raupenschlepper Ost, ein Kettenfahrzeug, geeignet für den Kampfeinsatz oder logistische Aufgaben an der Front
USAAF:	United States Army Air Force
RAD:	Reichsarbeitsdienst
HJ:	Hitlerjugend
KOS:	Kepler-Oberschule, Ulm
HSOS:	Hans-Schemm-Oberschule, Ulm
KMS:	Kepler-Mittelschule, Ulm
HG:	Humanistisches Gymnasium, Ulm
RS NU:	Realschule, Neu-Ulm
Uffz.:	Unteroffizier
Olt.:	Oberleutnant
OSL:	Oberschule Laichingen
PW:	Prisoner of War
v. l. n. r.:	von links nach rechts

Quellenverzeichnis:

Hans Willbold, Der Luftkrieg zwischen Donau und Bodensee, Bad Buchau, 2002 • Ulmer Statistik, Sonderreihe Heft Nr. 1, Ulm im zweiten Weltkrieg, bearbeitet von Kurt Füller, Leiter des Amtes für Statistik • Forschungen zur Geschichte der Stadt Ulm, Reihe Dokumentation Band 6 • Hans Eugen Specker, Irene Specker (Hrsg) Ulm im Zweiten Weltkrieg, Stadtarchiv Ulm • August Morè, Verfluchte Uniform, Als wir jung und gläubig in eine verlogene Zukunft marschierten, Klemm & Oelschläger, Ulm • Manfred Rommel, Trotz allem heiter Erinnerungen, Stuttgart, 5. Aufl. 2004 • Klafki, Wolfgang, Typische Faktorenkonstellationen für Identitätsprozesse von Kindern und Jugendlichen im Nationalsozialismus im Spiegel autobiographischer Berichte, in Zeitschrift für Pädagogik, 25. Beiheft, Weinheim/Basel 1990 • Gerhard E. Sollbach: „Schüler-Soldaten" Der Einsatz von Luftwaffenhelfern in historicum.net (15.10. 2003), URL: <http://www.bombenkrieg.historicum.net/ themen/luftwaffenhelfer.htn> • Erich Broy, Leipheim, Heimatbuch einer schwäbischen Stadt an der Donau, Band 2 • Der illustrierte Ploetz, Weltgeschichte in Daten und Bildern von den Anfängen bis zur Gegenwart, Würzburg 1973 • Das 20. Jahrhundert in Wort, Bild, Film und Ton - Die 40er Jahre, Stuttgart 2001 • Peter G. Hörner, Roland Remp, Gigantische Zeiten? Die Geschichte des Fliegerhorstes Leipheim Teil 1 1935 bis 1960, 83373 Tengling, 2006 • Eberhard Neubronner, Ulm in Trümmern, Pfaffenhofen, 3. Auflage 1994

Literatur

- Schmidt, Helmut und Willi und Elfriede Berkhan, Ruth Loah, Ursula Philipp, Dietrich Strothmann, Hannelore Schmidt; Kindheit und Jugend unter Hitler, Berlin 1982
- Klose, Werner; Generation im Gleichschritt, Die Hitlerjugend, Oldenburg-Hamburg-München, 1982
- Schörken, Rolf; Luftwaffenhelfer und Drittes Reich. Die Entstehung eines politischen Bewußtseins. Stuttgart 1964
- Jahnke, Karl Heinz; Hitlers letztes Aufgebot. Deutsche Jugend im sechsten Kriegsjahr 1944/45. Essen 1993
- Genscher, Hans Dietrich: Erinnerungen. München 1997
- Nicolaisen, Hans-Dietrich; Der Einsatz der Luftwaffen- und Marinehelfer im Zweiten Weltkrieg, Büsum 1981
- Schätz, Ludwig, Schüler-Soldaten. Die Geschichte der Luftwaffenhelfer und Marinehelfer im Zweiten Weltkrieg
- Schmeling, Franz-Josef (Hrsg.), Vom Krieg ein Leben lang geprägt. Ehemalige Luftwaffen- und Marinehelfer antworten 50 Jahre danach. Selbstverlag Schmeling Osnabrück 1997
- Manfred Rommel, Trotz allem heiter. Erinnerungen. Stuttgart 1998, TB-Ausgabe München 2001
- von Buch, Wolfgang, Wir Kindersoldaten. Mit einem Vorwort von Richard von Weizsäcker. Berling 1998
- Abels, Kurt, Ein Held war ich nicht. Als Kind und Jugendlicher in Hitlers Krieg. Köln/Weimar/Wien 1998Rudolffsen, Johannes Hinrich, Eine Jugend im Dritten Reich
- Graf zu Lynar-Redern, Alexander, Vergraben im märkischen Sand. Die Geschichte eines Familienschatzes, Limburg 2000
- Pacyna, Hans, Ein deutscher Junge weint nicht. Jugend in den Kriegsjahren 1939 - 1945, Berlin 2003
- Greiffenhagen, Martin, Jahrgang 1928. Aus einem unruhigen Leben, München/Zürich 1988
- Tewes, Ludger, Jugend im Krieg - von Luftwaffenhelfern und Soldaten 1939 - 1945, Essen 1989
- Klafki, Wolfgang, Typische Faktorenkonstellationen für Identitätsprozesse von Kindern und Jugendlichen im Nationalsozialismus im Spiegel autobiographischer Berichte, in Zeitschrift für Pädagogik, 25. Beiheft, Weinheim/Basel, Band 1990
- Ulm im zweiten Weltkrieg, Sonderheft Nr. 1
- Ulmer Statistik - Sonderreihe Heft Nr. 1, bearbeitet von Kurt Füller. Leiter des Amtes für Statistik der Stadt Ulm, Januar 1955
- Forschungen zur Geschichte der Stadt Ulm, Reihe Dokumentation, Bd. 6
- Specker, Hans Eugen (Hrsg.), Ulm im Zweiten Weltkrieg, Stadtarchiv Ulm, 3. Aufl. Ulm 1966
- Gruner, Petra, Das Überlebensspiel, Sozialisation und Mentalität der Flakhelfer-Generation in der DDR
- Überarbeitete Fassung eines Vortrages auf der Jahrestagung 1999 des Arbeitskreises Historische Jugendforschung zum Thema „Die Flakhelferjahrgänge: Bildungsgeschichte einer Generation" (Potsdam 26.- 28. 11. 99)

Internetadressen:
www.bodo-bruecher.de/download/Luftwaffenhelfer-im-spannungsfeld-pdf
http://de.wikipedia.org/wiki/Flakhelfer